Die Geschichte Europas ist in weiten Maßen die Geschichte seiner großen Städte und führt zweitausend Jahre zurück in die Welt der Antike. Die Geschicke der Griechen und Römer waren untrennbar mit Glück und Unglück ihrer urbanen Zentren verbunden. Innerhalb städtischer Mauern diskutierten und erprobten sie verschiedene Formen des Zusammenlebens und Regierens, und jenseits davon errichteten sie Herrschaft über andere, der sie Dauerhaftigkeit zu verleihen trachteten.

Vor allen anderen war es eine Stadt, der dies gelang – Rom. Seine Bürger errichteten ein Imperium, dessen Regenten stolz behaupteten, sie hätten den eigenen Bürgern wie den eroberten Völkern auf ewig Frieden, Recht und Wohlstand gebracht. Die Untertanen zahlten dafür mit Steuern und Loyalität.

Das mitunter glanzvolle, mitunter schwierige Zusammenleben der Menschen in den antiken Städten ist Thema dieses Buches. Der Autor begleitet den kleinen und den großen Mann, die Heiden und die Christen durch die Straßen ihrer Städte und berichtet von ihrem Leben und Sterben, ihren Hoffnungen und Wünschen, ihren politischen und religiösen Vorstellungen.

Nach dem Untergang des Römischen Reiches war eine Vielzahl von Städten dem Verfall ausgeliefert. Rom selbst, die einstige Metropole der Welt, zählte im 6. Jahrhundert nur mehr 30 000 Einwohner, viele gezeichnet von Armut und Entbehrung. In den Gassen der Stadt suchten magere Gestalten nach Brennesseln, um damit den ärgsten Hunger zu stillen.

Mit dem Scheitern des Römischen Reiches aber verblaßten die Ideale von gerechter Herrschaft und bürgerlicher Freiheit nicht vollends. Der Autor schildert, was von der antiken Stadt und ihren Idealen blieb: Seit dem 14. bis ins frühe 19. Jahrhundert schwebten in Europa antike Schutzengel über jedem Aufbruch zu neuen Ufern. Insbesondere die Männer der Revolutionen hörten auf die Alten, die sie zur Veränderung der Welt drängten und ihre Geisteshaltung entscheidend prägten. Diese Wiederentdeckung ließ Rom zur Wiege Europas werden.

Werner Dahlheim, geboren 1938, lehrt seit 1972 Alte Geschichte an der TU Berlin. Er veröffentlichte u. a. ›Julius Cäsar. Die Ehre des Kriegers und der Untergang der Römischen Republik‹ (München 1987), ›Geschichte der Römischen Kaiserzeit‹ (München 1989^{2}) und ›Die Antike. Griechenland und Rom von den Anfängen bis zur Expansion des Islam‹ (Paderborn 1995^{4}).

Europäische Geschichte

Herausgegeben von Wolfgang Benz

Konzeption: Wolfgang Benz,
Rebekka Habermas und Walter H. Pehle

Europäische Geschichte

Werner Dahlheim

An der Wiege Europas

Städtische Freiheit im antiken Rom

Fischer
Taschenbuch
Verlag

Originalausgabe
Veröffentlicht im Fischer Taschenbuch Verlag GmbH,
Frankfurt am Main, Januar 2000

Redaktion: Tanja Hommen
Gesamtherstellung: Clausen & Bosse, Leck
Printed in Germany
ISBN 3-596-60105-3

Gedruckt auf Munken Print Extra der Papierfabrik Munkedal AB, Schweden

Inhalt

Europa und die Antike

Antike Geschichte ist Stadtgeschichte

Aus römischer Zeit ist nur eine einzige geographische Karte erhalten geblieben: Die Tabula Peutingeriana, so genannt nach dem Augsburger Ratsschreiber Konrad Peutinger (1465–1547), der 1508 eine im 12. Jahrhundert gefertigte Kopie einer spätantiken Wegekarte erbte, die 1717 in die Hände des Prinzen Eugen geriet. Auf diesem Itinerarium, einem antiken Straßen- und Ortsverzeichnis in graphischer Darstellung, sind drei Städte besonders hervorgehoben: Rom, Konstantinopel und das syrische Antiochia am Orontes. Rom steht im Zentrum, dargestellt als Stadtgöttin, thronend in einem Kreis wie ein mittelalterlicher Kaiser; links davon, auf einem Hügel, erhebt sich die Peterskirche, identifiziert durch die Beischrift *Ad s(an)c(tum) Petrum*. Damit hat der mittelalterliche Kopist ungewollt und ganz naiv zwei Dinge miteinander verbunden, die seit dem 5. nachchristlichen Jahrhundert tatsächlich eins wurden: das weltumspannende Rom und das Christentum.

Antike Geschichte ist Stadtgeschichte – auch dies beweist die Tabula, die etwa 4000 Städte verzeichnet. Städte waren es, die Geschichte schrieben, Städte boten dem antiken Menschen, was das Leben lohnte. »Die göttliche Natur hat uns das Land geschenkt, die menschliche Fähigkeit hat Städte geschaffen«, schrieb am Ende der römischen Republik Terentius Varro (116–27 v. Chr.), der wie viele bedeutende Zeitgenossen Gelehrter und Staatsmann war.[1] Und Ovid, kultivierter Städter und Lehrmeister vornehmer Lebensart, konnte hinzufügen, daß den Menschen die bessere Schöpfung gelungen sei: »Das Altertum möge andere erfreuen, ich preise mich glücklich, daß ich erst jetzt geboren bin«, teilt er vergnügt den Jüngern seiner »Liebeskunst« mit, »weil jetzt feine Lebensart *[cultus]* herrscht, und weil sich das bäuerische Wesen *[rusticitas]* nicht bis auf unsere Tage gehalten und die Urväter überlebt hat«.[2] Stadt war alles, was im Raum der Politik Bedeutung hatte und ihre Bürger bewegte – sei es, daß sie innerhalb ihrer Mauern alle Möglichkeiten staatlichen Zusammenlebens erprobten und diskutierten, sei es, daß sie jenseits davon Herrschaft über andere aufrichteten und nach Formen suchten, dieser Dauer zu verleihen.

Selbst die christlichen Missionare mieden das flache Land und eilten in die Städte, um das Wort Gottes zu verkünden. So entwikkelte sich das Christentum von den hellenistischen Großstädten wie Antiochia aus: Dort waren Luxus und Elend zu Hause, überschäumende Vergnügungen und die Sorge um das tägliche Brot, aber auch geistige Beweglichkeit und alle Spielarten des menschlichen Lebens – im Guten wie im Bösen. Selbst die Gegenwelt jenseits des irdischen Horizonts war städtisch: In der Apokalypse des Johannes versinkt die Welthauptstadt, die »große Hure«, und es senkt sich vom Himmel die mit Edelsteinglanz geschmückte Himmelsstadt Jerusalem: »Und ich sah einen neuen Himmel und eine neue Erde; [...] und ich sah die heilige Stadt, das neue Jerusalem, aus dem Himmel von Gott herabkommen, bereitet wie eine für ihren Mann geschmückte Braut.«[3]

Viele der irdischen Städte, über die Rom jahrhundertelang seine schützende Hand gehalten hat, sind nicht mehr. Von vielen kennen wir nur den Namen, von manchen nicht einmal diesen. Durch die spärlichen Überbleibsel ihrer zumeist armselig gewesenen Existenz ziehen heute Hirten mit ihren Schafen oder Ziegen. Ihnen gehören inzwischen diese Städte, da kein anderes lebendes Wesen noch Anspruch darauf erhebt, sie mit ihnen zu teilen. Von den Städten des antiken Lykien beispielsweise, im Südwesten der heutigen Türkei gelegen, hat keine den Untergang des byzantinischen Reiches überlebt. Von ihrem einstigen Reichtum und dem kultivierten Geschmack ihrer Bewohner zeugen die steinernen Halbkreise von nicht weniger als 30 Theatern, gebaut für einige hundert oder für viele tausend Zuschauer; nicht weit von ihnen entfernt decken Sarkophagreste und ornamentierte Gebälktrümmer die Katen der Hirten und ihre Ställe. Anderswo haben erst der Sumpf, dann die Malaria oder der Zwist der Bürger ihr Vernichtungswerk getan: »Schau an, wie Luni und wie Urbisaglia verfallen sind, und wie

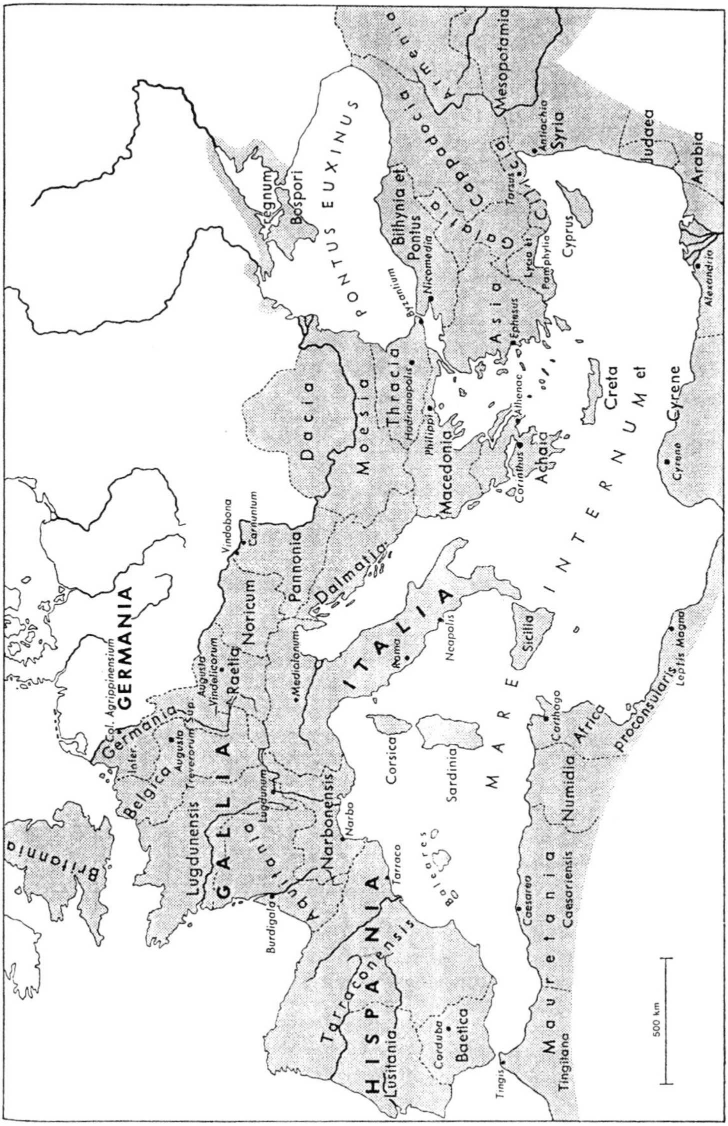

Abb. 1: Das Römische Reich im 2. Jahrhundert n. Chr.

jetzt Sinigaglia und Chiusi in derselben Weise schwinden«, beklagt Dante das Schicksal von vier einst großen Städten Mittelitaliens, die alle in seiner Zeit in Trümmern lagen.[4]

Von den Glücklichen unter ihnen blieben Texte mit Fetzen der Erinnerung an das Leben, das einst ihre Straßen füllte. Oder es blieben Geschichten, die den Trümmern einen neuen Sinn gaben. Drei Kilometer nördlich der alten Stadt Metapont, zwischen zwei versumpften Flußmündungen am Golf von Tarent, stehen auf einer Bodenwelle inmitten der trostlosen Einöde noch 15 Säulen des alten Hera-Tempels. Ihnen gab das Volk, das nichts mehr mit ihnen anzufangen wußte, den phantastischen Namen »Tische der Ritter« *(Tavole Paladine)*. Denn an diesem vom Fieber heimgesuchten Ort sah ihre Phantasie die Ritter Karls des Großen an den Deckbalken der Säulen (Architrave) sitzen und tafeln, gewappnete Gespenster, die den riesigen Ausmaßen der antiken Säulen angemessen waren.

Die Verbindung von antiker und europäischer Geschichte

Aber da ist natürlich noch eine ganz andere Antike, repräsentiert durch beeindruckende Überreste römischer Städte an allen Küsten des Mittelmeeres. Dazu gehören ihre liebevoll in Museen eingesargten Zeugnisse, dazu gehören die Erfolge des archäologischen Spatens, der Jahr für Jahr Neues zutage fördert, und dazu gehört der von den Forschern gehäufte Berg an Gelehrsamkeit, der immer genauere Einsichten in das Leben der Alten ermöglicht. So fällt es schwer, an der Unsterblichkeit der Antike zu zweifeln. Die Historiker und ihr Publikum wollen es schon gar nicht. Denn sie kennen die Leidenschaft der Europäer, erst in den Hütten und Palästen der Vergangenheit nachzufragen, bevor sie handeln. Was Wunder also, daß sich gerade heute die Versuche mehren, die großen Hoffnungen, die das Zauberwort vom geeinten Europa weckt, in den Tiefen einer langen Geschichte zu verankern. »Was bin ich für dich«, will der antike Philosoph Seneca von dem französischen Gelehrten Diderot wissen, als dieser sich 1782 aufmacht, den anstößig gewordenen Mann zu verteidigen: »Welche Verbindung, die der Ablauf der Zeiten nicht zu zerreißen vermochte, kann zwischen uns bestehen?«[5] Eine berechtigte Frage. Eint die beiden Männer über 17 Jahrhunderte hinweg mehr als romantische Schwärmerei, mehr als die zeitlose Pflicht, die Ehre der Toten bewahren zu müssen? Eine solche Verbindung wäre schön und gut, aber nicht zwingend von allgemeinem Interesse. Denn dieses kann nur gegeben sein, wenn sicher ist, daß das Heute dem Gestern entstammt. Und wenn das so ist: Wie weit muß man in die Vergangenheit reisen, um die Wurzeln Europas zu finden, und wenn man sie gefunden hat: Wozu sind sie gut?

Wer annimmt, daß die Wurzeln der Gegenwart in der Vergangenheit zu finden sind, lädt sein Publikum zu einer weiten Reise ein. Denn es ist alles lange her, wovon er reden muß, und Zweifler melden sich an jeder Wegkreuzung. Sie halten den Nutzen von Zeitreisen für nachrangig, und schon gar nicht will ihnen ein antiker Ausgangspunkt einleuchten, von dem ohnehin nur eine rasch schwindende Minderheit während der Schulzeit gehört hat. So tut man gut daran, sich behutsam auf den Weg zu machen und zunächst nur darauf zu verweisen, daß ihn schon viele Generationen betreten haben und dafür gute Gründe angaben.

Das Ziel allerdings ist hoch gesteckt. Geht es doch um die Anfänge Europas, eines Raumes also, dessen Grenzen zwar die Geographen klar von der irischen See bis zum Ural und von Sizilien bis zum Nordkap abgesteckt haben, nicht aber die Historiker. Sie erinnern vielmehr daran, daß große Teile des römischen Imperiums, insbesondere Nordafrika und Vorderasien, außerhalb der geographisch begrenzten Fläche Europas lagen, das Reich Karls des Großen nur von den Pyrenäen bis zur Elbe und vom Golf von Tarent bis nach Friesland reichte, und Dante um 1300, belehrt durch die Berichte italienischer Seefahrer, Europa als Dreieck mit den Spitzen Skandinavien, Gibraltar und dem Schwarzen Meer zeichnete. Die Moderne tut sich nicht minder schwer: Ob Europa »vom Atlantik bis zum Ural« reicht, ob Rußland in ein europäisches und ein asiatisches Land zu teilen oder ob die Türkei als europäischer oder asiatischer Staat einzuordnen seien – Fragen, die weder die Politik noch die Wissenschaft einvernehmlich beantworten wollen.

Das Fazit ist also schnell gezogen: Dieser europäische Kontinent macht es einem Fremden, der ihn gerade betreten hat, nicht leicht und entzieht sich jeder eindeutigen Definition. Und doch: Wer das Wort »Europa« hört, weiß, daß in ihm etwas Besonderes mitschwingt, etwas, was selbst der Nationalismus und die ihm geschuldeten Bruderkriege nicht zerstören konnten.

Die Suche nach diesem »etwas« zu leisten, ist die originäre Aufgabe des Historikers. Von ihm darf man Aufklärung erhoffen, sofern es die Geschichte ist, die Europas Identität ausmacht. Ist sie es, so beginnt sie mit dem antiken Rom. Ohne die Antike wäre die europäische Geschichte gar nicht in Gang gekommen. Ein Blick auf das Christentum und seine zweitausendjährige Geschichte genügt als Beweis: Die geistige Tradition der Griechen und die Ordnung der Römer blieben ein Teil seiner Existenz, wie immer es sich veränderte. Gewiß, die Römer haben die Welt nicht erschaffen, die sie für viele Jahrhunderte beherrschten. Aber sie haben sich die ihnen überlegene griechische Kultur einverleibt – besser: sich ihr geradezu unterworfen – und alles andere so geprägt, daß das meiste von dem, was vor ihnen war, keine Zukunft mehr besaß – auch und gerade in Herz und Verstand der Besiegten, die ihrer überkommenen Tradition willig den Rücken kehrten, als der Schmerz der Niederlage schwand.

Ein weiteres Argument liefern Größe und Dauer des Imperiums. Mit der Eroberung weiter Teile der damals bekannten Welt veränderten die Römer den von Menschen erfaßten Raum. Ihr Ziel waren gewiß nicht die Vereinigten Staaten von Europa. Aber sie unterwarfen die Völker Spaniens, Galliens, Britanniens, Westgermaniens und des Balkans und verbanden sie auf vielfältige Weise mit den Menschen des Mittelmeerraumes: Sie lehrten sie die lateinische Sprache, zwangen ihnen ihr Recht und ihre urbane Lebensform auf und verliehen ihnen das Bürgerrecht des Siegers. Was außerhalb blieb, wurde als Barbarenland abgetan, gelegen jenseits der eigenen zivilisatorischen und moralischen Ordnung. In dieser durch Politik-, Raum- und Kulturverständnis klar gegliederten Welt spiegelt sich ein erstes Abbild des späteren Europa. Die Zeitgenossen sahen natürlich nicht dies, sondern das der Zeit scheinbar entrückte Imperium. Was immer sie über Europa und seine Besonderheit gegenüber den anderen Erdteilen herausfanden, gipfelte in einem Preislied auf die Herrlichkeit des Imperiums. Aber es setzte sich der Gedanke fest, den schon der von den Griechen übernommene Begriff *Europa* nahelegte: Dies ist eine Welt besonderer Art, vielgestaltig und dank seiner geographischen Lage und seines Klimas besonders geeignet, die persönlichen und staatlichen Tugenden zu fördern.

Die Geschichte kennt die Ewigkeit nicht. Was für sie in der Gestalt des augusteischen Weltreiches geschaffen schien und in der Tat so lange Bestand hatte wie die ganze Geschichte der sogenannten Neuzeit, zerfiel im 5. Jahrhundert unter dem Ansturm germanischer und arabischer Krieger und im Streit christlicher Theologen. Von nun an gingen das Mittelmeer und Zentraleuropa ihre eigenen Wege. Das 7. Jahrhundert zeichnete schließlich drei Machtzentren auf die politische Landkarte: Byzanz, die Herrschaft der Kalifen und das Reich der Franken. Dessen Gründer, Karl der Große, war als Barbar gekommen. Sein Reich aber, obwohl weder römisch noch europäisch, sondern germanisch, bildete die Basis für das mittelalterliche Europa, dessen Herrscher sich ihren Untertanen als die Nachfolger des Augustus vorstellten und ihre Macht von der römischen Kirche segnen ließen. Sie wußten wenig von einem wie immer beschaffenen Europa-Gedanken: Die Leitideen, die ihrer Regierung den Weg wiesen, waren das Reich und die Christenheit. Aber der Raum, den sie beherrschten, war die Wiege Europas.[6]

Damit wird die dritte und entscheidende Verbindungslinie zwischen dem Gestern und Heute, zwischen der antiken und der europäischen Welt erkennbar: Der Abschied von Rom war nie endgültig, und mit dem 14. beginnt die bis ins 19. Jahrhundert währende Zeit, in der die Alten in immer neuer Gestalt wiederkehrten und die Bühne Europas bevölkerten. In Literatur, Kunst, Theologie, Philosophie und Recht griff niemand mehr zur Feder, ohne sich zuvor über die den Klöstern des Mittelalters entrissenen Texte der Römer – und seit der Mitte des 15. Jahrhunderts mehr und mehr auch der Griechen – zu beugen und sie um Rat zu fragen. »Ist es Abend geworden«, schrieb 1513 Machiavelli aus der Einsamkeit seines Landgutes bei San Casciano, »gehe ich nach Hause und kehre in mein Arbeitszimmer ein. An der Schwelle werfe ich das schmutzige

Alltagsgewand ab, ziehe mir eine königliche Hoftracht an, betrete passend gekleidet die ehrwürdigen Hallen der Alten und nähre mich, freundlich von ihnen empfangen, von der Speise, die allein die meine ist und für die ich geboren bin. Hier empfinde ich keine Scheu, mich mit ihnen zu unterhalten und sie nach den Gründen ihres Handelns zu fragen.«[7] Der letzte Satz deutet an, daß die Auferstehung der Alten und ihr Anspruch auf Gehör nicht nur im Reich des Geistes, sondern auch im öffentlichen Raum jede Veränderung, jeden Aufbruch zu neuen Ufern begleiteten. Dabei boten sie ihre guten Dienste jedermann an – den regierenden Fürsten wie den Aufbegehrenden: jenen in der Pracht und dem Ethos römischer Kaiser, diesen in den Helden der römischen Republik und den Idealen der griechischen Demokratie.

Alles dies hat die Geschichte Europas tief geprägt. Es ist unverwechselbar europäisch und grenzt Europa gegenüber allen anderen Zivilisationen der Erde ab. Denn nur in Europa wurde an den entscheidenden Wegkreuzungen das jeweils Neue bewältigt durch den Rückgriff auf die antike Kultur, die doch weit jenseits des eigenen Horizontes lag. Keine andere Zivilisation der Erde, weder China noch Byzanz oder die islamische Welt, kennt in ihrem Geschichtsverständnis eine Hochkultur wie die Griechenlands oder Roms, die für Jahrhunderte abbricht, um dann wie Phönix aus der Asche wiederaufzusteigen und den Vorkämpfern einer neuen Weltsicht den Weg zu bahnen. Jenseits und in bewußter Abkehr von der Tradition verbündeten sich für Jahrhunderte antike und europäische Geschichte; sie lösten sich erst wieder voneinander, als mit der industriellen Revolution die Lebensumstände ihre prinzipielle Vergleichbarkeit verloren und die Geschichtsschreiber die gerufenen Schutzgeister wieder an ihren historischen Ort bannten.

Gestern und heute

Was aber bleibt den europäischen Erben heute von der Welt der Antike, nachdem die Zeit und die Historiker ihre Tore für ratsuchende Pilger für immer verschlossen haben und die Erinnerung an sie schwindet? Zunächst: Man kann von einem Erbe zehren, ohne viel davon zu wissen. Ob sie es nun gelernt haben oder nicht: Menschen handeln, denken und fühlen geleitet von einem Bewußtsein, dessen Wurzeln ihnen nur selten deutlich sind. »Rom ist an allen Enden die bewußte oder stillschweigende Voraussetzung unseres Anschauens und Denkens«, heißt es bei Jacob Burckhardt.[8] Rechtsstaatliches Denken z. B. ist eine Erfindung der Römer, ebenso der Gedanke von der Überlegenheit einer übernationalen Ordnung oder die Vision vom ewigen Frieden unter den Menschen. Die antiken Christen taten ihre Lehren hinzu: Die Würde des Individuums jenseits von Herkunft und Stand, die Trennung der weltlichen von der geistlichen Macht als eine Konstante des staatlichen und gesellschaftlichen Lebens. Der Lauf der Zeit hat das meiste davon tausendfach verwandelt, so daß nur wenige den eigentlichen Ursprung dieser Ideen erkennen. Es ändert dies nichts an ihrer Wirksamkeit.

Wer trotzdem fürchtet, an einer Geisterbeschwörung teilnehmen zu müssen, wird auf den folgenden Seiten besonders darauf achten, scharf zu trennen zwischen dem, was die Antike für die Geschichte Europas einst bedeutete und was heute verloren ist, und dem, was von ihr noch beanspruchen kann, lebendige Wirklichkeit zu sein. Das erste macht die Besonderheit der europäischen Geschichte aus und provoziert die bange Frage nach dem Preis, den Europa für die Emanzipation von seinen antiken Vorbildern zu zahlen hatte. Das zweite kann die Suche nach Orientierung und nach Wegen in die Zukunft fördern. Beides zusammen mag sich zu einem Bewußtsein von Einheit verdichten, von Bindung und Zusammenhalt künden, kurz: eine Saite zum Schwingen bringen, die stumm bleibt, wenn der suchende Blick auf nichteuropäische Kulturen fällt.

Natürlich kann sich eine geistige Substanz auch erschöpfen, wenn ihre Wurzeln allzu übermütig beschnitten werden. Einmal gerissene Fäden knüpft man nicht neu. Schon gar nicht, wenn sie so kompliziert sind wie die Verbindungen, die eine lange, zweitausendjährige Geschichte geschaffen hat. Noch aber steht das Kapitol, einst das Symbol für die Unbezwingbarkeit des Imperiums. Im Jahre 387 v. Chr., gallische Krieger erklommen in der Stille der Nacht seine Höhe, weckten die heiligen Gänse der Stadtgöttin Juno durch Geschrei und Flügelschlagen die Wachmannschaften, die die Barbaren in die Tiefe stießen. Viele Jahrhunderte später berichtet eine mittelalterliche Legende, auf dem Kapitol habe sich die Statue der Roma erhoben und sie sei umgeben gewesen von anderen, die alle unterworfenen Völker verkörperten und um den Hals eine Glocke trügen: Diese hätte zu läuten begonnen, kaum daß einer einen Aufstand gewagt habe, so daß Senat und Volk von Rom immer und zur rechten Zeit gewarnt wurden.

Die Einheit des Mittelmeerraumes und Mitteleuropas

Das Ziel: Friede auf Erden

Jahrzehnte des Glücks

»Ihr habt die Erde vermessen, die Ströme überbrückt, Straßen durch die Berge geschlagen, die Wüsten bewohnbar gemacht und alles durch Ordnung und Zucht veredelt. Ihr habt durch die gegenseitige Verbindung der Völker die Welt gleichsam zu einer Familie gemacht«, rief im Frühjahr 143 n. Chr. der griechische Redner Aelius Aristides in Rom dem Kaiser und seinem Gefolge zu. Sie lauschten einer eigens bestellten Festrede auf die Hauptstadt des Erdkreises und waren hochgestimmt, denn man schrieb den 21. April, den Geburtstag Roms, und zu seiner Feier hatte schon immer ein Preislied auf die ruhmreichen Taten der Stadt gehört, das ihrer historischen Größe angemessen war. Am Ende hörten alle bewegt das Gebet des Griechen, der aus Kleinasien gekommen war und zu den berühmtesten seiner Zeit zählte: »Zu allen Göttern wollen wir flehen: Sie mögen gnädig gewähren, daß dieses Reich und diese Stadt auf ewig gedeihen und nicht eher vergehen, als glühendes Eisen auf dem Meer schwimmt und die Blätter im Frühling nicht mehr sprießen.«[9]

Nur wenige hätten darauf mit einem Fluch antworten wollen, kaum einer hätte zu entgegnen gewagt, der so beredsam beschworene Segen habe doch einen Preis, den viele zahlten und jeder kannte: »Hab und Gut werden zu Steuern, der Jahresertrag der Felder zur Getreideabgabe, unsere Leiber aber und Hände beim Bau von Straßen durch Wälder und Sümpfe und unter Schlägen und Beschimpfungen zerschunden.« Es war ein Barbar aus dem fernen Britannien, der so wortgewaltig protestieren konnte, da ihm kein geringerer als der römische Historiker Tacitus (55–120 n. Chr.) Stimme und Feder lieh.[10] Gehör fand er nicht oder erntete ein

Achselzucken. Denn so war es doch immer gewesen, wenn gehobelt wurde und die Späne fielen, und gleichgültig, wer gerade wem und wann befahl, er dachte an den Nutzen seines Sieges. In einem Punkt allerdings waren diese neuen, römischen Herren gründlicher als alle ihre Vorgänger zu Werke gegangen: Sie hatten aus Schweiß und Blut ihrer Untertanen tatsächlich eine neue Welt geschaffen, die für die meisten, nachdem der Krieg endete, mehr wog als die verlorene. Denn sie gewährte den Eliten bis dahin ungeahnte Chancen der Bewährung und des Ruhms, und sie schenkte allen, was sie nur aus den Sagen über längst vergangene, goldene Zeitalter kannten: den Frieden.

Selbst die Christen, obwohl von den Behörden Roms als Verbrecher mit dem Tod bedroht, fielen in den allgemeinen Jubel über die Segnungen des römischen Friedens ein, der die Geburt ihres Erlösers begleitete und ihr Urteil über Augustus für immer bestimmen sollte: »Es begab sich in jenen Tagen, daß ein Gebot vom Kaiser Augustus ausging«, leitete Lukas sein Evangelium von der Ankunft des Gottessohnes auf Erden ein, und der Engel, der vom Himmel stieg und den Hirten erschien, pries den »Frieden auf Erden«.[11] So fiel es nicht schwer, den Spuren der Missionare zu folgen und von den Küsten des Atlantiks bis zu den Wüsten Syriens ein Reich zu entdecken, das Niegehörtes getan hatte: »An die Stelle berüchtigter Einöden sind lachende Kulturen getreten«, lobte um 200 n. Chr. in Karthago der ansonsten so unversöhnliche Kirchenvater Tertullian, und er beschrieb genau, was er und seine verfolgten Glaubensbrüder voll Bewunderung sahen: »Kornfelder haben die Wälder, Herden die wilden Tiere verdrängt. Sandwüsten werden bepflanzt, Felsen durchbrochen, Sümpfe getrocknet. Schon gibt es so viele Städte, wie einst nicht einmal Hütten. Überall Anbau, Bevölkerung, staatliche Ordnung, Leben.«[12]

Was wunder, daß jedermann hoffte, nein: sicher war, daß ein Imperium, das die Götter so sichtbar ausgezeichnet hatten und das sich von Sonnenaufgang zu Sonnenuntergang erstreckte, den Unglücksfällen der Zeit entrinnen würde und für die Ewigkeit geschaffen war. »Weder in Raum noch Zeit«, so hatte Jupiter schon lange vor der Gründung Roms liebevoll seiner Tochter Venus, der Urmutter des julischen Kaiserhauses, versprochen, »setze ich diesen Römern eine Grenze. Ein Reich ohne Ende habe ich ihnen verliehen.«[13] Auch dafür, für die Erfüllung dieser Prophetie, beteten die Christen. Denn auch für sie war gewiß, daß die Frist, die den Menschen bis zur Ankunft der Reiter der Apokalypse noch gegeben war, mit der Herrschaft der Römer endete: »Wir wissen«, beteuerte Tertullian seinem römischen Gegenüber, »daß die gewaltige Katastrophe, die dem Erdkreis droht, ja daß das Ende der Welt, das entsetzliche Leiden heraufbeschwört, nur durch die dem römischen Reich gewährte Frist aufgehalten wird. Daher wollen wir dies nicht erleben, und indem wir um Aufschub bitten, tragen wir zum Fortbestand Roms bei.«[14]

Es sind friedliche Jahrzehnte gewesen, in denen solche Gedanken reiften und sich verbreiteten. Nur sie konnten die Menschen hoffen lassen, im Schutz der römischen Waffen den glücklichen Endpunkt aller Geschichte erreicht zu haben. Die Realität des Krieges, in den Jahren der untergehenden Republik jedem vertraut und von vielen leidvoll erfahren, verschwand nach und nach aus dem Blickfeld der Menschen in Italien und den Provinzen des Mittelmeerraumes. Die Legionen hatten stark befestigte Lager an den neuralgischen Punkten der Reichsgrenze bezogen und verließen diese nur noch zu gelegentlichen offensiven Vorstößen ins Feindesland. Kämpfe und Siege, Niederlagen und Tod rückten im inneren Kreis des weltumspannenden Imperiums an den Rand des öffentlichen Bewußtseins.

Der Monarch als Hüter des Friedens

Im Zentrum der staatlichen und der gesellschaftlichen Macht stand der Monarch. Er gab seinen Untertanen die Gewißheit, Gerechtigkeit vor den Richtern und Sicherheit in allen sozialen Belangen zu finden. Vor allem aber war er der Hüter der »unermeßlichen Majestät des römischen Friedens«.[15] Alle Hoffnungen, die der Kaiser einer geschundenen Welt erfüllen sollte, gipfelten in diesem Gedanken. Er versprach, die Trauer der Besiegten um ihre verlorene Freiheit zu lindern, und er verkündete den römischen Bürgern als frohe Botschaft die Wiederherstellung ihrer Eintracht. Sie umfaßte das ganze Spektrum der inneren Befriedung: die Einigung mit dem

Senat, die Bändigung des Militärs, die Sicherheit vor Umsturz, Enteignung und politischem Terror.

Der in Rom dem vergöttlichten Frieden gebaute Altar predigte dieses Evangelium in aller wünschenswerten Klarheit. »Als ich aus Spanien und Gallien nach der glücklichen Ordnung dieser Provinzen nach Rom zurückkehrte«, so schildert Augustus (63 v. Chr. – 14 n. Chr.) die näheren Umstände, »beschloß der Senat wegen meiner Rückkehr die Weihung eines Altars des ›Augustusfriedens‹ auf dem Marsfeld, an welchem die Magistrate, die Priester und die Vestalinnen ein jährliches Opfer darbringen sollten.«[16] An der Ostseite der 9 v. Chr. fertiggestellten Opferstätte sitzen sich seitdem Roma, die Schutzgöttin der Stadt, und der vergöttlichte Friede – verkörpert durch die Erdgöttin Tellus oder Ceres – gegenüber. Die eine, thronend auf einem Waffenhügel, spricht von den Siegen, die den Frieden begründeten, die andere, umgeben von den Sinnbildern der Fruchtbarkeit, kündet von den Segnungen des Friedens und vom allgemeinen Glück des wiedergekehrten Goldenen Zeitalters. Die Dichter der Zeit, beflügelt durch das kaiserliche Wohlwollen, berauschten sich an diesem Gedanken, der die Erfüllung eines Menschheitstraums, die Rückkehr ins Paradies, versprach. »Der, ja der ist der Mann«, jubelt Anchises, der Vater des Aeneas, bei Vergil, Dichter am Hofe des Augustus, als sein Blick in der Unterwelt auf den letzten in der langen Reihe der künftigen Helden Roms fällt, »er, der dir so häufig verheißen, Caesar Augustus, des Göttlichen Sohn; die goldenen Zeiten bringt er nach Latium wieder, wo einst Saturnus regierte.«[17] Vergils Zeitgenosse Horaz kleidete in die Form eines Kultliedes, was die Zeit bewegte und was Augustus als die dichterische Überhöhung seiner politischen Ziele verbreitet sehen wollte: das Ende des Sittenverfalls, der Zwietracht und Bürgerkrieg heraufbeschworen hatte, die imperiale Ausdehnung des Friedens bis an die Grenzen der Erde und die sakrale Überhöhung des Fürsten, dem alles zu danken war:

»Nunmehr zieht seines Wegs sicher der Stier dahin,
Ceres segnet die Flur wieder mit reicher Saat,
Friedlich schaukelt das Schiff durch die versöhnte Flut,
Treu und Glauben sind neu erwacht ... «[18]

Es sind Andachtsbilder der Macht, die Dichter und Bildhauer zur allgemeinen Verehrung in Rom schufen. Sie verherrlichen den neuen Universalherrscher, der als Heiland der Welt den Frieden brachte, nachdem er den Krater der Bürgerkriege geschlossen und die Weltherrschaft für immer begründet hatte.

Als Gegenleistung forderte er, was weit effektiver war als blinder Gehorsam: Liebe und Zuneigung. »Schenkt denn dem Frieden und der Hauptstadt Rom, auf die wir, Sieger und Besiegte, das gleiche Anrecht haben, euer Herz und eure Verehrung«, rief Jahrzehnte nach Augustus der römische Feldherr Cerialis aufständischen gallischen Treverern zu – als ob das Imperium und die Steuerpflicht allen gleich wohltätig seien. Der Friede und sein Erhalt, so lautet die Begründung, verlangten und rechtfertigten, was Rom fordere, denn Schutz vor Feinden gebe es nicht ohne Soldaten, Soldaten nicht ohne Lohn, Lohn nicht ohne Steuern. Wem dies alles nicht einleuchte, der blicke auf die Lehren der Geschichte, vor deren Richterstuhl auch die Taten Roms einst gewogen werden: »Wenn, was die Götter verhüten mögen, die Römer vertrieben werden, was hättet ihr zu erwarten als ewige Kriege unter euch selber? Glück und Leistung haben dieses Reich in achthundert Jahren zusammengebracht; seine Zerstörung könnte nicht geschehen ohne den Ruin auch seiner Zerstörer.«[19] Es ist das einzige Mal, daß Tacitus, der diese Sätze einem General und Kriegshelden in den Mund legt, Partei für das Imperium ergreift. »Laster werden sein, solange es Menschen gibt«, tröstet er die, die Grund zur Klage über Willkür und Ausbeutung haben; sie gingen jedoch vorüber, und das Bessere überwiege.

Die Überzeugungskraft, die diesen Sätzen innewohnte, zeigte sich, als im 3. Jahrhundert gerade die Grenzprovinzen mit unbeugsamer Beharrlichkeit den Bestand des Imperiums verteidigten. Spätestens jetzt, im Angesicht der barbarischen Bedrohung, wogen die Leiden, die das gekostet hatte, nichts mehr – auch wenn sie niemals vergessen wurden: »Trophäen erheben sich auf Trophäen, Triumphe treffen mit Triumphen zusammen, und das erste Blut, das noch warm an den Waffen klebt, wird durch anderes weggespült. Die Siege zählt man nicht nach der Menge der Toten und Beutestücke, sondern nach eroberten Königreichen und unterjochten Völkern, nach Inseln und festen Ländern, die der Größe des Reiches hinzugefügt werden.«[20] Alles dies aber war nun, da Rom wankte und die prophetischen Worte des Cerialis Wirklichkeit zu werden drohten, nur noch Geschichte.

Der Weg: Terror, Gewalt und die Suche nach Verständigung

Die Republik und die Gesetze von Krieg und Eroberung

Die Römer haben erst rund 300 Jahre nach der Gründung ihrer Republik zu Beginn des 5. Jahrhunderts v. Chr. das Bedürfnis verspürt, sich in der Vergangenheit umzutun. Sie wußten nichts von ihren Ahnen, aber die Suche nach Vorbildern und die Lust am Fabulieren, das sie wie so vieles von den Griechen lernten, halfen, im verklärten Rückblick die Nebel über der eigenen Frühgeschichte zu vertreiben. Dort traten Götter und Menschen auf, die zielstrebig die Herrschaft Roms über die Welt betrieben und Krieg führten für eine bessere Welt. Einer von ihnen war Marcus Curtius, ein junger Mann, der sich bereits im Krieg ausgezeichnet hatte. Er wurde zum Helden, als am Forum die Erde aufriß und die Seher verkündeten, wenn Rom wolle, daß sein Staat ewig sei, dann müsse es in dem Spalt begraben, wodurch es am meisten vermöge. »Waffen und der Mut eines Mannes *[arma virtusque]*« seien es, rief Curtius seinen zögernden Mitbürgern zu, betete zum Himmel, weihte sich als Opfer und stürzte sich mit Pferd und Waffen in den Spalt, der sich über ihm schloß, während die Menge Opfergaben und Früchte über ihn warf.[21]

Dem Willen der Götter und den eigenen kriegerischen Tugenden, so lehrten diese und Dutzende ähnlicher Geschichten, verdanke Rom die Herrschaft über den Erdkreis. So muten römische Geschichtsdarstellungen wie Rundgänge durch ein Museum an, in dessen Räumen liebevoll die Bilder der Männer und Frauen aufgehängt waren, deren Tapferkeit und Opfermut Größe und Würde des *Populus Romanus* verkörperten. »Ich wünsche«, beschwor der

Augustäer Livius, der Kustos dieses Museums und Verfasser einer »Römischen Geschichte« in 142 Büchern, seine Leser, »daß jeder darauf achtet, wie das Leben, wie die Sitten gewesen sind, durch was für Männer und durch was für Eigenschaften zu Hause und im Krieg die Herrschaft geschaffen und vergrößert wurde.«[22] Es waren kriegerische Tugenden und Männer in Waffen, denen alles zu danken war, und sie lenkten vom ersten Tag seiner Geschichte an das Schicksal Roms. Von Anfang an, glaubt denn auch – ebenfalls unter Augustus – Dionysios von Halikarnaß zu wissen, gleich nach der Gründung, habe Rom begonnen, sich die Nachbarvölker zu unterwerfen, so zahlreich und kriegerisch sie auch waren.[23] Der griechische Historiker brauchte diese Version von den Anfängen der Tiberstadt nicht zu erfinden – sie war dort offizielle Lehre.

Tatsächlich war es ein langer und blutiger Weg gewesen, der die Römer zur Weltmacht geführt hatte. Obwohl ein Stadtstaat neben vielen anderen und anfangs von denselben sozialen Konflikten heimgesucht wie die griechischen Städte, verlief seine Geschichte ganz anders, wurde zu wesentlichen Teilen die Geschichte imperialer Siegeszüge und schließlich eines auf die weitgehende Zustimmung der Untertanen gestützten Weltreiches.

Am Anfang stand die Eroberung Italiens. Sie begann in der zweiten Hälfte des 4. Jahrhunderts v. Chr. mit den Kriegen gegen die Samniten und endete 100 Jahre später mit der Unterwerfung der keltischen Stämme in Oberitalien. In diesen Jahrzehnten entwikkelte Rom die Herrschaftsinstrumente, die ihm Italien dienstbar machten und zugleich die Zukunft seines Weltreichs bestimmen sollten: Besiegte Städte erhielten den Status eines Munizipiums *(municipium)*, das heißt, ihre Bewohner richteten ihr Leben als römische Bürger ein, regelten aber ihre inneren Angelegenheiten selbsttätig; andere wurden durch auf ewig abgeschlossene Militärallianzen als Bundesgenossen *(socii)* verpflichtet, und an allen strategisch wichtigen Orten der Halbinsel erhoben sich auf annektiertem Gebiet Militärfestungen *(coloniae)*, die für sich selbst und den Bestand der römischen Herrschaft in ihrer Umgebung sorgten. Mit dieser politischen Ordnung war der Weg frei, auf dem Italien von Generation zu Generation zu dem einheitlichen Land lateinischer Sprache und Kultur fortschritt, als das es seither gilt. Mit dieser

Entwicklung verschoben sich zugleich die Machtverhältnisse im Mittelmeerraum: Fast unbemerkt von den Großmächten des griechischen Ostens entstand im Westen ein neues Machtzentrum, dessen militärische Stärke seinesgleichen suchte und dessen Eliten willens waren, jede Herausforderung anzunehmen.

Die ersten, die es darauf ankommen ließen, waren die Karthager. Sie zwangen Rom, nach zwei langen Kriegen (264–241 und 218–201) in Sizilien und Spanien große territoriale Gebiete außerhalb Italiens in Besitz zu nehmen und als Untertanengebiete *(provinciae)* einzurichten. Dort verkörperte ein Statthalter die Militärhoheit Roms, übernahm die Rolle des obersten Gerichtsherrn und übte die allgemeine Aufsicht über die bestehenden Verhältnisse aus. Damit war eine Ordnung gefunden, die es gestattete, große Ländermassen auf Dauer dem römischen Spruchrecht zu unterwerfen, ohne auf die in Italien gefundenen Herrschaftsformen verzichten zu müssen. So sorgten auch in den Provinzen Kolonien für die militärische Sicherung, einheimische Städte wurden als Munizipien eingerichtet, und in den barbarischen Ländern des Westens wuchsen neu gegründete städtische Vororte *(civitates)*, die die unterworfenen Stammesgebiete verwalteten und an die mediterrane Lebensart heranführten.

Die Entscheidung über die Weltherrschaft fiel in den ersten sieben Jahrzehnten des 2. Jahrhunderts v. Chr. Sie sahen erst die großen Siege der Republik über die hellenistischen Könige Makedoniens, Ägyptens, Kleinasiens und des Vorderen Orients. Später wurden sie Zeugen der wachsenden Aggressivität des römischen Senats, der statt dankbar gebeugter Rücken immer neue kriegsbereite Gegner vor sich sah. Am Ende erschütterte sie der Anblick einer Großmacht, die mit Feuer und Schwert um sich schlug, als sie mit ihren Herrschaftsaufgaben nicht fertig wurde und sich nur noch ihrer Waffen gewiß war.

Das Elend dieser Politik hatte einen einzigen Grund: Der gewaltige Umfang seiner Eroberungen und der besondere Charakter der griechischen Welt ließen Rom an der Frage verzweifeln, ob und wie es seine Beute mit den bescheidenen Mitteln eines Stadtstaates nutzen und auf Dauer behalten könne. Was in Italien zum Erfolg geführt hatte, bedeutete im griechischen Osten wenig oder nichts.

Denn hier, in einer fast ausschließlich von Städten geprägten Welt, folgte das soziale und politische Leben seit Jahrhunderten dem Grundsatz der Selbstverwaltung. Rom mußte lernen, damit zu leben und gleichzeitig Herr der Griechen zu bleiben.

Rom lernte. Es proklamierte unermüdlich die griechische Freiheit, auch als sie längst dahin und nur noch tröstliche Reverenz vor einer liebgewordenen Erinnerung war. Es griff in die inneren Angelegenheiten einer griechischen Stadt nur dann ein, wenn der Bestand der Herrschaft auf dem Spiel stand. Es machte sich die Eliten zu Freunden und schützte ihr Eigentum und ihre Führungsrolle vor offenem Aufruhr oder schleichendem Verfall. Am Ende unterwarfen sich die Römer der Kultur der Besiegten in einem Ausmaß, wie es die Weltgeschichte nie wieder erleben sollte: Das unterworfene Griechenland habe mit seinen Künsten den rohen Sieger verzaubert, gestand Horaz.[24] Niemand fand dieses Eingeständnis unpassend, entsprach es doch dem eigenen Willen und war zudem von unendlichem Nutzen: Denn zum einen hing allein von der Zustimmung der etablierten Führungsschichten in den griechischen Städten die Chance ab, aus Gründen der Herrschaftsökonomie mit einem Minimum an eigener Präsenz auskommen zu können. Zum anderen wurzelte darin auch ein Teil des Selbstverständnisses des römischen Senatsadels, der sich nicht als Vertreter einer barbarischen Erobererhorde verstand oder so gesehen werden wollte, sondern seinen Platz in der Tradition und den Wertmaßstäben der griechischen Geschichte und Kultur beanspruchte. So nahm Rom die griechische Zivilisation in sich auf, ohne daß sein Überlegenheitsgefühl Schaden nahm.

Damit war der Weg zur Verständigung frei – so mühselig er im Angesicht von Terror und Ausbeutung auch war, für die viele im Übermaß sorgten: wachsende Scharen von nach Lohn und Beute gierigen Soldaten, habsüchtige, vom Senat kaum noch gezügelte Steuereintreiber, wuchernde Geldverleiher, überschuldete Statthalter, Beamte, Senatoren und machthungrige Feldherrn – Raubritter ohne Moral und Anstand die meisten. Trotz der tiefen Schatten, die die von ihnen verschuldeten Exzesse auf das Jahrhundert zwischen dem Brand Korinths 146 und der Verkündigung einer neuen Herrschaftspolitik 27 v. Chr. durch Augustus warfen, wuchs die Zustimmung zu Rom. Neben die Trauer um das Verlorene trat erst das Sichfügen in das Unabänderliche, dann folgte die Einsicht, Rom verdanke seine Siege nicht dem Glück oder dem Zufall, sondern vielleicht doch seiner politischen und moralischen Überlegenheit,[25] und schließlich formte sich ein neues Selbstgefühl, das ein weites Betätigungsfeld innerhalb des Imperiums fand. Nichts allerdings wäre aus alledem geworden, hätte Rom nicht mit der Monarchie die Institution gefunden, die willens und fähig war, aus Provinzen, in denen sich der Sieger nach Belieben und gewalttätig bereicherte, Teile eines Reiches zu machen, in dem im Prinzip jeder an Macht und Wohlstand teilhaben konnte. Dazu mußte die als Freiheit gefeierte Willkürherrschaft des Senatsadels beendet, nicht jedoch ein neues Herrschaftssystem geschaffen werden: Die Einteilung der besiegten Welt in Provinzen hatte sich selbst in den Jahrzehnten bewährt, in denen die innere Ordnung Roms aus den Fugen geraten war.

Die Monarchie als universaler Ordnungsstifter

Die Republik hatte das Weltreich schaffen, aber nicht dauerhaft regieren können. Sie fand kein Mittel gegen die Bürgerkriege, die ihre großen Generäle im Kampf um die Macht austrugen. Erst als sich ihre Kraft erschöpft hatte, war die Zeit gekommen, alle Entscheidungen über die Außen- und Reichspolitik aus ihrer Verstrickung in die adligen Fehden um Macht und Ehre zu lösen. Es schlug die Geburtsstunde der Monarchie.

Ihr Schöpfer wurde Octavian, der als Herrscher 27 v. Chr. den Ehrennamen Augustus annahm. Als er im Jahre 31 v. Chr. in der Schlacht bei Aktium (Westgriechenland) Antonius, den letzten Rivalen im Kampf um die Macht, besiegt hatte, lag es an ihm, seinen persönlichen Machtanspruch mit den Bedürfnissen des Weltreiches und den Forderungen der römischen Tradition in Einklang zu bringen. Beides verlangte die Neuregelung der Regierungsgewalt. Diese kannte zwei Machtzentren, die das staatliche Leben beherrschten: den Senat und die Magistratur. Über beide hatten allein und eifersüchtig die aristokratischen Familien verfügt, so daß jede Neuordnung des Staates ihre soziale Macht und ihre politische Erfahrung entweder zerstören oder respektieren mußte. Augustus tat letzteres und beugte sich damit der Einsicht, daß ohne die großen Häuser des Adels das Weltreich nicht zu regieren war. Dies wiederum forderte den Kompromiß, der die harte Realität der Alleinherrschaft in den barmherzigen Mantel der Machtteilung hüllte. Da die Senatoren die Monarchen und das Dienen gleichermaßen verabscheuten – wie immer beides verklausuliert sein mochte –, mußte die alte Republik in ihrer äußeren Gestalt weiterleben. Und die Macht des neuen Herrn – insbesondere die über das Heer und die wichtigsten Provinzen – beschränkte sich formal auf die von Senat und Volk übertragenen Amtsvollmachten der Magistrate *(tribunicia potestas, imperium proconsulare)* und wurde den Normen des Rechts unterworfen.

Über den Bestand dieser neuen Rechtsordnung entschied die Zustimmung einer aus den Fugen geratenen und nun wieder gefügten Welt. Sie wurde ihr im Übermaß und von allen sozialen Schichten zuteil: Da waren die Soldaten, die ihrem kaiserlichen Patron Ehre und Vermögen schuldeten, dann die Bevölkerung der Hauptstadt, die mit offenen Armen Brot und Spiele empfing, weiter die italischen Landstädte, die das Ende der Bürgerkriege bejubelten, und schließlich die Provinzen, die den Universalherrscher als Retter und Heiland verehrten, dessen versöhnliches Regiment sie von der Willkür der republikanischen Barone befreite. Sie alle trugen ihm unverhüllt göttliche Ehren an, und selbst in Rom, das einem Sterblichen keinen Tempel weihen und keinen Kult widmen wollte, wurde der übermenschlichen Kraft, über die der Monarch zu gebieten schien, kultische Verehrung entgegengebracht.

Die Schöpfung des Augustus überdauerte als Regierungsform und als Idee fast drei Jahrhunderte und stand bei jeder späteren Ausprägung monarchischer Gewalt in Europa Pate. Sie wankte, als die Invasionen der germanischen Stämme des Nordens die Grenzen des Imperiums zerbrachen, und sie wandelte sich, von Krieg und Usurpationen bedrängt, erst in eine Militärdespotie, dann in eine Monarchie von Gottes Gnaden. Ihr Begründer Konstantin schloß das Bündnis mit den Christen und nahm damit einen Gott und seine Anhänger in die Pflicht, die zu Geburtshelfern einer neuen

Zeit werden sollten. Es war die letzte große Leistung der Römer. Von ihr zeugen seitdem ihr Reich und seine Dauer; eine Herrschaft, welche die griechische Zivilisation in sich aufnahm und damit für Europa nutzbar machte, ein Regierungssystem, das seine Eliten zwang, dem Imperium zu geben, was immer es verlangte, und eine besondere Fähigkeit des Lernens, die nach langem Widerstand den Weg wies, den Glauben an einen gekreuzigten Gott als Staatsreligion anzuerkennen und seine Anhänger an der Macht teilhaben zu lassen.

Der Weg nach Mitteleuropa

Es sei schon erstaunlich, wunderte sich im 4. Jahrhundert v. Chr. Platon, »daß wir Griechen nur um das Meer herumsiedeln wie Ameisen und wie Frösche um einen Teich sitzen«.[26] Es sollte nicht dabei bleiben. Durch Caesar und Augustus unterwarf Rom große territoriale Binnenräume in Mitteleuropa dem römischen Spruchrecht und öffnete sie gewaltsam der mediterranen Zivilisation. Seitdem blühte die antike Welt nach wie vor an den Küsten des Mittelmeers, ihr militärischer Schwerpunkt jedoch hatte sich weit nach Norden verlagert. Den Weg dorthin hatte Caesar als erster beschritten, als er im Jahre 58 v. Chr. auf der Via Flaminia nach Gallien gezogen war, um die dortigen Völker mit Krieg zu überziehen und durch Sieg und Eroberung als der Beste zu glänzen. Am Ende eines acht Jahre währenden Feldzugs hatte er die Landkarte des Imperiums verändert: Künftig bildeten der Atlantik, die Nordsee und der Rhein die Nordwestgrenze Roms. Von allen seinen Taten ist dies die folgenreichste des Diktators gewesen. Sie verwies den Adoptivsohn Augustus auf die Binnenräume Spaniens, die Alpen, den Balkan und den germanischen Siedlungsraum.

Sie alle wurden das Ziel eines dreißigjährigen Angriffskrieges. Nichts blieb dem Zufall überlassen. Denn auf einen Krieg, so dozierte Augustus gerne, dürfe sich nur der einlassen, »dessen Hoffnung auf Erfolg größer sei als die Furcht vor Verlust«; wer dies vergesse, gleiche Leuten, »welche mit einem goldenen Angelhaken fischen; reißt dieser ab, so ist der Verlust durch keinen Fang zu ersetzen«.[27] Trotz aller Vorsicht: Der Haken riß – wenn auch erst nach ungeheuren Siegen und Triumphen. Als im Jahre 6 n. Chr. die Zeit für die Unterwerfung Germaniens bis zur Elbe reif schien und Rom sich anschickte, in einer sorgfältig vorbereiteten Zangenbewegung der rheinischen und illyrischen Legionen dem Markomannenkönig Marbod in Böhmen den Garaus zu machen, verließen die Götter die römischen Kriegsadler. Ein Aufstand in den Balkanprovinzen Dalmatien und Pannonien zwang zum Abbruch der Offensive in Böhmen und zum Frieden mit den Markomannen. In Germanien vernichteten meuternde germanische Auxiliarkohorten, die gemeinsame Sache mit aufständischen Stämmen machten, im Jahre 9 n. Chr. drei Legionen unter dem Kommando des unglücklichen Quinctilius Varus und stießen bis zum Rhein vor. Ihr Anführer, der Cherusker Arminius, einst hochdekorierter Offizier im römischen Heer, übernahm die Führung des Krieges, an dem sich bald die Mehrzahl der germanischen Stämme beteiligte. Als die Nachricht von der Katastrophe nach Rom gelangte, zogen in der Hauptstadt militärische Wachen auf, um Unruhen im Keim zu ersticken, und der erschütterte Augustus leitete die Verteidigung Italiens ein, das keine einsatzbereiten Truppen beherbergte.

Es zeigte sich schnell, daß die Angst vor einem Zusammenbruch der Rheinfront übertrieben war. Der Kaiser ließ zum Zeichen der Trauer Bart und Haupthaar wachsen und fastete am Jahrestag des Untergangs seiner Legionen. Aber er verlor darüber den Mut nicht. Denn trotz des Rückschlags war das Erreichte gewaltig. »Bei allen Provinzen, die Völker zu Nachbarn hatten, die unserem Befehl nicht gehorchten, habe ich die Grenzen erweitert«, verkündete der Monarch zu Beginn des militärischen Teils seines »Tatenberichts« stolz, und je weiter sich der Leser in die anschließenden Einzelheiten des Kriegsgeschehens vertiefte, um so unverhüllter trat ihm der Herr der Welt entgegen. Tatsächlich besaß das Imperium nun große territoriale Binnenräume in Mitteleuropa und hatte seinen Charakter als ein auf das Mittelmeer zentriertes Weltreich verändert. Für fast fünf Jahrhunderte sollte sein militärischer Schwerpunkt an Rhein und Donau liegen, und die ordnungspolitischen Aufgaben der Kaiser konzentrierten sich auf die dortigen Grenzprovinzen.

Diese kannten weder städtische Lebensformen, noch war ihre überkommene soziale und politische Ordnung geeignet, eine geregelte römische Verwaltung zu ermöglichen. Die Folge war eine römische Politik, die sich auf die militärische Sicherung der eroberten Territorien konzentrierte, die vorgefundenen Organisationsformen zerstörte und behutsam begann, die Unterworfenen an städtisches Leben zu gewöhnen. Angesichts dieser gewaltigen Aufgabe, so berichtet Tacitus, sei es der Wunsch des greisen Augustus gewesen, Rom möge künftig auf weitere Expansionskriege verzichten. Seine Nachfolger hörten nicht auf ihn, aber sie hielten Maß. So zog mittelmeerische Kultur über die Alpen und schuf sich dort den Ort, den sie zu ihrer höchsten Entfaltung brauchte: die Stadt. Hinter ihren Mauern verhallte der Zorn aufständischer pannonischer Stämme ungehört, deren Anführer dem Sieger auf seine Frage, warum sie zu den Waffen gegriffen hätten, auf den Knien, aber ungebeugt entgegengehalten hatte: »Ihr tragt selbst die Schuld, habt Ihr doch zu Euren Herden nicht Hunde und Hirten, sondern Wölfe als Wärter geschickt!«[28]

Die Dauer: Das Imperium und die Ewigkeit

Am Ende aller Siege herrschte Rom über ein Weltreich, das vom Atlantik bis zum Euphrat, von den Alpen bis zur Sahara reichte. Es gliederte sich entsprechend den vorgefundenen Lebensformen in vier Teile:

- in Italien als privilegiertes Herrenland,
- in den seit Jahrhunderten stadtstaatlich geformten griechischen Osten,
- in die von Griechen und Phönikern nur an den Küstenzonen verstädterten Westprovinzen in Afrika, Spanien und Südfrankreich
- und in die von Barbaren besiedelten Provinzen des Nordens (Gallien, Teile Britanniens, Mitteleuropa bis zum Donaubekken).

Weltherrschaft in diesem Ausmaß und errichtet über kulturell so unterschiedliche Völker konnte nur dauern, wenn die gewaltsam bezwungenen Völker früher oder später bereit waren, ihre Zukunft als römische zu verstehen. Denn militärtechnisch hatten die Sieger den Besiegten nichts voraus. Weder ihre Waffen noch ihre Schiffe waren besser als die der Griechen, Germanen oder Parther. So mußte die Macht Roms vor allem auf seiner politischen Überlegenheit gründen, auf seiner Fähigkeit, Bündnisse zu schließen und Herrschaft so zu organisieren, daß Widerstand sinnlos, Zustimmung aber lohnend war.

Die Römer haben dies gewußt und immer neu beteuert, sie hätten jenseits von Tod und Zerstörung Frieden und Ordnung geschaffen und den Besiegten eine neue, bessere Welt gegeben. Nur innerhalb ihrer Grenzen schreite die Rodung voran, werde die Bodenkultur verbessert und der Anbau veredelt, nur in ihr entstünden Städte, Brücken und Straßen, nur sie kenne die umfassende Sicherheit des Rechts, nur sie gewähre den freien Austausch von Gütern und Meinungen. Der griechische Geograph und Weltmann Strabon (63 v. – 19 n. Chr.), der unter Augustus das Mittelmeer von Armenien bis Sardinien bereiste und dabei zum überzeugten Verteidiger der römischen Weltmacht geworden war, verwies seine Leser auf das Schicksal Lusitaniens: Obwohl reich gesegnet mit Getreide, Vieh und Edelmetallen, hätten die dort lebenden Stämme seit Menschengedenken durch Krieg und Raub ihre Lebensgrundlagen zerstört; erst als Rom sie gewaltsam seßhaft machte und italische Kolonisten ins Land strömten, blühten Reichtum und Zivilisation.[29] In der Tat: In den Ländern des Westens und Mitteleuropas hatte Rom nicht mit Feuer und Schwert die Pforten eines Paradieses gesprengt, sondern war in Räume vorgedrungen, in denen Krieg, Unterdrückung und Hunger das Leben der Menschen seit eh und je bestimmt hatten. Dort wurde nicht um den Verlust oder die Bewahrung der Freiheit gekämpft. Dort war es immer nur darum gegangen, wer wen unterwarf.

Der Friede endete an den Grenzen. Denn die römischen Waffen sollten noch lange dem imperialen Traum von der Weltherrschaft jenseits des Horizonts dienen. Wer auf die blickte, die noch widerstanden, sah nur bedauernswerte Barbaren und Fremde: »Viele schont das Schicksal, um sie zu strafen«, schrieb der römische Gelehrte und Offizier Plinius der Ältere beim Anblick der friesischen Chauken. Er hatte im Jahre 47 n. Chr. an einem Feldzug in ihr Gebiet teilgenommen, fassungslos auf ihre armseligen Lebensbedingungen in den baum- und strauchlosen Seemarschen geblickt und die Hände gerungen: »Und diese Stämme meinen, wenn sie heute vom römischen Volk besiegt würden, bedeute dies Sklaverei für sie.«[30]

Zwei lange Jahrhunderte gewährten die Götter dem Frieden Roms ihre Gunst, zwei Jahrhunderte lang fand sich kein Gegner, der die Grenzen oder gar den Bestand des Reiches ernsthaft hätte gefährden können. Denn nach den Eroberungen des Augustus in Mitteleuropa war das Imperium von einer stillen Welt umgeben. In ihr – wenn sie denn überhaupt bewohnt war – gab es keinen Zusammenhalt und keine Veränderung. Die afrikanischen Provinzen sahen sich Wüstennomaden gegenüber, deren klimatisch bedingte Wanderungen lange ohne Mühe von den Grenzen ferngehalten werden konnten. Im Westen und Norden stießen die Provinzen an die Wasserwüsten des Atlantiks oder an unwegsame Wald- und Steppengebiete. Diese waren dünn besiedelt und beherbergten in Fehden verstrickte Stammesgesellschaften, die nicht fähig schienen, politisch stabile Organisationsformen zu finden. Sumpf und Urwald hatten dort alle Kultur begraben. Der Osten schließlich bildete eine zersplitterte Welt asiatischer Monarchien und Fürstentümer, die nicht die Kraft hatten, sich zusammenzuschließen und gemeinsam Politik zu treiben.

Eine derartige Konstellation der äußeren Welt gewährte die Geschichte erst wieder den neuzeitlichen Kolonisatoren auf dem amerikanischen und (zum Teil) auf dem afrikanischen Kontinent. Hier wie in der Antike schuf sie die Voraussetzung für die Dauer imperialer Herrschaft. Dauer aber verlangte nach Zustimmung, konnte nur auf der Einsicht gründen, daß »die Zerstörung des Reiches nicht geschehen könne, ohne den Ruin auch seiner Zerstörer«.[31] Wie weit Rom diesem Anspruch genügte, bezeugt Augustinus: Die Plünderung Roms 410 n. Chr. durch die Westgoten betrachtete auch er als beispiellose Katastrophe, aber er konnte und wollte nicht an die Unausweichlichkeit des Todes dieser einzigartigen

Weltordnung glauben, obwohl er als Christ doch wußte, daß sie wie jede menschliche Einrichtung sterblich war. Aber er war ehrlich mit seinen Hörern, die er als Bischof trösten mußte, ohne sie zu belügen: »Verliert nicht den Mut, Brüder, jedes irdische Königreich wird ein Ende haben. Gott sieht, ob dies jetzt das Ende ist. Vielleicht ist es noch nicht dazu gekommen. Aus irgendeinem Grunde – nenne es Schwäche oder Erbarmen, oder bloß Erbärmlichkeit – hoffen wir alle, daß es noch nicht gekommen ist.«[32]

Freiheit und Herrschaft, Stadt und Imperium

Das Interesse des Siegers und die Spielregeln imperialer Herrschaft

Das amtliche Regiment des Kaisers und seiner Statthalter

Rom herrschte über sein Imperium durch das Schwert, durch die Statthalter, denen alle militärische und zivile Gewalt in die Hand gegeben war, und durch die Patronate seiner großen Familien, die in den Städten und Provinzen des Reiches für das Wohl der Untertanen sorgten und dafür Respekt und Ehre forderten. Alle diese Formen der Machtausübung kontrollierte der Kaiser entweder als oberster Kriegsherr oder kraft seiner sozialen und politischen Macht.

Das erste Gesetz, das der römische Herr seinen Untertanen gab, forderte die Wahrung von Ruhe und Ordnung. Es wurde den Gouverneuren ausgehändigt, wenn sie sich auf den Weg in ihre Provinzen machten, und es war einfach und klar und für jeden Amtsträger verbindlich: Er habe Sorge zu tragen, daß die Provinz ruhig bleibe *(ut pacata atque quieta provincia sit quam regit)*.[33] Wem dies nicht gelang, dem drohte das Ende der Karriere oder Schlimmeres. Die schmale Gratwanderung, die der kaiserliche Befehl den Statthaltern auferlegte, veranschaulicht das Schicksal des Pontius Pilatus.[34]

Dieser hatte sich in den Jahren 26–36 n. Chr. als Präfekt *(praefectus Iudaeae)* redlich bemüht, in der noch jungen Provinz Judäa Zug um Zug die Verhältnisse herzustellen, die in anderen Provinzen längst üblich waren. Seiner Herkunft und seiner Stellung nach galt er in der römischen Hierarchie wenig: Aus ritterlichem Geschlecht stammend, war er wie die meisten seiner Herkunft in der Armee aufgestiegen; seine dort erworbenen Verdienste müssen allerdings in Rom aufgefallen sein, so daß ihn Tiberius (Kaiser von 14–37 n. Chr.) nach Jerusalem schickte, wo seit der Provinzialisierung erst vier Statthalter, allesamt Schatten ohne Fleisch und Blut, unauffällig regiert hatten. Keine seiner Entscheidungen kann diesem Manne, dessen Schule das Feldlager war, leichtgefallen sein. Denn um das gesteckte Ziel zu erreichen, war Pilatus wie seine Vorgänger auf ein gewisses Maß an Zusammenarbeit mit dem jüdischen *Synhedrion* angewiesen, an dessen Spitze der Hohepriester stand. Wer dies vergaß, sah sich schnell einer geschlossenen und gesetzlich geordneten Opposition gegenüber; diese wußte sich am Hof des syrischen Statthalters ebenso wie in Rom Gehör zu verschaffen und vor allem: Ihr gehorchten die Frommen landauf und landab.

Was dies zusammengenommen bedeutete, erfuhr Pilatus beinahe jeden Tag. Einer davon machte ihn unsterblich: der 7. April im Jahre 30 n. Chr. Am frühen Morgen hatten ihm die jüdischen Behörden einen Mann names Jesus überstellt, der vor Zeugen ausgesagt haben sollte, er könne den Tempel eigenhändig niederreißen und in drei Tagen wiederaufbauen. Der Vorwurf wog schwer: Neben der Gotteslästerung enthüllte die Unheilsprophetie eine aufsässige Gesinnung, da sie die tempelstaatliche Ordnung Judäas, die Rom anerkannt hatte, in Frage stellte. So tat Pilatus, der die Kapitalgerichtsbarkeit besaß, was ihm die römische Prozeßordnung vorschrieb: Er ließ einen Dolmetscher kommen und fragte Jesus (so die übereinstimmende Aussage aller Evangelisten): »Bist du der König der Juden?« und erhielt die Antwort: »Du sagst es.« Pilatus fragte ein zweites Mal – rund 80 Jahre später sollte Plinius der Jüngere, von 111–113 Statthalter der kleinasiatischen Provinz Bithynien, den verhafteten Christen in der Provinz Pontos die Anklage sogar dreimal vortragen –, erhielt jedoch keine Antwort mehr.[35] Zweifel schienen nun nicht mehr angebracht: Der Beklagte hatte seine Schuld zugegeben. Die Anmaßung, ein König zu sein, erfüllte den Tatbestand des Hochverrats *(crimen laesae maiestatis)*, und das Geständnis machte die Fortführung des Prozesses überflüssig. Der Präfekt konnte mit sich zufrieden sein. Er hatte das Verfahren selbständig durchgeführt und damit seine Unabhängigkeit gegenüber den jüdischen Behörden unterstrichen. Gleichzeitig aber hatte ihm dieser Nazarener die willkommene Gelegenheit gegeben, öffentlich Einvernehmen mit dem *Synhedrion* zu demonstrieren und dieses angesichts der zum Passahfest herbeiströmenden unzähligen Pilger wirkungsvoll und vor großer Kulisse zu inszenieren. Selten, so durfte sich Pilatus eingestehen, war die Loyalität, die er dem Kaiser und der Sicherheit des Imperiums schuldete, so einfach mit den Forderungen der jüdischen Priesterkaste in Deckung zu bringen gewesen wie in diesem Fall.

Wie schmal der Grat tatsächlich war, auf dem der Landpfleger sein Urteil fällen mußte, zeigen die Ausmalungen des Prozesses durch die Evangelisten. Nach ihrer Darstellung habe Pilatus, von der Unschuld des Beklagten überzeugt, ernsthaft versucht, Jesus das Leben zu retten; er sei jedoch am Starrsinn der von den Hohepriestern aufgestachelten jüdischen Volksmenge gescheitert, deren Druck er schließlich nachgab. Da dies für manches kritische Ohr nicht eben wahrscheinlich klang, nennt einer von ihnen, Johannes, das Motiv: Furcht. Sie habe Pilatus ergriffen, als die Juden ihn an ihr Gesetz erinnerten und für den Fall eines Freispruchs Beschwerde beim Kaiser in Rom ankündigten. Dieser Einfall des Johannes war keineswegs aus der Luft gegriffen, sondern beschrieb genau, womit jeder Gouverneur zu rechnen hatte. So mußte auch Pilatus bestimmte Spielregeln beachten, die sich lange vor seinem Auftreten zwischen der römischen Herrenmacht und den jüdischen Behörden herausgebildet hatten. Gewiß wollte er, ein Mann in den besten Jahren und am Beginn einer vielleicht großen Karriere, in Rom durch ein entschlossenes Regiment Eindruck machen; aber er wußte als Offizier nur zu gut um die Gefahren des Übereifers. Sie lauerten dort, wo es um religiöse Animositäten ging, die selten von nationalen Empfindlichkeiten zu trennen waren.

Trotz aller Schwierigkeiten: Zehn Jahre lang hatte Pilatus alles richtig gemacht. *Sub Tiberio quies*, »unter Kaiser Tiberius herrschte Ruhe« – mit diesem Satz des Tacitus war alles gesagt, was es Wissenswertes über diese entlegene Provinz und Lobenswertes über seine Statthalter zu sagen gab.[36] So hätte Pilatus wie viele andere verdiente Männer auch mit den schönsten Hoffnungen nach Rom zurückkehren können, wäre da nicht ein falscher Prophet gewesen. Dieser tauchte 36 n. Chr. in Samaria auf und predigte mit großem Erfolg auf dem heiligen Berg Garizim. Alarmiert durch

Nachrichten, die von bewaffneten Zusammenrottungen der Samaritaner sprachen, eilte daraufhin Pilatus mit Reiterei und Fußvolk dorthin und trieb alle gewaltsam auseinander, die im frommen Entzücken herbeigeströmt waren, um die von Moses am Berge begrabenen heiligen Gefäße zu sehen, die ihnen ein betrügerischer Wichtigtuer zu zeigen versprochen hatte. Die samaritanische Gemeinde, über die Härte des Vorgehens empört und um ihre religiöse Sonderstellung fürchtend, protestierte bei Lucius Vitellius, dem Statthalter Syriens; dieser, ein einflußreicher Konsular, dem Kaiserhaus seit langem eng verbunden und ein Freund der Juden, befahl Pilatus nach Rom: Dort sollte er sich vor dem Kaiser wegen der gegen ihn erhobenen Vorwürfe verteidigen. Gegen den Befehl eines solchen Mannes gab es keine Widerrede. Also machte sich Pilatus sofort und ungeachtet des hereinbrechenden Winters auf den Weg, um nach einer mehrwöchigen beschwerlichen Landreise bei seiner Ankunft in Rom zu hören, daß Tiberius am 16. März gestorben sei.

Von dieser Stunde an entgleitet Pilatus dem Zugriff der Historiker. Er war, obwohl so lange Jahre Herr Judäas, eben doch ein kleines Licht geblieben, das den Großen in Rom nicht auffiel. Daß dort gegen ihn ein Verfahren eingeleitet wurde, ist unwahrscheinlich: Der neue Kaiser Caligula (gest. 41 n. Chr.), der wenig später, besessen von der eigenen Göttlichkeit, versuchen sollte, seine Statue im Tempel zu Jerusalem aufstellen zu lassen, wird einen Mann nicht belangt haben, den Gesandte aus Samaria der Grausamkeit ziehen. So mag es sein, daß Pilatus nicht ohne Häme zusah, als sich der aus Syrien abberufene Vitellius vor Caligula jammernd am Boden krümmte, um sein Leben zu retten – er hatte in den Augen des Kaisers versagt und die Ruhe der Provinz nicht wahren können.

Das zweite Gesetz des römischen Herren sprach von den Pflichten der Untertanen. Sie umfaßten Steuern, deren Höhe klar geregelt war, Dienstleistungen für Kaiser, Statthalter und Armee, Requisitionslasten, Quartier und Unterhalt für die Truppen, und – alles übergreifend – Gehorsam, wo immer er verlangt wurde. »Freiheit haben die Städte soviel, wie die römischen Herren ihnen lassen«, faßte Plutarch zusammen, was von der alten Herrlichkeit noch geblieben war, und er fügte hinzu: »mehr wäre ihnen vielleicht auch unzuträglich«. Plutarch (46 bis nach 120 n. Chr.) war Bürger des griechischen Chaironeia und blieb es zeitlebens, obwohl er in Rom zu hohen Ämtern und Ansehen kam und das Wohlwollen Trajans (Kaiser von 98–117 n. Chr.) genoß. In seinen populärphilosophischen Schriften über Gott und die Welt belehrte er seine Schüler schonungslos über die Allmacht des Kaisers und die dienende Rolle, die allen zukam, die wie er städtische Ämter anstrebten. Nichts von Autonomie und Freiheit, wohl aber alles über Bindung und Gehorsam war von ihm zu hören.

Niemand durfte daran zweifeln: »Sage dir täglich«, mahnte er väterlich einen auf seine neue Würde allzu stolzen städtischen Beamten, »du bist ein Untertan. Als solcher regierst du eine Stadt, die den Prokonsuln unterstellt und deren Kopfnicken Gesetz ist. Gehabe dich also«, so lautete die Konsequenz, »etwas weniger martialisch in deiner Amtstracht, vergiß auf der Rednerbühne nicht, daß über dir der Prätor thront, verlasse dich nicht zu stolz auf deinen Kranz: Er schmückt denselben Kopf, über dem du die römischen Stiefel siehst!« Daher tue jeder frisch Gewählte gut daran, seine Rolle als die eines Schauspielers einzustudieren, der auf der Bühne selbständig zu agieren scheint, aber doch genauestens auf den römischen Souffleur zu achten hat. Wer gegen dessen Vorgaben verstoße, riskiere mehr als den Unwillen des Publikums: Auf ihn warte das Beil des Henkers.[37]

Die meisten beugten sich dieser Einsicht, und nur Narren dachten an bewaffneten Widerstand. Kam es dennoch zu Unruhen, so waren die Auslöser nicht die Sehnsucht nach Freiheit, sondern Hunger, das Steigen des Brotpreises oder spontane und meist ziellose Erhebungen, die einzelne Handwerker anzettelten, weil sie um ihre Geschäfte fürchteten. So war es etwa in Ephesos gewesen, als der Apostel Paulus Weh und Ach über die Götzendiener schrie und mit seinen Predigten den Zorn der Silberschmiede auf sich lud, die um den Absatz ihrer glückbringenden Amulette bangten. Als die Aufgebrachten im städtischen Theater mit viel zusammengelaufenem Volk die Fäuste reckten, genügte der warnende Hinweis des Stadtsekretärs auf die drohende Vergeltung Roms, um alle Hitzköpfe friedlich den Weg nach Hause finden zu lassen.[38]

Die Sache selbst ist im Hauptquartier des Statthalters ohne großes Aufheben zu den Akten gelegt worden. Dort richtete man sein Augenmerk auf die Wahrung von Ruhe und Ordnung, achtete auf den pünktlichen Eingang der Steuern und Abgaben, übte die Kapital- und höhere Zivilgerichtsbarkeit aus und mühte sich, jeden zwischen den Städten ausbrechenden Zank und Streit frühzeitig zu beenden. Alles weitere überließ man den städtischen Organen und der Kunst ihrer Bürgermeister. Anderes blieb dem Statthalter auch gar nicht übrig. Ohne zählbare Truppen und ohne bürokratischen Apparat war er verloren, wenn die städtische Selbstverwaltung ins Stolpern geriet. Seine Rolle glich denn auch weit mehr der eines Schiedsrichters als der eines Potentaten: Er schlichtete Streit, wo immer er Rom gefährlich zu werden drohte, und sorgte im übrigen für die Autorität der städtischen Organe und ihrer Träger, da sie die Arbeit taten, zu der ihm das Rüstzeug fehlte. Niemand erwartete im Grunde mehr von ihm. Die gesellschaftlichen Sorgen gehörten alle in den Bereich der kommunalen Selbstverwaltung, und nur dort, wo diese gefährdet schien, griff Rom ein. So ließ Tiberius zwei Kohorten in Italien zusammenziehen, um an der Stadt Pollentia ein Exempel zu statuieren: Ihre Bürger hatten den Leichenzug eines verdienten Offiziers gesprengt und seiner Familie Teile ihres ererbten Vermögens abgetrotzt. Die Schuldigen, darunter viele Stadträte, wanderten dafür nach dem Einmarsch der Truppen lebenslänglich ins Gefängnis, denn sie hatten eine der Grundregeln des friedlichen sozialen Zusammenlebens verletzt.[39]

Die Pflichten der Patrone

Immer ist es ein und derselbe Gedanke, um den alles kreist: Da Rom die Provinzen nicht mit Hilfe einer vielköpfigen und emsigen Bürokratie regieren konnte, brauchte die amtliche Herrschaft von Kaiser und Gouverneur Hilfe. Sie kam in der Form der städtischen Selbstverwaltung und der privaten Initiative der großen aristokratischen Häuser. Dies war fast selbstverständlich. Denn schon die Republik verdankte ihre Kraft zum Guten und Schlechten einer Handvoll fürstlicher Dynastien, aus denen durch die Jahrhunderte die großen Staatsdiener gekommen waren. Sie hatten bereits in der

Frühzeit der Expansion besiegte italische Städte und Stämme in ihre Klientel aufgenommen und ihnen ihre patronale Fürsorge als erbliche Verpflichtung angedient. Wie sie funktionierte, demonstrierten die Minucii, als sie 117 v. Chr. monatelang in den Steilhängen östlich von Genua herumkrochen, dort die Äcker neu vermaßen und das Ergebnis ihrer Mühsal penibel genau auf einer Bronzetafel festhielten. Damit lösten sie die Grenzstreitigkeiten, die die Genueser mit ihren Nachbarn entzweit hatten, und versöhnten erhitzte Streithähne, die drauf und dran waren, wegen einiger Krumen Land miteinander in Fehde zu geraten.[40] Wenig konnte in den Augen Roms schlimmer sein als dies. Denn der Streit zerstörte, was doch für die Stabilität der Herrschaft so wichtig war und was zu wahren Jahrzehnte später auch die Kuratoren von Amts wegen geschworen hatten: die Fähigkeit zum städtischen Selbstregiment.

Ihm diente alles, was die Patrone ihren Schützlingen zukommen ließen: Sie gewährten Rechtshilfe in Prozessen gegen die Gouverneure und die Finanzbeamten Roms, sie sprachen am Hof des Kaisers von den Sorgen ihrer Städte, und sie begünstigten die Bürger durch Geld- und Lebensmittelspenden, durch Bauten und Spiele. So hat Plutarch seine Warnung vor der Übermacht des römischen Herren durch einen zweiten Lehrsatz ergänzen dürfen: »Ein Staatsmann muß sich und sein Vaterland bei den Mächtigen in unbescholtenem Ruf erhalten, und er muß einen der Mächtigsten und Angesehensten am Hofe zum Freunde, gleichsam zur sicheren Stütze seiner Verwaltung haben. Die Römer sind ja entgegenkommend in der Politik, und es ist für jedermann erfreulich, wenn die Frucht einer Freundschaft mit den Oberherrn der Allgemeinheit zugute kommt.«[41]

Wie sehr, zeigte sich dort, wo der Patron seine Fürsorge als schwere Last empfand, ihr aber trotzdem nachkam. So geschah es im Sommer 101 n. Chr., als Gesandte der spanischen Provinz Baetica vor den Senat traten und ein Prozeßverfahren wegen Erpressung gegen den Statthalter Caecilius Classicus forderten. Als Rechtsbeistand verwiesen sie auf den Senator Plinius, da er schon öfter für sie eingetreten sei. Die Freunde des vielbeschäftigten Mannes winkten ab, konnten aber einen Senatsbeschluß nicht verhindern, der Plinius nominierte, falls ihn die Gesandten umstimmten. Dies gelang ihnen ohne besondere Mühe, als sie den Patron an seine vergangenen Dienste erinnerten. »Unziemlich erschien es mir, die Rechte staatlicher Schutzherrschaft außer acht zu lassen«, teilte der Überredete einem Freunde mit. Wie recht er hatte, zeigte sich, als die Senatoren seine Zusage einhellig begrüßten: Erst jetzt befand sich Plinius wieder im Einklang mit den Pflichten seines Standes. »Man mag sich den Leuten«, seufzte am Ende der Geplagte, »noch so oft verpflichtet haben – versagt man sich nur ein einziges Mal, bleibt allein diese Absage in ihrem Gedächtnis haften.«[42]

In der Tat: Das soziale Prestige und das Ansehen des einzelnen Senators und des ganzen Standes hingen von der Übernahme solcher Leistungen ab. Wer sich ausschloß, verfiel der sozialen Ächtung. Denn das Leben in den Städten erstarb ohne die Aufwendungen der Eliten für die sozialen Bedürfnisse der Bürger, ohne die aus privater Schatulle finanzierten Bauten, ohne das Eintreten der Großen für die Kleinen. Rechtlich gesehen waren diese Leistungen Geschenke, tatsächlich aber Teil des gesellschaftlichen Grundkonsenses und ein Pakt auf Gegenseitigkeit. Denn die erwarteten Gegenleistungen, allen voran Untertänigkeit und Loyalität, gehörten zur Existenz der Städte ebenso wie die fürstlichen Geschenke der hohen Herren. Der Charakter dieser Gaben war also freiwillig und zwanghaft zugleich. Nur wer gab, hatte Anspruch auf loyale Diener, nur wer Kaiser und Reich diente, durfte seine Größe in vielfältigen Ehrungen und auf öffentlichen Denkmälern gespiegelt sehen.

»Jeder Ort hat sein Schicksal«: Die Urbanisierung West- und Mitteleuropas

Grundzüge: Das Netz der Städte

Wer in Rom auf sich hielt, sprach lateinisch und griechisch. Denn das Imperium hatte zwei Gesichter: ein römisches in Italien und den Provinzen des Westens, ein griechisches in den Ländern des Ostens. Die Grenze, die seit dem Ende des 4. Jahrhunderts n. Chr. zur Schicksalslinie des Imperiums werden sollte, verlief von der mittleren Donau und der unteren Save entlang dem Flusse Drina südlich durch die Adria und die Straße von Otranto und stieß, ungefähr dem 20. Längengrad folgend, in Nordafrika auf die Grenze der Provinzen Libyen und Tripolitanien. Auf dem Balkan schied sie das lateinische Dalmatien und Pannonien vom griechischen Makedonien (das heutige Griechenland) und den lateinischen Donauprovinzen Moesien und Dakien.

Im Osten bestimmte seit Menschengedenken die Stadt *(Polis)* das Leben Griechenlands, des Schwarzmeerraumes und Kleinasiens. Die Eroberungszüge Alexanders des Großen schlugen im 4. Jahrhundert v. Chr. ein neues Kapitel der griechischen Kolonisation auf: Jetzt prägten griechische Städte auch die Geschichte Syriens und Ägyptens und schoben sich bis zum Hindukusch vor. Damit verließen sie den Bereich der Mittelmeervegetation, blieben in der Regel jedoch Ackerbaustädte und waren nur dort zu finden, wo der Anbau von Getreide, wie z. B. in den Oasenketten am Steppenrand der syrischen Wüste, möglich war. Sie alle übernahmen, was einer Polis gebührte: die Volksversammlungen, den Rat, die Behörden, die Tempel und die Gymnasien. Ihre Bewohner sprachen griechisch in einem modifizierten attischen Dialekt, der sich über den ganzen Osten ausbreitete – die Evangelien des jungen Christentums zeugen von ihm. Einige der Neugründungen wuchsen zu Weltstädten, wie das ägyptische Alexandria, Antiochia in Syrien oder Seleukeia am Tigris. Sie übertrafen das klassische Athen an Größe, Bevölkerungszahl und Wohlstand bei weitem und wollten sich unter den römischen Kaisern nur an der Hauptstadt des Reiches messen lassen. Als Rom ihre Bühne betrat und bis zum Euphrat vordrang, änderte sich nichts an ihren Lebensgewohnheiten. Sie verbreiteten weiterhin die griechische Kultur in die angrenzenden, nun von Rom statt von beliebig wechselnden Zaunkönigen abhängigen Staaten. Gegen die Sprache und Lebensart des römischen Siegers blieben sie immun.

Im lateinischen Westen war alles von Grund auf anders. Dort zu siegen war für Rom unendlich schwer gewesen; dort auf Dauer zu bleiben erschien als nahezu unmöglich. Denn um diese Ländermassen ohne Verkehrswege, ohne feste soziale Verhältnisse und ohne beständige politische Organisationsformen zu beherrschen, mußte es dem Sieger gelingen, den Besiegten ein neues, stabiles Zentrum ihres Lebens aufzuzwingen.

Dies konnte angesichts der gemachten Erfahrungen und der vorhandenen Fähigkeiten nur eine Stadt sein. Denn beide Formen der römischen Herrschaftsausübung, das Regiment der Statthalter und die patronale Fürsorge adliger Familien, waren ohne sie nichts. Ihre soziale Mitte hatte eine grundbesitzende Aristokratie einzunehmen, der alle städtischen Ämter zufielen: der Rat *(ordo, senatus)* und die Magistratur (zwischen vier und sechs Beamte, geführt von den Bürgermeistern, den *duoviri*). Der Rat, der aus zumeist 100 auf Lebenszeit bestellten Mitgliedern *(decuriones)* bestand, rekrutierte sich aus den gewesenen Beamten und kooptierten Mitgliedern, amtierte als beratende Versammlung vergleichbar dem Senat in Rom und entschied über den Haushalt. Die Magistrate, jährlich neu gewählt, betreuten das Recht, verwalteten die Kassen, kommandierten Polizei und Feuerwehr und achteten auf die Verehrung der Götter. Gemeinsam konnten sie ihrer nach dem Willen des Siegers dreifachen Aufgabe gerecht werden: Unter der direkten Kontrolle Roms verwalteten sie das flache Land, beherrschten die unteren städtischen Schichten und sorgten sich um das soziale Wohl und das Prestige ihrer Städte. Alles weitere sollten Sprache und Zivilisation des Siegers zuwege bringen.

Damit war der ersten Generation der Besiegten ein blutiger Weg gewiesen. Ihre überkommene soziale und politische Welt sank in Trümmer. Die Rauchsäulen über den niedergebrannten Stammesburgen, lange Züge vertriebener oder umgesiedelter Stämme, gewaltsam vorangetriebene Neuansiedlungen und die festen Mauern römischer Militärkolonien kündeten von der Entschlossenheit des Siegers, die vorgefundene geographische, ethnische und soziale Infrastruktur zu zerstören und einer neuen Ordnung den Weg zu bahnen. Ihr Bestand hing davon ab, ob die Nachgeborenen bereit waren, die ihnen aufgezwungene städtische Zivilisation höher einzuschätzen als alles, was ihre Väter preisgaben.

Die Römer haben mit zäher Energie versucht, dieses Ziel zu erreichen. Nicht als Missionare einer besseren Weltordnung; vielmehr als Herren und Krieger, die ihre Beute behalten wollten, da sie ihnen ein reiches und glanzvolles Leben voll Ruhm und Ehre versprach. Was immer sie taten, sie taten es aus Eigennutz und ohne moralische Skrupel. Stellvertretend für sie alle handelte der General Agricola, der wie einst der göttliche Caesar mit einer Invasionsarmee im fernen Britannien gelandet war, um die Insel jenseits des Kanals für immer dem römischen Herrschaftsanspruch zu unterwerfen: »Um die verstreuten, rohen und darum leicht zum Kriege geneigten Menschen an Ruhe und Muße zu gewöhnen, ermunterte er sie persönlich und unterstützte sie öffentlich, Tempel, Märkte, Häuser zu errichten, wobei er die Raschen lobte und die Trägen schalt; so war Wetteifer um die Ehre an die Stelle des Zwangs getreten. Dann ließ er die Söhne der Fürsten in den freien Künsten ausbilden und stellte die Begabung der Britannier über den Lerneifer der Gallier, so daß die, welche eben noch die römische Sprache abwiesen, jetzt Beredsamkeit begehrten. In der Folge kam sogar im äußeren Auftreten römisches Wesen zu Ehren, und die Toga wurde häufig.« Tacitus, der solches berichtet, mußte es wissen: Es war sein Schwiegervater, von dem er sich dessen Politik in den Jahren 77–85 n. Chr. schildern ließ. So konnte er auch offen das Ziel all dieser Mühen um die barbarischen Holzköpfe nennen: »Und allmählich ließ man sich auf Dinge ein, die zur Entartung verführen: Säulenhallen, Bäder und erlesene Festgelage. Und das hieß bei den Unerfahrenen Kultur, während es ein Teil der Knechtschaft war.«[43]

Selten hat ein Römer die Urbanisierungspolitik derart bestimmt als Mittel der politischen Befriedung und der Herrschaftssicherung bezeichnet. Tacitus war gewiß Imperialist, der auf die Erweiterung des Reiches drang – im Grunde gleichgültig wo. Dies und seine eigenen prokonsularischen Erfahrungen – von Verdiensten ist nichts bekannt – sprechen für die Sicherheit seines Urteils. Er traf den Nagel auf den Kopf: Rom hat die vorgefundene Ordnung der barbarischen Länder so gründlich umgestürzt, weil es sie anders nicht beherrschen konnte. Die besiegten Völker haben sich dagegen gewehrt, solange es eben ging. Und als sie sich der Allmacht des Imperiums beugen mußten, schwanden die Bilder ihrer brennenden Dörfer nur allmählich, und erst langsam fanden sie den Weg, ihre Zukunft auf Rom auszurichten. Als sie ihn aber gefunden hatten, zählten auch im fernen Britannien andere Einsichten als die des bitteren und von Krieg und Schlachten hingerissenen Tacitus. »Bäder, Wein und die Liebe zerstören uns«, verkündete ausgelassen ein Grabstein, stellvertretend für seinen stummen Herrn zwei Meter unter ihm, »aber sie machen das Leben aus: Bäder, Wein und die Liebe.«[44]

Die Kolonien: Trutzburgen des Imperiums

Vier Motive bestimmten die Anlage von Kolonien: die Sicherheit des Imperiums, die Versorgung von Veteranen, der Schutz der kaiserlichen Macht und der Ruhm des Gründers.

Alles begann in Italien. Dort hatte Rom im Schatten von Krieg und Eroberung die beiden Formen städtischen Lebens entwickelt, die ihm Italien dienstbar machten: das Munizipium und die Kolonie. Der Status eines Munizipiums verpflichtete besiegte Städte, ihr künftiges Leben als römische Bürger zu führen, ihre inneren Angelegenheiten jedoch selbsttätig zu regeln. Kolonien, gegründet an allen strategisch wichtigen Orten der Halbinsel, sicherten als Militärfestungen den Bestand der römischen Herrschaft.

Über die Gründung von Kolonien entschied der Wille des Siegers zur militärischen Behauptung der Provinzen. Ihr Standort und ihre Größe wurden von den strategischen und verwaltungstechnischen Aufgaben diktiert. In den weiten Binnenräumen Galliens und Spaniens, im Donauraum, in Britannien, Afrika und – wenn auch seltener – im griechischen Osten dienten sie entlang der wichtigsten Heeres- und Nachschubstraßen als Trutzburgen der römischen Macht.[45] Die dort angesiedelten Veteranen und ihre Nachkommen hielten ihre Waffen blank und waren für den Tag gerüstet, an dem von dies- oder jenseits der Grenzen Unheil drohte. So folgte dem Soldaten der Kolonist, und der Kolonist war ein guter Soldat. Als in Dakien zu Beginn des 2. Jahrhunderts n. Chr. der letzte Widerstand erlosch und der König Decebalus seinem sinnlos gewordenen Leben ein Ende machte, da, so berichtet der Historiker Cassius Dio (ca. 155–235 n. Chr.) lapidar, »wurde Dakien den Römern untertan, und Trajan begann mit der Anlage von Städten«.[46] Den ersten Platz unter ihnen beanspruchte die Kolonie *Ulpia Traiana Sarmi-*

zegetusa (das heutige Várhely in Siebenbürgen). Sie löste als neuer Mittelpunkt der dakischen Provinz die in den Bergen gelegene und dem Erdboden gleichgemachte Herrscherburg der einheimischen Könige ab und wurde Amtssitz des kaiserlichen Legaten.

Was Dakien damals widerfuhr, geschah vorher oder nachher am Rhein, an der Donau, in Afrika und anderswo: Im Hinterland der durch feste Legionslager gesicherten Grenze lauerten mit Veteranen besiedelte Städte auf jede Regung der Unterworfenen. So sollte es nach dem Willen Hadrians (117–138 n. Chr.), der sich im ganzen Reich ohnehin in der Rolle des Neugründers und Erneuerers bedeutender Städte gefiel, auch in Judaea sein: 130 n. Chr. befahl er den Wiederaufbau der zerstörten heiligen Stadt der Juden und ihre Einrichtung als römische Kolonie mit dem Namen *Aelia Capitolina* (*Aelia* nach Hadrians gens, *Capitolina* nach dem Tempel Jupiters auf dem Kapitol).[47] Der Aufstand, der daraufhin ausbrach, machte alles noch schlimmer: Seine schwer erkämpfte Niederwerfung verwüstete das Land, »bis viele Wölfe und Hyänen heulend in die Städte einfielen« und der Preis für jüdische Sklaven zeitweise nicht höher war als der für ein Pferd.[48] Am Ende erhob sich über den Trümmern der Stadt Salomons mit ihren öffentlichen Bauten und Tempeln eine römische Stadt, die Juden bei Androhung der Todesstrafe verschlossen blieb; selbst der Name des besiegten Volkes verschwand von der Landkarte: Die Provinz hieß fortan nicht mehr Judäa, sondern Syria Palästina.

Kein Provinziale durfte zweifeln: Nicht nur vor den Palisaden der Legionslager, sondern auch vor den Mauern der Kolonien blickte er auf das »Bollwerk der Knechtschaft«.[49] Und er hatte allen Grund, eine hochmütige Soldateska zu hassen, der Kaiser und Statthalter die fruchtbaren Kerngebiete der Einheimischen auslieferten. Denn dort nahmen sie sich nach römischem Recht und Gesetz das beste Ackerland und trieben als Pächter oder Landarbeiter jene auf die Felder, die dort früher als Herren den Pflug geführt hatten. Tacitus wußte aus den Berichten über den Untergang des in Britannien von Aufständischen zerstörten Camulodunum (Colchester): »Der erbitterte Haß galt den Veteranen; denn diese, die jüngst in der Kolonie Camulodunum angesiedelt worden waren, vertrieben die Einwohner aus ihren Häusern und verjagten sie von den Feldern, wobei sie sie als Kriegsgefangene und Sklaven beschimpften.« Tacitus fügt hinzu, reguläre Truppen hätten dieses Treiben der Veteranen unterstützt, »da sie ein ähnliches Leben führten und auf die gleiche Ungebundenheit hofften«. Wer wollte es den Aufständischen verdenken, daß sie die Stadt in Schutt und Asche legten und auch den in ihrer Mitte zu Ehren des göttlichen Kaisers Claudius errichteten Tempel »gleichsam als Zwingburg ewiger Tyrannei« *(arx aeternae dominationis)* niederrissen?[50]

Neben ihrer ureigenen militärischen Aufgabe befriedigten die Kolonien also auch die erst im 2. Jahrhundert n. Chr. versiegende Gier nach Land, die viele aus dem Heeresdienst Entlassene in die Provinzen trieb. Diese, dazu landlose Italiker, römische Proletarier und verdiente Freigelassene erhielten in der Kolonie eine neue bürgerliche Existenz – ganz so, wie es seit den Gracchen die populären Führer und seit Marius die Armeekommandeure meist vergeblich gefordert hatten. Vermindert wurde so nicht nur das Heer der sozial Entwurzelten; sie, die am Rande der Gesellschaft vagabundierten, kehrten in ihre Mitte zurück und übernahmen die respektable Aufgabe, das Reich zu schützen.

Eine dritte Pflicht lastete auf den Kolonisten: Sie hatten die kaiserliche Macht zu stützen. Diese war in den tödlichen Fehden großer adliger Häuser geboren worden, so daß die ersten Monarchen gut daran taten, den Gouverneuren der großen Provinzen zu mißtrauen, die aus eben diesen Häusern kamen und nicht als Diener, sondern als Herren Ruhm und Ehre beanspruchten. So wurde es zum kaiserlichen Privileg, Kolonisten in die Provinzen zu schicken. Dort sollten ihre mit Land und Geld ausgezeichneten Bürger vor allem in Italien, Sizilien, Spanien, Mauretanien und in der Gallia Narbonensis dem Kaiser vor den Toren Italiens und Roms als militärische Klientel dienen.

»Jeder Ort hat sein Schicksal«, begann Ovid, Dichter am Hofe des Augustus, seine Erzählung über die Gründung von Eleusis.[51] Er faßte in diesem Satz zusammen, was für seine Leser das Wichtigste war, wenn sie über ihre Heimatstädte nachdachten: Sie alle hatten ihre eigene, große Geschichte, und wer Städte gründete, schrieb seinen Namen auf eine besondere Weise in das Buch der Geschichte. Dort hatte nur das Außerordentliche Platz, Taten, die im

Raum von Politik und Staat Werke schufen, die von Bestand und der menschlichen Erinnerung wert waren. Wer mit sterblichen Händen vollbrachte, was das eigene Leben überdauerte und noch Kunde von ihm gibt, wenn es längst dahin ist, dem öffnete sich das Tor zur Unsterblichkeit.

Die Geschichte jeder griechischen Stadt beginnt daher mit einem spektakulären Gründungsakt, an dem Götter, Heroen und Menschen teilhaben: »Mauern zog [der König] um die Stadt und baute die Häuser, / schuf den Göttern die Tempel und teilte für alle den Acker«, berichtet Homer über die Gründung des phäakischen Scheria.[52] Auch Rom begann in der andächtigen Erinnerung seiner Historiker zu leben, als der Himmel dem ersten König Romulus ein göttliches Zeichen sandte und dieser die Furche zog, die für immer die Stadtgrenze Roms markieren sollte.[53] Ihm konnte niemand gleich sein, wohl aber war es möglich, ihn nachzuahmen. Daran dachten die großen Familien Roms, als sie Kolonisten in alle Regionen Italiens schickten, davon sprach Pompeius, als er sich in den Provinzen des Ostens als Hüter neu geordneter Städte feiern ließ, und darauf hoffte Caesar, als er sich auf den Weg machte, in Spanien, der Narbonensis und in Afrika seinen Veteranen eine neue städtische Heimat zu geben.

Ihre Erbschaft trat der Kaiser an. »Wir wünschen, daß in unserer ganzen Welt die Würde und Zahl der Städte vermehrt werden«, heißt es in einem kaiserlichen Erlaß, durch den das pisidische Tymandus Stadtrecht erhielt.[54] Er könnte über einem imaginären Eingangstor zur Geschichte der römischen Kaiserzeit stehen. Denn »neue Städte zu gründen, von alters her bestehende zu fördern oder bereits tote wiederzubeleben« war, nachdem die Götter diese Fähigkeit den Menschen überlassen hatten, Sache des Kaisers geworden.[55] Ihm war alles zugefallen, vor allem aber das Recht, nach eigenem Gutdünken Kolonisten auszusenden: »Durch Ansiedlung von Soldaten«, rühmte sich Augustus in seinem Tatenbericht, »gründete ich Kolonien in Afrika, Sizilien, Makedonien, den beiden spanischen Provinzen, in Asien, Syrien, der Gallia Narbonensis und Pisidien. In Italien selbst waren 28 Städte auf meine Veranlassung hin gegründet worden, die zu meinen Lebzeiten bereits volkreich waren und in höchster Blüte standen.«[56] Alle seine Nachfolger taten es wie er: Trajan als Neugründer im heutigen Rumänien und Bulgarien, Hadrian als Restaurator in nahezu allen großen Städten des Reiches. Mit ihm war auch die Zeit gekommen, nicht nur dem Nutzen des Imperiums, sondern auch der persönlichen Laune des Kaisers städtische Denkmäler zu setzen. So bauten die Architekten Hadrians sieben lange Jahre in Mittelägypten eine Stadt nach dem Vorbild Athens an der Stelle, an der Antinoos den Tod im Nil gefunden hatte, ein junger Günstling aus der kleinasiatischen Provinz Bithynien, den der Kaiser über alles geliebt hatte. Die Gelehrten, die Napoleon auf seinem Feldzug nach Ägypten begleiten durften, fanden ihre Trümmer und hielten liebevoll fest, welches Theater und welche Säulenreihen der Zeit getrotzt hatten. Drei Jahrzehnte später wehte nur noch der Wind über eine leere Tenne: Mehmet Ali, dem ägyptischen Statthalter Istanbuls, hatte es gefallen, jeden Stein der alten Stadt zum Bau der Zuckerfabrik von Roda zu benutzen. Ihr Name war Antinoopolis.

Die Munizipien: Römische Gesten der Belohnung

Die zweite Städtekategorie, die Rom aus Italien in die Provinzen brachte, war das *municipium*. Der formale Rechtsakt der Gründung bestand in der Verleihung des römischen Bürgerrechtes an fremde Städte, die dadurch zu *municipia civium Romanorum* wurden. Ihre Gemeindeverfassung regelte ein von Rom formuliertes Gesetz, das jedes Detail erfaßte und die vorgefundenen lokalen Besonderheiten den Institutionen des römischen Rechts anglich.[57] Vorausgegangen waren in der Regel besondere Akte der Treue und der Loyalität gegenüber Rom oder der Zustrom italischer Siedler, die sich aus den verschiedensten Gründen in den Provinzen niedergelassen und in ihren neuen Heimatorten private, aber doch genau abgegrenzte Vereinigungen *(conventus)* gebildet hatten. Diese allein schon durch ihre Herkunft privilegierte Schicht förderte die Ausbildung städtischer Siedlungen: Nur in ihnen ließ sich leben, wie es den Herren der Welt zukam. Am Ende machten sie gemeinsame Sache mit den alteingesessenen Eliten, die von sich aus das Bündnis mit den Neuankömmlingen suchten, da sie ihre soziale und politische Führungsrolle wohl teilen, aber nicht gänzlich verlieren wollten. So fügte sich eine neue städtische Gesellschaft zusammen, die sich die lateinische Sprache, römische Lebensart sowie die Rechtsordnung des Siegers angeeignet hatte. Alles dies war jedoch für sich genommen noch kein ausreichender Grund, um mit dem Munizipalstatus ausgezeichnet zu werden. Letztlich entschied der Kaiser wie vor ihm die Organe der Republik nach Verdienst. Auch er gehorchte dem eisernen Gesetz einer Herrschaftspraxis, die Privilegien nur nach dem Prinzip von Lohn und Strafe zumaß.

Die Städte der Unterworfenen: Selbstverwaltung als Teil imperialer Herrschaftsordnung

Die Gründung von Kolonien und die Verleihung des Munizipalstatus waren nicht überall sinnvoll. Die Erfolge dieser Politik sind vornehmlich in Spanien, Nordafrika und der Gallia Narbonensis zu finden. In den gallischen, britannischen und germanischen Provinzen hingegen blieb die Zahl der Kolonien und Munizipien gering, während im griechischen Osten nur selten Kolonien und niemals Munizipien gegründet wurden. Die meisten der etwa 2000 Städte des Reiches beherbergten Untertanen, die Grund- und Bodensteuern entrichteten. Rom hat diese Städte in den barbarischen Ländern geschaffen, um die Feudalherren des flachen Landes und die Häuptlinge nomadisierender Stämme seinem Willen gefügig zu machen. Denn darauf kam es an: Die überkommenen Führungsschichten, gewaltsam umgesiedelt und ihrer alten Gefolgschaften beraubt, sollten die Neugründungen und das umliegende flache Land im Gewand des Bürgermeisters oder auf dem Stuhl des Richters regieren. Gelang ihnen dies zur Zufriedenheit Roms, warteten neue Ehren und eine glanzvolle Karriere im Dienst von Kaiser und Reich.

Das Funktionieren der römischen Herrschaft hing vom Erfolg dieser Politik ab. Das Schicksal Galliens gibt dazu den nötigen Anschauungsunterricht. Nach dem Sieg Caesars über Vercingetorix bei Alesia brach jeder Widerstand zusammen, und das schwer geschlagene Land ergab sich seinem Schicksal. Eine Million Gallier soll in den voraufgegangenen sieben Jahren umgekommen, eine weitere in die Sklaverei gegangen sein. Die Reichtümer des Landes füllten die Taschen Caesars und seiner Gefolgschaft, als sie zurück nach Italien eilten, um sich dort in den Bürger- und Weltkrieg um die gekränkte Ehre des gallischen Prokonsuls zu stürzen. So blieb keine Zeit, dem verwüsteten Land eine neue Ordnung zu geben. Nur den Anschein davon sicherten die Legionen. Sie bezogen Positionen um die Saône-Doubs-Linie und die Häduerstadt Bibrakte (Mont-Beuvray); vorgeschobene Einheiten kontrollierten die Loire, Garonne, Seine und Mosel. Unter der eisernen Faust des Siegers wurde es still im Lande, in dem die letzten Aufständischen des aquitanischen Uxellodunum klagend ihre Armstümpfe hochhielten: Der Sieger hatte ihnen zur Warnung für alle, die noch zum Widerstand aufriefen, die Hände abschlagen lassen.

Erst das Ende der Bürgerkriege lenkte den römischen Blick wieder auf Gallien, dessen Neuordnung in den Jahren 16–13 v. Chr. Augustus selbst in die Hand nahm. In dem vom Krieg verwüsteten Land gab es keine festen Formen des Zusammenhalts mehr. Wo sie noch existierten, waren es auf den grundbesitzenden Adel ausgerichtete Sozialordnungen, die allenfalls die Kraft zum Widerstand stärken, nicht aber dem römischen Herrschaftsanspruch dienen konnten. Dieser forderte die Einrichtung von politischer Autorität jenseits der keltischen Tradition und einen festen Ort, wo sie sich behaupten konnte. Andererseits war nicht alles umzustürzen. Die gallischen Völker hatten seit Menschengedenken gelernt, dem Willen ihrer adligen Führer oder königlichen Sippen zu gehorchen. Gelang es, deren Ansprüchen nach Führung, Reichtum und Ansehen jenseits der tradierten Form einen neuen Weg zu weisen, so konnte Rom es der nie erschütterten Autorität der keltischen Aristokratie überlassen, alle sonstigen Schichten der Gesellschaft politisch und moralisch auf eine neue Zukunft einzuschwören. Im Grunde ein einfacher Gedanke: Die Enkel des Orgetorix mußten Bürgermeister einer Stadt werden, den Besuch der Bäder höher schätzen lernen als die Jagd und das Kommando über eine römische Auxiliareinheit an der Donau ehrenvoller und einträglicher finden als einen Beutezug im Stile des Großvaters – anders konnte Rom nicht die Herrin Galliens bleiben.

So stürzte Rom die Ordnung der gallischen Stämme um, nicht aber ihre Tradition. In den drei neu eingerichteten Provinzen Aquitania, Lugdunensis und Belgica verwandelten sich die dort ansässigen Stämme in 60 *civitates*, deren neugegründete städtische Vororte die alten keltischen Burgen ersetzten, Amtssitze von Dekurionen und Magistraten wurden und das umliegende Land beherrschten; ihre Steuerpflicht hielten Zensuslisten fest, die ein zentrales Archiv in Lugdunum (Lyon) beherbergte.

Es gibt wenig Beispiele, die Roms Fähigkeit zur Herrschaft so klar wie dieses spiegeln. Da ist zum einen der Verzicht auf eine Politik der flächendeckenden Kolonisation und Munizipalisierung, um nicht den Grundpfeiler der sozialen Ordnung zerstören zu müssen, der das politische Leben in Gallien immer bestimmt hatte. Da ist weiter die Einrichtung eines Vorortes: Seine Rechtsordnung folgt der von Kolonie und Munizipium, so daß er alleiniger Sitz aller Regierungsorgane werden kann. Da ist die Verbeugung vor der Fähigkeit des grundbesitzenden Stammesadels, der die Stämme führt, wie er es immer getan hat – jetzt allerdings in die römische Toga gehüllt. Und da sind schließlich die *civitates*, von denen jede ein großes Territorium von durchschnittlich 8300 km^2 kontrolliert; sie blieben der einzige Partner der kaiserlichen Bürokratie. Mit dieser Ordnung begann Gallien wieder zu leben. In seinen Provinzen wurde die keltische Sprache rasch von der lateinischen verdrängt. Wirtschaftlich hat Rom die Dinge so belassen, wie es sie vorfand. Gallien blieb daher ein Land großer Güter, reicher Grundherren und abhängiger Bauern. Es war dies die logische Konsequenz der dem alten Stammesadel zugeteilten Rolle: Solange Rom auf das Regiment und die Loyalität der Nachfahren des Orgetorix angewiesen war, mußte es ihren Reichtum und ihre Zufriedenheit mehren.

So wuchsen die Vororte Galliens in wenigen Jahren zu blühenden Städten, in denen römische Zivilisation und Lebensart triumphierten. Dem heutigen Betrachter ihrer Ruinen bietet sich ein erstaunlich gleichförmiges Bild. Nach römisch-italischen Normen organisiert und ausgestattet mit Forum, Rathaus, Tempel, Basiliken, Amphitheater und Thermen, künden sie von der neuen sozialen Wirklichkeit, die der Eroberer so gewollt hatte, die aber zugleich den Besiegten die Trauer um das verlorene Eigene nahm. In Gallien wie in allen anderen ehemals barbarischen Provinzen des Imperiums (mit Ausnahme Judäas) richtete sich der stadtsässig gemachte Adel unter den wachsamen Augen der Statthalter Roms auf eine römische Zukunft ein. Die Zeit half ihnen dabei und ließ die Wunden, die der Krieg geschlagen hatte, vernarben – allerdings nicht sofort: Noch im Jahre 21 n. Chr. trieben »die Fortdauer der Besteuerung, die drückende Last der Wucherzinsen und der Hochmut der Statthalter« selbst mit dem römischen Bürgerrecht ausgezeichnete Adlige in den Aufstand.[58] Aber auch der letzte, den noch die Sehnsucht nach der Wiederkehr der alten, verlorenen Welt umtrieb, kapitulierte am Ende angesichts der Dauer der römischen Herrschaft und der Sinnlosigkeit militärischen Aufbegehrens.

Die Grenzstädte an Rhein und Donau: Brückenköpfe der Zivilisation

Das Schicksal Galliens beweist die Lernfähigheit, mit der das kaiserliche Rom daranging, die Beherrschung großer binnenländischer Territorien zu inszenieren. Der Vormarsch bis zum Rhein und an die Donau forderte weitere Beweise dieser Kunst. Denn eine praktisch anwendbare Strategie hatten die Feldherren, die als erste die großen Flußläufe bestaunten, nicht im Gepäck. Ihre Aufgabe, dort eine viele hundert Kilometer lange Grenze weitab von Italien zu sichern, zwang sie, das Problem vornehmlich als militärisches zu sehen. So betraf die erste Entscheidung denn auch die Legionen: Sie blieben dort an den Grenzen stehen, wo sie gebraucht wurden, bauten ihre Feldlager zu Festungen aus und organisierten ihren Nachschub aus dem umliegenden Land.

Diese Bindung großer Einheiten an einem Ort führte in der Nähe der großen Lager zu ebenfalls dauerhaften zivilen Ansiedlungen für die Versorgung der Truppen. Die Sollstärke einer Legion von etwa 5600 Mann garantierte einen zukunftsträchtigen Absatzmarkt, so daß viele kamen, um dem Staat und dem einzelnen Legionär das Geldausgeben leichtzumachen. So richteten sich dort die für die Versorgung der Truppen notwendigen Handwerks- und Rüstungsbetriebe ein, dort hofften Kaufleute, Lieferanten und Marketender ihr Glück zu machen, dort ließen sich die abgemusterten Soldaten mit ihren Familien nieder, kauften Land und machten es urbar. Viele von ihnen waren als Provinziale in die Auxiliarverbände des Heeres eingetreten und hatten sie nach langen Jahren römischen Drills mit der Bürgerrechtsurkunde und einer Abfindung verlassen, die ihnen ein sorgenfreies, meist bäuerliches Leben in der Nähe ihrer alten Lager sicherte. Diese Siedlungen *(canabae)*, die zunächst der Gewalt des Legionskommandeurs unterstanden, verwandelten ihre hölzernen Baracken und Buden in Steinbauten, als niemand mehr fürchten mußte, eines schönen Tages statt der Palisaden der Garnison eine von den Soldaten verlassene Tenne vorzufinden. Am Ende waren blühende Städte aus ihnen geworden, denen Rom seit dem 2. Jahrhundert den Status eines Munizipiums oder einer Kolonie gewährte. Es zog damit den rechtlichen Schlußstrich unter die im sozialen Bereich längst vollzogene Anpassung der Bevölkerung an die römische Lebensordnung.

Der Wohlstand der Städte und sein Preis

Die Grenzen des Reichtums

»Welch ein Glück für alle Provinzen, daß sie in unsere Obhut, unseren Machtbereich gekommen sind«, jubelte Plinius und pries beim Antritt seines Konsulats im Jahre 100 n. Chr. den wirtschaftlichen Weitblick Trajans, der »den Ertrag der Regionen bald hierhin, bald dorthin schaffen und auch wieder zurückholen läßt, der ein Volk jenseits des Meeres nährt und schützt, als wäre es ein Teil der Bevölkerung Roms. Nicht einmal der Himmel zeigt je eine solche Güte, daß er allen Ländern gleichermaßen Fruchtbarkeit und Gedeihen schenkt; unser Princeps hält dagegen von ihnen allen, wenn schon nicht die Unfruchtbarkeit, so doch die bösen Folgen der Unfruchtbarkeit fern.«[59]

Es ist eine Fata Morgana, die der vom Schwung der eigenen Worte hingerissene Plinius dem an derlei gewöhnten Senat vorträgt. Wirtschaftspolitik im modernen Sinne haben weder die Kaiser Roms noch andere antike Machthaber betrieben. Ohnehin waren ökonomische Probleme kein Gegenstand eigenständigen Nachdenkens, und niemandem wäre eingefallen, ihre Gesetzmäßigkeiten zu erkunden. Kaiserliche Eingriffe in das Wirtschaftsleben gab es natürlich; aber sie waren dazu da, akute Nöte und einzelne Mißstände zu beheben, nicht, um weltweit das tägliche Wirtschaftsgebaren zu ordnen. Was Plinius zu preisen hatte, war also nicht der ökonomische Sachverstand des Regenten, sondern die Fürsorge des kaiserlichen Patrons und Friedensstifters. Denn wer die Versorgung der Hauptstadt und der Großstädte des Reiches sicherte, von denen nur wenige in der Lage waren, die eigenen Bedürfnisse aus dem Umland zu befriedigen, der gab den Provinzen Ruhe und der kaiserlichen Familie Sicherheit.

Das Gros der etwa 2000 Städte des Reiches bestand aus Agrarstädten. Ihre Bürger waren vornehmlich Bauern, für die das Land die einzige Quelle ihres Reichtums war und die alles, was sie an Metallen, Sklaven und Luxusgütern brauchten, mit den Erträgen ihrer Felder bezahlen mußten. Je weiter sie vom Meer oder den großen schiffbaren Flüssen entfernt lebten, um so teurer wurde, was sie ex- oder importierten. »Da unsere Stadt weit entfernt von der Küste liegt«, klagte der Bürger einer kleinasiatischen Stadt, »kann sie weder ihre überschüssigen Erzeugnisse absetzen noch – in Zeiten des Mangels – das Fehlende einführen.« Diese dürren Worte, nicht die hymnischen des Plinius, beschrieben das erste Grundgesetz antiken Wirtschaftens. Denn nur der Seeweg machte den Transport von schweren Lasten und Massengütern bezahlbar. War die Fracht eines Schiffes erst einmal auf Karren oder die Rükken von Lasttieren verladen worden und auf dem Weg ins Landesinnere, bedeutete das den Übergang von einem schnellen und billigen zu einem langsamen und teuren Transportmittel. Das 301 von Diokletian (Kaiser von 284–316 n. Chr.) erlassene Preisedikt beschreibt die Folgen: Eine Wagenladung Weizen (rd. 550 kg), über Land befördert, verdoppelte ihren Preis bei einer Strecke von etwa 500 km und war damit dreimal so teuer wie bei einem Schiffstransport von einem Ende des Mittelmeeres zum anderen.

Das vorhandene Straßennetz änderte daran wenig. Es sollte

keine Wirtschaftsräume verbinden, sondern es war ausgebaut worden, um die eroberten Gebiete militärisch zu durchdringen und es den Legionen zu vereinfachen, in kürzester Zeit jedes Widerstandsnest erreichen und bekämpfen zu können. So verliefen diese Straßen zumeist tief im Landesinneren und dort durch Städte, deren Einwohner alles, was sie brauchten, aus ihrem Umland bezogen. Ihre Transportmittel – Karren, Ochsen und Maultiere – waren teuer genug, gleichgültig ob sie über Feldwege oder große Straßen zogen. Der Fluch eines samnitischen Fuhrknechts beim Anblick der Rechnung seines Gastwirts: »Das verdammte Maultier wird mich ruinieren«, zeigt die Grenzen jedes Unternehmergeistes.[60] Für ihn und seinesgleichen waren die Straßen nutzlos und für die Anwohner eine Strafe der Götter obendrein. Denn sie mußten für ihre Instandhaltung arbeiten und den durchziehenden Kurieren, Funktionären und Truppen Nahrung, Unterkunft, Kleidung, Tiere und ihre eigene Arbeitskraft anbieten. Als Jesus seine Jünger ermahnte: »Wer dich nötigt, eine Meile weit zu gehen, mit dem gehe zwei«, hatte er das Bild eines Mannes vor Augen, der einem reisenden Beamten das Gepäck zum nächsten Rastplatz trug.[61] Wer klug war, tat es ohne Lamentieren: »Wenn ein Soldat dich ergreift«, riet der Philosoph Epiktet, »gib nach, leiste keinen Widerstand und murre nicht, sonst bekommst du eins aufs Maul und verlierst deinen Esel dazu.«[62]

Was immer in den Weltstädten des Reiches passieren mochte: Die Bewohner Hunderter Agrarstädte blieben Gefangene ihrer Weltabgeschiedenheit, die die vielen nebeneinander bestehenden örtlichen Märkte nicht aufbrechen konnten. Im ewig gleichen Wechsel der Jahreszeiten zogen sie täglich bei Morgengrauen aus der Stadt auf ihre Felder und bauten an, was schon ihre Eltern und Großeltern angebaut hatten: Kornfrüchte für das Brot, Wein, der nahezu überall wuchs, und Oliven; die Zucht von Schafen, Rindern und Schweinen ergänzte die äußerst schwache Produktivität der landwirtschaftlichen Arbeit. Zusätzliche Einkünfte sicherte diesen Städten nur das vom Kaiser gewährte Recht, regelmäßige Markttage abzuhalten. Bei diesen Anlässen strömten Käufer und Verkäufer aus der Umgebung zusammen, die ein Großteil der angebotenen Waren selbst produziert hatten. Alle zahlten Marktgebühren, die zusammen mit Pachten und Zöllen den schmalen Säkkel der Stadt füllten. Natürlich kamen auch die Wirte, die Schausteller, die Devotionalienhändler, die Huren, die Viehdoktoren und die Transportunternehmer an diesen Tagen nicht zu kurz, an denen religiöse Feiern und Spiele für festtägliche Stimmung sorgten. Insgesamt umschlossen diese Städte eine Welt, in der man von guter zu schlechter Ernte fast ganz als Selbstversorger lebte und froh war, wenn man über die eigenen Bedürfnisse hinaus die an Rom zu leistenden Tribute aufbringen konnte.

Die Zuwendungen der Großen fielen in diesen Städten eher bescheiden aus. Wer hätte auch Gefallen an einer mittelgriechischen Stadt wie dem phokischen Panopeis finden sollen: Wie viele Kleinstädte Griechenlands, hatte es einst bessere Zeiten gesehen und mußte nun zu seiner Armut noch den Spott seiner wenigen Besucher ertragen: »Von Chaironeia aus«, notierte mitleidig der gewandte Weltreisende Pausanias, »sind es zwanzig Stadien nach Panopeis, einer phokischen Stadt, wenn man denn einen solchen Ort eine Stadt nennen darf, der weder Amtsgebäude, noch ein Gymnasion, noch ein Theater, noch einen Markt besitzt, nicht einmal Wasser, das in einen Brunnen fließt, sondern wo man in Behausungen etwa wie in den Hütten in den Bergen an einer Schlucht wohnt.«[63] Solche Orte hatten keine Gönner, und niemand durfte auf Zuwendungen des Kaisers hoffen. Dessen Gunstbeweise kamen Städten zugute, die sein und des Reiches Ansehen mehren konnten.

Die Armut, so lehren die kümmerlichen Hütten von Panopeis, war vielerorts die Kehrseite protzig zur Schau gestellten Reichtums. Es konnte auch gar nicht anders sein: Das Mittelmeerbecken ist rings von Gebirgszügen umgeben, und seine fruchtbaren Ebenen und Täler bieten den Bauern nur selten die Möglichkeit, Weizen und Gerste über den eigenen Bedarf hinaus anzubauen. So lagen zahlreiche große Städte in Sichtweite von abweisenden Hoch- und Gebirgsländern, in die Hirten ihre Schaf- und Ziegenherden trieben und wo städtisches Leben sich nur selten entfalten konnte. Dort lebte man am Rande des Hungers und jenseits allen urbanen Glanzes.

Noch drei Ortschaften und zwei Flußläufe weiter, schon am

Rand der Zivilisation, in den anatolischen oder lykischen Gebirgstälern etwa, finden sich schließlich die Städte, in denen die Menschen zuerst ans Überleben, dann an ihre Familie und an ihre Gemeinschaft, niemals aber an das unendlich ferne Rom dachten. Sie waren in sich geschlossene Welten, Domänen von lokalen Herrschern, die über sich keine Macht mehr wissen. Der kaiserliche Beamte, den der Zufall dorthin verschlug, wirkte dort, ebenso wie eine durchziehende römische Kohorte, wie eine Macht, die nicht einmal böse, sondern nur fremd ist.

Der Glanz des Reichtums

Plinius und mit ihm die Großen des Reiches hatten nicht diese Welt vor Augen, sondern eine andere, nicht minder reale. Sie war in der Tat reich, und sie begründete den Satz, der Kaiser habe den Wohlstand bis in die letzten Winkel des Reiches gebracht. Denn wer sich in den ersten beiden Jahrhunderten der Kaiserzeit zum Reisen entschloß und in den Winzerorten an der Mosel, in den Ackerstädten Afrikas oder in den Gemeinden am syrischen Wüstenrand haltmachte, kehrte nicht bei Hilfsbedürftigen ein. Im Gegenteil: Verglichen mit dem, was zurückliegende Zeitläufe gekannt hatten, und mit dem, was die Länder jenseits der Grenzen besaßen, empfand er Wohlstand, Sorglosigkeit und ein wirtschaftliches Laisser-faire, über das Rom seine schützende Hand hielt. Die Stadtmauern, deren Tore er durchschritt, schienen in dieser Zeit der allgemeinen Sicherheit seltsam fehl am Platz – es sei denn, der Reisende sah sie nicht als ein Symbol der Furcht und des Sichabschließens, sondern als eine von vielen Möglichkeiten, die Bedeutung der Stadt architektonisch ins rechte Licht zu rücken. Geld jedenfalls schien reichlich vorhanden. Denn im Zentrum wie an der Peripherie investierten die lokalen Eliten große Summen in Nutz- und Prachtbauten, die den Architekten und ihren Künsten reiches Lob und den Spendern standesgemäße Ehren bescherten. Nichts anderes taten der Kaiser und die Großen des Reichsadels. Auch sie setzten ihre auf den Domänen und Latifundien erwirtschafteten Gewinne in den Städten um: Bauten, Spiele, Spenden der verschiedensten Art ergossen sich wie aus einem unerschöpflichen Füllhorn über die Städte.

Dieser Reichtum blühte in den Munizipien und Kolonien der nordafrikanischen Provinzen, die zu den bevölkerungsreichsten und wirtschaftlich stärksten Ländern gehörten, da sie die großen Getreideanbaugebiete des Maghreb ausbeuteten. Er blühte in den bedeutenden Produktionszentren, in denen kaiserliche Manufakturen wie die Webereien und die staatliche Münze oder Waffenschmieden wie im kappadokischen Caesarea den Wohlstand von Arbeitern und Gewerbetreibenden steigerten. Er blühte in den großen Handelsstädten, die Fluß- oder Seehäfen besaßen. So in Lugdunum (Lyon), Schnittpunkt im Straßensystem Galliens, Verwaltungszentrum aller gallischen Provinzen und Versammlungsort der 60 *civitates*: In dieser Stadt tauchen Beamte, Händler, Kaufleute, Schiffer als sozial bunte Gruppe auf, in der orientalische Zuwanderer, viele Freigelassene, die schnell nach oben wollten, Italiker und Einheimische zusammengewürfelt waren. Ein ähnliches Bild bot Arelate (Arles), der wichtigste Hafen im gallischen Süden, in dem die Güter aus den Binnenschiffen der Rhône in die Seeschiffe umgeladen wurden. Er blühte natürlich in Alexandria, Umschlagplatz für die Erzeugnisse Ägyptens und Schnittpunkt des Seeverkehrs im Mittelmeer, in Palmyra, Oase inmitten weiter Wüstengebiete, über die der Karawanenhandel mit den Luxusgütern aus dem Osten führte, in Rhodos und Chios, die den Ägäishandel lenkten. Und er blühte in griechischen Städten wie Athen oder Pergamon, die von ihrer großen Vergangenheit lebten und zu Pilgerstätten für alle wurden, die durch Bauten und Spenden an ihrer Ewigkeit teilhaben wollten. An der Spitze der Skala stand natürlich Rom: Die Hauptstadt führte ein nahezu parasitäres Dasein, das von den Geschenken des Kaisers und seiner Paladine, von Steuern, Pachten und Tributen bestritten wurde.

Die Pflichten des Kaisers

Die Kunst des Zuhörens

Die höchsten Tugenden des Monarchen sind Gerechtigkeit und Milde. Um sie ausüben zu können, muß er die Nöte seiner Untertanen kennen und lindern wollen. Plinius verlieh diesem Gedanken in seinem Preislied auf Trajan Flügel: »So sorgt ein Princeps, ja ein Gott für die Seinen: er schafft Versöhnung zwischen zerstrittenen Städten, er bändigt aufgebrachte Völker weniger durch sein strenges Gebot als durch vernünftige Argumente, er schreitet ein bei Rechtsbrüchen der Behörden und hebt Maßnahmen auf, die nicht hätten getroffen werden dürfen; schließlich, wie das rascheste der Gestirne, die Sonne, sieht er alles, hört er alles, und wo immer man ihn anruft, ist er alsbald, wie eine Gottheit, hilfreich zur Stelle.«[64]

Dies sind Sätze, die eines Glücklichen Zeitalters würdig waren. Und sie beschwören, was des Kaisers ist: die Pflicht des Anhörens. Gehör fanden zunächst die Fragen seiner Beamten zu bestimmten Einzelfällen, mit denen sie nicht fertig wurden. Gehör fanden aber auch Klagen und Bitten der Provinzialen um Beistand. So drängte im Jahre 23 n. Chr. Tiberius den Senat zu einem strengen Urteil gegen den Prokurator Lucilius Capito, den asiatische Städte wegen Amtsmißbrauchs verklagt hatten. Bei der schleppenden Beweissicherung verlor der Kaiser die Geduld: »Man soll die Provinzialen hören«, mahnte er drohend die zögerlichen Senatoren.[65] Den Grund fügte Jahre später Kaiser Domitian ausdrücklich hinzu: »Denn es ist gerecht, den erschöpften Provinzen zu helfen, die kaum in der Lage sind, den dringendsten Bedürfnissen zu genügen.«[66] Der Satz war seit Augustus Regierungsprogramm. Er legte dem Monarchen auf, die Sache der Untertanen zu seiner zu machen. Die Folge war eine wachsende Kontrolle des Kaisers über seine Gouverneure und die euphorische Zustimmung der Provinzialen zur Monarchie. Daß damit eine neue politische Ordnung begründet wurde, begriffen in Rom konservative Senatskreise als erste. Sie beklagten »den unerhörten Übermut der Provinzialen« und beschworen die alten Zeiten, in denen die Untertanen noch vor den Berichten heimkehrender römischer Gesandter gezittert hatten.[67]

Die Städte Asiens, für die Tiberius eingetreten war, sahen es natürlich anders. Ihrer Dankbarkeit verliehen sie den Ausdruck, der im Osten des Reiches Herrschern gebührte, die als Heilande und Wohltäter auftraten: Sie umhüllten den Monarchen mit göttlichen Attributen und baten, ihm, seiner Mutter und dem Senat einen Tempel bauen zu dürfen; die Dankesrede in Rom hielt vor Kaiser und Senat Nero, der Sohn des Germanicus: Ihn hatten sich die Städte als Patron gewählt. Die sakralen Weihen, die dem römischen Universalherrscher als Zeichen der Dankbarkeit zuflogen, hat bereits Augustus als adäquaten Ausdruck seiner singulären Machtfülle angenommen. Nicht zuletzt den einfachen Bürger in den Städten des Ostens, aber auch in Italien drängte es, den Kaiser mit göttlichen Ehren auszuzeichnen, da es nur einem Gott gegeben sein konnte, die Dauer des neuen glücklichen Zustands der Welt und die Gerechtigkeit des römischen Regiments zu gewährleisten.

Die Geschichte kennt Augenblicke, in denen sie innezuhalten scheint. Dann gewährt sie Bilder, in denen sich wie in einem Spiegel fängt, was eine ganze Epoche bewegte. So war es, als Augustus starb. Der greise Monarch war kurz vor seinem Tod auf dem Wege nach Capri an der Bucht von Puteoli vorbeigekommen; dort riefen ihm, weiß gekleidet und mit Kränzen geschmückt, die Matrosen und Passagiere eines Schiffes, das aus Alexandria kam, ihre Glückwünsche zu und spendeten ihm höchstes Lob: »Nur dank ihm würden sie leben, dank ihm zur See fahren und dank ihm Freiheit und Wohlstand genießen.«[68] Diese Menschen waren in der Provinz Ägypten aufgebrochen, und sie wußten wie alle Provinzialen, wovon sie sprachen. »Verleidet war ihnen«, erinnert sich selbst Tacitus, unerbittlicher Gegner aller Monarchen, »Senats- und Volksherrschaft wegen der Machtkämpfe der führenden Männer und der Habsucht der Beamten; schwach war der Schutz der Gesetze, die durch Eigenmächtigkeit, politische Umtriebe, zuletzt durch Bestechung unwirksam gemacht wurden.«[69]

Bitterer ist über die Republik und ihr Herrschaftsvermögen selten das Urteil gefällt worden. Es enthält Absolution und Segen zugleich für die von Tacitus gehaßte Monarchie und den Mann, der Ströme von Blut vergoß, um Herr der Welt zu werden. Als er es war, gab er ihr, was sie begehrte: die Eintracht der Bürger, die

Sicherheit der Gesetze, die Herrschaft über die Völker der Erde. »Unter dem Titel Prinzeps«, sagten seine Anhänger, und Tacitus widerspricht ihnen nicht, »habe Augustus den Staat neu gegründet; durch den Ozean oder durch weit entlegene Ströme sei das Reich geschützt; Legionen, Provinzen, Flotten, alles sei untereinander straff verbunden; Recht gelte gegenüber den Bürgern, Recht gegenüber den Provinzialen.«[70]

Der Widerstand gegen diese Definition monarchischer Pflicht blieb schwach. Zu deutlich entsprach sie dem Zustand eines Imperiums, in dem die Unterschiede zwischen Italien und den Provinzen, Siegern und Besiegten schwanden. Als mit Trajan der erste Provinzialrömer den Thron bestieg, war dies das sichtbarste Zeichen des eingetretenen Wandels. Es bezeugt auch die Entwicklung des kaiserlichen Provinzialregiments, das zunächst nur ad hoc auf Anfragen und Bitten aus den Provinzen reagierte, dann aber zur umfassenden Kontrolle der Herrschaftsausübung fortschritt.

Der Schutz der inneren Ordnung

Ausweitung und Verteidigung des Reiches, Ruhe und Ordnung in den Provinzen, die Wahrung des Rechtsfriedens, der pünktliche Eingang der Tribute und die Rekrutierung der Soldaten waren die originären Aufgaben des Kaisers. In die Selbstverwaltung der Städte griff er nur ein, wenn er ihre Stabilität gefährdet sah. Denn mit ihr stand und fiel das Imperium. Zum Staatsfeind mußte daher jeder werden, der den inneren Frieden störte – und sei es nur durch seine Existenz, wie der Christ, der sich abseits hielt, wenn seine Mitbürger den Gladiatoren zujubelten oder vor den Altären ihrer Götter knieten. Aufstände unterdrückten die Legionen, und es war nicht des Aufhebens wert. Bürgerkriege in den Städten jedoch forderten den Kaiser auf das heftigste heraus: »Und ich sage euch ein für allemal«, drohte Claudius (Kaiser von 41 bis 54 n. Chr.) Juden und Griechen in Alexandria, »daß, wenn ihr nicht mit der mörderischen und verstockten Wut gegeneinander ein Ende macht, ich gezwungen sein werde, zu zeigen, wie ein Kaiser ist, dessen Milde in gerechten Zorn umschlägt.«[71]

Der kaiserliche Zorn traf drei Jahrhunderte lang die Christen. Denn ihre Abkehr von dieser Welt überschritt das Maß, das einer ganz anders denkenden und handelnden Gesellschaft noch zuzumuten war. Die Lehre von dem gekreuzigten Gottessohn, »den Juden ein Ärgernis, den Heiden eine Torheit«, mochte noch angehen, zumal sie sich nicht vorrangig an die ersten Familien richtete.[72] Nicht jedoch der radikale Bruch mit jeder Tradition: Die Intoleranz des neuen monotheistischen Glaubens, der die heidnischen Religionen verachtete und verhöhnte, der hinter verschlossenen Türen stattfindende Kult mit unbekannten Riten und eine Lebensführung, die sich von der Umwelt abgrenzte und selbst den Toten keine gemeinsamen Friedhöfe mehr gestattete – alles dies schuf im sozialen Miteinander eine Atmosphäre latenter Spannung, die in Zeiten sozialer oder politischer Krisen in offene Gewalt umschlagen mußte. Der immer wieder in den Städten des Ostens wie des Westens gehörte Schrei: »Die Christen vor den Löwen!«, bezeugt das Ausmaß einer gesellschaftlichen Ächtung, die den Kaiser zum Handeln zwang. Sein im ganzen Reich gültiges Gesetz, bekennende Christen als überführte Verbrecher zu behandeln, reagierte nicht auf eindeutige Straftatbestände, sondern auf die in den Städten beobachteten Unruhen. Ihre Urheber starben wie ihr Gott als Hochverräter. Und sie fielen einem Rechtssystem zum Opfer, das die Aufrechterhaltung von Ruhe und Ordnung höher wertete als den Schutz des einzelnen.

Die Bewahrung der städtischen Autonomie

Die Häuser der Notabeln regierten ihre Städte mit wenigen, jährlich wechselnden Amtsträgern und einem auf Lebenszeit bestellten Rat. Sie taten es ohne Lohn und ohne Behörde und zahlten aus eigener Tasche, was immer ihre Amtspflichten ihnen auferlegten. Die öffentlichen Kassen hofften mehr auf Steuereinnahmen, als daß sie davon lebten; in der Regel jedenfalls waren sie nur selten ausreichend gefüllt, um alle kommunalen Aufgaben bestreiten zu können. So fielen auch diese in die geldbeschwerten Hände der Eliten. Sie packten zu, kümmerten sich um Sicherheit und Ordnung, sprachen Recht, versorgten die Bedürftigen mit Lebensmitteln und unterhielten die öffentlichen Bauten. Es war eine Lust, so zu leben, war doch die Sorge um das Wohl der Gemeinde zugleich das beste Fundament der sozialen Geltung und der politischen Macht. Denn in den Augen des Kaisers sicherten diese Leistungen *(munera)* das Überleben der Städte, so daß jeder bemühte Ratsherr seines Wohlwollens sicher sein durfte.

Dies allerdings schwand schnell, wenn es Probleme gab. Dann trat an die Stelle des huldvollen Beobachtens die Schärfe des Gesetzes, das als Pflicht auferlegte, was doch als noble Geste gedacht war. Daß es soweit kommen konnte, hatte zwei Ursachen: die wachsende Zahlungsunfähigkeit der Eliten und die Gier der Gemeinden nach mehr. Beides suchte die kaiserliche Gesetzgebung zu steuern. Zum einen sorgte sie für die Einhaltung der im Stadtrecht geregelten Pflichten und der gemachten Versprechungen, zum anderen begrenzte sie den Zwang und formulierte Befreiungsgründe, mit deren Hilfe sich die vom sozialen Druck ihrer Gemeinden Strangulierten wehren konnten.

Weitere Gründe, die Selbstverwaltung der Städte zum Gegenstand kaiserlicher Fürsorge zu machen, gab es reichlich, und sie häuften sich in Zeiten von Krieg und Not. Im Zentrum stand immer das Geld. Geld, das die Städte in glücklichen Jahren dem Ruhm geopfert hatten, das schönste Theater und die bequemsten Thermen zu besitzen, Geld, das ihnen in schlechten Jahren durchziehende Truppen, räuberische Beamte oder die Eintreiber kaiserlicher Sondersteuern aus der Tasche zogen, Geld, das alle Jahre wieder die Mißwirtschaft städtischer Notabeln verschleuderte. Geld schließlich, das in Zeiten der Mißernten, Seuchen und Naturkatastrophen ohnehin niemals gereicht hätte, um deren Folgen aus eigener Kraft zu bewältigen.

So war es nicht der Wille des Siegers, sondern die Not der Städte, wenn sich ihre Gesandtschaften im Quartier des Gouverneurs oder vor den Türen des kaiserlichen Hofes drängten. Dort wurden sie alles andere als freudig begrüßt, widersprach ihre Anwesenheit doch der römischen Doktrin, die Städte ihre Probleme selbst lösen zu lassen. Aber es half natürlich nichts: Die Weltmacht konnte nicht gleichzeitig Herr und Zuschauer sein. So begann die römische Bürokratie zu arbeiten und Dinge zu regeln, die sie immer tiefer in das Innenleben der Beherrschten verstrickten. »Tausende Menschen mußt du anhören, zahllose Bittschriften erledigen«, bewunderte Seneca den Leiter der zuständigen Kanzlei am Hofe des Claudius, und er fügte hinzu, alle Entscheidungen müßten so vorbereitet werden, daß der Kaiser das letzte Wort habe.[73] »Herr [*domine*]«, schrieb denn auch Plinius aus der Provinz an Trajan, »die Prusenser haben ein Bad, schmutzig und unmodern. Deshalb legen sie großen Wert darauf, ein neues zu bauen, und ich möchte meinen, Du könntest ihrem Wunsch entgegenkommen.« Der nur mäßig überraschte Kaiser antwortete, er habe nichts gegen den Neubau, allerdings dürfe die Stadt die anfallenden Kosten nicht über eine Sondersteuer eintreiben.[74]

Anfragen wie diese enthüllen allein schon aufgrund der Tatsache, daß sie nicht im kaiserlichen Papierkorb landeten, wie ernst die Monarchen ihre Pflicht des Zuhörens nahmen und warum sie damit ungewollt die Eigenständigkeit und den Stolz der städtischen Notabeln brachen. Denn deren Bittprozessionen zu den Mächtigen Roms hatten am Ende auch den Rat vergessen, der ihnen von Plutarch ans Herz gelegt worden war: Bei allen Mühen, den Gehorsam gegenüber Kaiser und Reich immer neu zu unterstreichen, dürfe doch niemand die Würde seiner Heimatstadt verletzen, und niemand müsse sich, wenn das Bein schon gefesselt sei, freiwillig die Kette auch noch um den Hals legen. Genau dies tue aber jeder Bürgermeister, der für alle Amtsgeschäfte, wie belanglos sie auch sein mögen, vorher das zustimmende Nicken des Statthalters erbitte. Damit hielte er seinen Mitbürgern ihre Sklaverei über Gebühr vor Augen und richte »die Selbstverwaltung durch Kleinmut, Furcht und Ohnmacht« zugrunde.[75] Das waren schöne Worte, doch Habgier und Not hörten nicht auf sie.

Die Linderung der Not

Im Grunde kannten die meisten Anfragen, die das kaiserliche Ohr erreichten, nur ein Thema: Durch Schuld oder Unglück zerrüttete Finanzkassen sollte der Kaiser sanieren – so oder so. So stürzten sich Beamte des Statthalters auf die städtischen Rechnungsbücher, ahndeten die Veruntreuung von Tempelschätzen und versuchten, die Schuldenaufnahme der Städte in Grenzen zu halten. Der Kaiser wiederum sah sich einer Flut von Anträgen ausgesetzt, die um Zahlungsaufschub oder Schuldenstreichung baten. »Ich belohne Euren Gehorsam und Eure Treue«, schrieb im Jahre 216 n. Chr. Caracalla (Kaiser von 211 bis 217 n. Chr.) an die mauretanische Stadt Banasa, »und erlasse Euch alle Schulden, die Ihr auch immer dem Fiscus in Geld oder Getreidelieferungen in den noch anhängigen Fällen schuldet.« Die überglücklichen Bürgermeister ließen den Beschluß in Bronze gravieren, aber sie wußten natürlich, daß es ihr kaiserlicher Gönner bitter ernst meinte, als er im selben Brief »besonderen Diensteifer« verlangte und ihn präzisierte: Künftig peinlich genaue Steuerleistungen, Männer und Waffen für die Saharafront und die Lieferung von Elefanten.[76]

Irgendwann gegen Ende des 1. Jahrhunderts n. Chr. war es dann soweit, daß die erste Stadt Bankrott anmeldete und den Kaiser um die Entsendung eines vertrauenswürdigen Mannes bat, der alles wieder ins Lot bringen sollte. Es wurde die Geburtsstunde eines neuen Beamten: des Kurators. Seine heiklen Aufgaben vertraute der Kaiser Senatoren oder Rittern an, die die besondere Situation der betroffenen Stadt kannten oder von ihr vorgeschlagen wurden; nur Männer dieses Zuschnitts brachten die nötige Autorität mit, um – mit allen Vollmachten ausgestattet – ohne zeitliche Beschränkung zu arbeiten und notfalls mit harter Hand die Finanzen zu ordnen. So erbrachen sie die Siegel aller städtischen Archive und spürten Mißwirtschaft, Betrug und Unfähigkeit in jedem Beleg auf. Einer von ihnen war Appuleius Eurycles, der in trajanischer Zeit im kleinasiatischen Aphrodisias die Finanzierung der Spiele überprüfte und in Ephesos der Frage nachsann, ob die Stadt beschädigte Kaiserstatuen aufbewahren müsse und ob ein Staatssklave Steuerschulden eintreiben dürfe. Das Beispiel zeigt, wohin die Reise ging: Was zunächst als außerordentliche Maßnahme gedacht war, entwickelte sich bald zur Institution: Seit Diokletian hatte wohl jede Stadt ihren eigenen Kurator, der zwar in das städtische Selbstregiment integriert wurde, aber immer auch der kaiserlichen Bürokratie verhaftet blieb.

Nach dem Geldmangel kam die Not, die den Kaiser zum Handeln zwang. So war es in den Monaten nach dem Ausbruch des Vesuv gewesen, der am 24./25. August 79 n. Chr. Feuer spie und den Städten Pompeji und Herculaneum den Tod brachte. Die Staatskasse versorgte die vom Schicksal Geschlagenen mit dem Nötigsten, und der Kaiser Titus selbst tat alles, um den Wiederaufbau der kampanischen Städte zu ermöglichen – vergeblich, aber mit der durch nichts zu erschütternden Beharrlichkeit, die »nicht nur die bange Sorge eines Kaisers, sondern auch die einzigartige Liebe eines Vaters« bezeugte.[77] Jede Mühe aber war umsonst und das Schicksal Pompejis und Herculaneums endgültig besiegelt: Gras und Weinreben wuchsen auf der Lava, während einige Jahre noch Räuber und verzweifelte Angehörige auf der Suche nach den Ihren oder der verlorenen Habe über das riesige Grab streiften, das einst ihre Stadt gewesen war. Am Ende schwand die Erinnerung, und der Ort, vom dem sich das Leben abgewandt hatte, antwortete auf keinen Namen mehr. »Werden die künftigen Jahrhunderte glauben können«, fragte der Dichter Statius, »daß Städte und Bewohner unter ihren Füßen begraben liegen und daß die Felder ihrer Ahnen in einem Meer von Feuer untergegangen sind, wenn erst einmal die Ernten wieder heranreifen und die Wüste wieder grünt?«[78]

Dies war eine Katastrophe, die ganz Italien erschütterte und die väterliche Hand des Kaisers erforderte. Aber es wurden auch die alltäglichen Sorgen am Hofe gehört. Mißernten und Krieg verwandelten selbst wohlhabende Städte schnell in Bittsteller, die in Rom auf Hilfe, gegebenenfalls auch auf die Beschränkung des freien Lebensmittelhandels drängten. So verbot Hadrian in Athen die Ausfuhr von Öl und den ausgedehnten Zwischenhandel mit Fischen, um beide Grundnahrungsmittel billig zu halten: »Der gesamte Ertrag des Fischfangs ist entweder durch den Fischer selbst oder durch diejenigen zu verkaufen, die den Fisch unmittelbar von ihm erwerben. Der Ankauf durch dritte Personen zum Zwecke des Wiederverkaufs treibt den Preis in die Höhe.«[79]

Diese Verfügung wirft auf die kaiserliche Fürsorge das schönste Licht: Sie versucht nicht nur alles, um die Mißwirtschaft und die Übergriffe der Mächtigen einzudämmen, sondern ist auch entschlossen bemüht, die unteren Schichten vor allzu gnadenloser Habgier zu schützen. »Wenn sich irgendein Soldat oder Zivilist als Durchreisender bei Euch gewalttätig aufführt«, schreibt der kaiserliche Legat Saturninus um 185 n. Chr. an die Bewohner eines kümmerlichen syrischen Landstädtchens, »so laßt es mich wissen, damit Euch zu Eurem Recht verholfen wird«, und er fügt hinzu, die Bewohner sollten sein Schreiben möglichst gut sichtbar in ihrem Ort anschlagen.[80] Dies ist mehr als kaiserliche Huld. Es zeugt von einem Amtsverständnis, das den Monarchen fürsorglich und gerecht sehen will. Die Untertanen haben es dankbar aufgenommen und einem ihrer Außenseiter, dem Apostel Paulus, zugestimmt, als er der Gemeinde in Rom die Obrigkeit als Gottes Dienerin vorstellte: »Darum ist es notwendig, untertan zu sein, nicht allein um der Strafe, sondern auch um des Gewissens willen.«[81]

Kaiserliche Allmacht und monarchische Großmut machten begehrlich. Also bestürmten auch Vereine und Privatleute den Kaiser und bettelten um Privilegien oder um Brosamen seiner Huld. Dabei ging es nicht immer ohne Lug und Trug ab, dem die kaiserlichen Prüfungskommissionen ab und an auf die Spur kamen. So erging es den Ärzten von Pergamon, die Kaiser Vespasian von Einquartierungen und Abgaben freigestellt hatte. Das hatte sie nicht zu lauteren Bürgern gemacht: »Aus Habsucht«, wetterte Jahre später Domitian in einem Reskript an die Stadt, »hätten sie ihre Kunst an viele Sklaven, die als persönliche Bedienstete zur Ausbildung geschickt werden, gewissenlos verschachert, nicht aus Gründen der Menschlichkeit, sondern um den Verdienst zu steigern«; die Folgen müßten sie nun tragen: den Verlust aller Privilegien.[82]

Aber es waren nicht nur die Großen, die an Kaiser und Statthalter schrieben. Auch die kleinen Leute meldeten sich zu Wort. Ihr Ruf nach staatlicher Hilfe, ihr Flehen um Schutz vor Unrecht und Ausbeutung bezeugen unüberhörbar die Not des kleinen Mannes, aber auch das Elend der großen Politik. Denn diese fällt im 3. Jahrhundert n. Chr. als Geisel in die Hände unersättlicher Militärs. Am Ende kann sie angesichts der Ausbreitung von Willkür und Gewalttätigkeit nur noch das Unvermögen der kaiserlichen Regierung bekennen, den Mißständen mit den herkömmlichen Mitteln auf der lokalen Verwaltungsebene beizukommen.

Das Gesicht der Städte

»Felder und Bäume wollen mich nichts lehren«: Die Stadt als Mittelpunkt des Lebens

»Dies verzeihe mir schon, mein Bester«, winkte Sokrates ab, als ihm sein Schüler Phaidros vorwarf, er setze keinen Fuß vor das Stadttor: »Ich bin eben lernbegierig, und Felder und Bäume wollen mich nichts lehren, wohl aber die Menschen in der Stadt.«[83] Der Satz gehört nicht auf die Goldwaage. Denn auch die Antike erkannte in der Landschaft einen Text, den die Menschen von Generation zu Generation neu beschrieben, und sie zweifelten nicht, daß die Kultivierung der Felder sehr viel über die Kultur der Menschen aussagte. Odysseus fand im Land der gesetzlosen Kyklopen keinen, der eine Hand zum Pflügen gerührt hätte, also wußte er, daß er mit seinen Schiffen aus der zivilisierten Welt hinausgefahren war.[84] Natürlich gab es auch Menschen, die in der unberührten Natur das höchste Glück vermuteten: »Frische Luft und Wind, der über die Felder streicht«, träumte Seneca, »gelinder Schatten, den ein Felsen bot oder ein Baum, klare, unentstellte Quellen und Bäche, die, weder durch Röhrenleitungen noch durch Flußregulierung verunstaltet, ihrem natürlichen Lauf folgen, ungepflegte, aber herrlich anzuschauende Wiesen.«[85] Dies aber waren nur Schwärmereien eines Sommertages. Auch für Seneca (4 v.–65 n. Chr.) sprach das Gesicht einer Stadt laut und vernehmlich wie nichts sonst vom Schicksal des Menschen. Denn was immer die Architekten bauten, es war Stein gewordener Ausdruck menschlicher Ordnung, sei sie nun demokratisch oder monarchisch.

So blickte, wer die Einmaligkeit des Imperiums beschreiben wollte, zuerst auf die Städte und bestimmte historische Größe anhand der Frage, wie es um die Ausbreitung der urbanen Kultur bestellt war: »Wann gab es denn so viele Städte im Binnenland und am Meer, oder wann wurden sie so mit allem ausgerüstet? Wer reiste früher jemals so, daß er die Städte nach Tagen zählte und bisweilen am gleichen Tag zwei oder drei durcheilte wie Straßen einer Stadt?« Niemals und niemand, versichert der Festredner Aelius seinen römischen Zuhörern; denn während früher Herrscher nur Könige über leeres Land und feste Burgen waren, so seien jetzt die Römer allein Herrscher über Städte.[86] Aelius hätte noch hinzufügen können, daß die Gesichter der etwa 2000 Städte, die sich vom Atlantik bis zum Euphrat, von der syrischen Wüste bis an den Rhein dehnten, in ihrer Geometrie fast gleichförmig waren. Dies gab ihnen etwas Zeitloses, sprach von immerwährender Gültigkeit und dem Ende der bisherigen Geschichte von Krieg und Eroberung. Was vor Rom war, radierten die römischen Stadtplaner in den unterworfenen Gebieten des Westens gründlich aus: Der Besiegte hatte keine Geschichte, sondern nur noch eine rosige Zukunft vor sich, in der die Vorstellung von Veränderung gestrichen war.

Im Zentrum aller Städte standen die Bauten des öffentlichen Lebens: Tempel, Versammlungsplätze (Foren oder *Agorai*), Markt- und Gerichtsplätze und die Amtsgebäude der städtischen Behörden; in weiterer Entfernung lagen Theater, Amphitheater, Gemeinschaftsbäder (Thermen), Speicher für die Getreideversorgung *(Horrea)*, steinerne Wasserverteiler und Zisternen; alle Straßen waren gepflastert, unterirdisch verlief eine gemauerte Kanalisation. Außerhalb der mit Türmen bewehrten Stadtmauern schlängelten sich über viele Kilometer Wasserleitungen (Aquädukte) in die nächstgelegenen Berge, und entlang der Ausfallstraßen lagen die Gräber, da die Lebenden mit den Toten nichts zu schaffen haben wollten.

Dort, wo das Städtewesen seit Jahrhunderten seine Heimat hatte, in Griechenland, an der kleinasiatischen Küste und in Italien, war die Zahl der Städte hoch, der Umfang ihrer Landgebiete jedoch gering – sie hatte Aelius vor Augen, als er sein Loblied sang. In allen anderen Provinzen war es umgekehrt: Hier lagen die Städte meist weit voneinander entfernt, umringt von Landgebieten, die nur in mehreren Tagesreisen zu überwinden waren. Alle Städte, die in Gallien gegründet wurden und die allein Partner der Reichsorganisation waren, kontrollierten ein Territorium von durchschnittlich 8300 km^2.

Die Wohnviertel der Stadt teilte ein geradliniges Straßennetz, dessen Häuserblocks die herrschaftlichen Villen der Reichen ebenso wie die mehrstöckigen Wohnhäuser der Armen beherbergten. Gewiß gab es in den großen Städten vornehme und weniger vornehme Stadtteile, eine konsequente Trennung von armen und reichen Wohnvierteln verbot jedoch schon das Grundgesetz der sozialen Ordnung, das den kleinen Mann zum Diener des großen und den großen Mann zum Fürsprecher des kleinen bestimmte und damit beiden die räumliche Nähe geradezu aufzwang. Beide genossen auf ihre Weise die Künste einer immer weiter verfeinerten Lebenskultur. Was sie ihren Schöpfern alles zu bieten hatte, beschreibt Seneca – wenngleich sein stoisches Herz davon nicht allzu erbaut sein durfte: »Erst in unseren Tagen gibt es Dinge wie etwa Fenster, die helles Tageslicht durch durchsichtige Scheiben einlassen, oder wie in den Bädern die Hohlfußböden und das eingebaute Röhrennetz, das die Wärme verteilt und Decken und Böden gleichmäßig erwärmt. Nicht zu reden von den Marmorflächen, die Tempel und Häuser glänzen lassen, und von den riesigen runden, polierten Steinsäulen, die wir Hallen und Dachgeschosse tragen lassen.«[87]

Sehen, Glauben und Gehorchen: Steinerne Denkmäler kaiserlicher Macht

Rom: Der Mittelpunkt einer neuen Weltordnung

Es gab vieles, das vor der Welt und der Ewigkeit gerechtfertigt werden mußte: Die auf den Schlachtfeldern der Bürgerkriege geborene Monarchie, das mit dem Schwert gewonnene Weltreich, die großen Taten seiner Helden und die Verehrung der Götter, denen doch alles geschuldet war. Die einen taten es mit der Feder: Zu ihr griff Augustus selbst, als er am Ende seines Lebens seine Leistungen für Rom eigenhändig niederschrieb. Die anderen schlugen in Stein, woran sich alle Zeiten erinnern sollten, und ihnen war die Aufmerksamkeit aller sicher. »Bei dem einfachen Volk dringen die Dinge wirksamer über die Augen als über die Ohren ein«, beschwor der Ratgeber der englischen Krone seinen König Heinrich VIII., als dem Volk der Abfall von der römischen Kirche begreiflich gemacht werden mußte. »Denn das Volk«, so endet der wohlfeile Rat, »verinnerlicht besser das, was es sieht, als das, was es hört.«[88] Verinnerlichen hieß: sehen, glauben und gehorchen. Diese Einsicht galt auch zu römischen Zeiten, und die Kaiser Roms gehorchten ihr wie alle Mächtigen.

Ihnen allen hatte Augustus den Weg gewiesen. In seinem Tatenbericht benötigte er drei Kapitel, um sich aller seiner in der Hauptstadt geschaffenen Bauten zu rühmen.[89] Begonnen hatte er sein politisches Bauprogramm mit der Errichtung eines Mausoleums auf dem Marsfeld 30/29 v. Chr.: Diese gewaltige Grablege sollte die Verbindung des Herrscherhauses mit der Stadt Rom für alle Zeiten dokumentieren und den Anspruch der Julier unterstreichen, auf Generationen hinaus die Herren Roms zu bleiben. Wenig später setzten die Umbauten des Forum Romanum ein, des alten Versammlungsplatzes der Republik, der 500 Jahre lang der Mittelpunkt des politischen Lebens und symbolischer Ort der Freiheit gewesen war. Dort galt es nun, die alten republikanischen Geister auszutreiben, ohne allzu bedenkenlos den neuen monarchischen zu huldigen. Die neu gebaute Kurie, der Sitzungssaal des Senats, durfte denn auch nicht von Macht und Unterwerfung zeugen, sondern mußte das Bündnis dokumentieren, das die alte Elite der Republik mit dem Bürgerkriegsgeneral geschlossen hatte, der sich zielstrebig in den Mantel des Universalherrschers zu hüllen begann.

Offen huldigte ihm ein zweiter, neu gebauter öffentlicher Platz, das Forum Augustum. Der vor dem Mausoleum des toten Kaisers aufgestellte Tatenbericht *(res gestae)* sprach von den Ehren, die der Sohn Caesars gehäuft hatte, von seinen Aufwendungen für das Volk, von den Kriegstaten für Rom und am Ende von einer Macht, die sich verhüllte: »Ich habe alle meine Bürger durch meine persönliche Autorität überragt, an Rechtsmacht jedoch nicht mehr besessen als meine jeweiligen magistratischen Kollegen.«[90] Das neue Forum, nicht minder als der Tatenbericht bis zum letzten Stein Ausdruck seines Willens, warf die Maske ab und verkündete die Vollendung der alten und den Anbruch der neuen Zeit in der

Person des Augustus. Der Platz richtete sich, anders als das alte Forum, auf einen Tempel aus. Dieser war dem rächenden Kriegsgott *(Mars Ultor)* schon im Jahre 42 v. Chr., vor der Entscheidungsschlacht gegen die Mörder des Vaters Caesar, gelobt, aber erst 40 Jahre später fertiggestellt worden. Dort sollte nun der Senat über Krieg und Frieden verhandeln, dort mußten auswärtige Herrscher empfangen werden, und dort legten die siegreichen Feldherrn Roms nach ihrer Heimkehr die Insignien ihrer Triumphe nieder. Die Monarchie bekam auf diesem Platz eigene Konturen und wuchs aus der Tradition, die sie für sich in Beschlag nahm, heraus. Seine Mitte beanspruchte die Statue des Kaisers als Vater des Vaterlandes *(pater patriae)*: Jedermann sollte erkennen, daß er seine fürsorgende Hand über alle, Römer und Untertanen, hielt.[91]

Dabei blieb es allerdings nicht. Vom ersten Tag an machte sich der Monarch auf den Weg, zu werden wie ein Gott. Als solcher durfte er einen Wohnsitz verlangen, der ihn weit über den gemeinen Mann hinaushob. Nero tat den entscheidenden Schritt: Als ein Brand im Jahre 64 n. Chr. weite Teile Roms in Asche legte, nutzte er die Katastrophe, um sich als erster Herrscher einen eigenen Palast zu bauen, dem die Zeitgenossen in Anspielung auf ein neues Goldenes Zeitalter den Namen »Goldenes Haus« *(Domus Aurea)* gaben. Es war kein Ort des Regierens, sondern das Paradies eines Gottes. Als solcher präsentierte sich der Kaiser im Vestibül in Gestalt einer kolossalen Statue des Sonnengottes, der seine Gesichtszüge trug. Kolossal waren auch die Dimensionen der neuen Residenz. Sie verwandelte alle anderen Bauten der Hauptstadt in Hütten und zerstörte das alte Gefüge des römischen Stadtkerns. So sollte es auch sein: Nero, der aus Griechenland eingehüllt in einen mit goldenen Sternen bestickten Mantel zurückkehrte, war die neue Mitte Roms und des Universums. Zu ihr gehörte denn auch ein Speisesaal, dessen Kuppel »sich Tag und Nacht wie das Weltall drehte« – die kaiserliche Majestät war im Himmel angekommen und thronte inmitten des Firmaments. Während der Kaiser beim Betreten seiner neuen Residenz rief: »Endlich beginne ich, wie ein Mensch zu leben«, schabten seine Untertanen ihre Wut in die Hauswände: »Rom wird zu einem Palast: Wandert nach Veji aus, ihr Bürger – falls der verfluchte Palast nicht auch Veji besetzt.«[92]

Nero überspannte den Bogen, provozierte den Aufstand seiner Statthalter in Gallien, Spanien und Germanien und starb, zum Staatsfeind erklärt, im Juni 68 n. Chr. von eigener, zitternder Hand in einer schäbigen Vorortwohnung Roms. »Die Freude des Volkes«, schrieb sein unbarmherziger Biograph Sueton (70/75–140/150 n. Chr.), »war so groß, daß alle mit Freiheitsmützen in der ganzen Stadt herumliefen.«[93] Der Tyrann und Gott von eigener Gnade war tot, und der neue vierschrötige Herrscher Vespasian, der aus dem italischen Munizipaladel stammte und seine Konkurrenten nach langem Gemetzel in den Staub geworfen hatte, griff begierig nach der Chance, sich selbst als Freund und Wohltäter des Volkes vorzustellen. So verfiel das Goldene Haus der Spitzhacke, und dem Volk genehme, das heißt seinem Vergnügen dienende Bauten nahmen die Stelle ein. In der Senke zwischen Palatin, Esquilin, Caelius und Velia baute der wegen seines Geizes belächelte Kaiser das größte Amphitheater Roms, das Kolosseum: Im Kampfgeschrei der Gladiatoren und den Begeisterungsrufen einer vieltausendköpfigen Menge hörten Vespasian und seine Söhne die Zustimmung aller zu ihrem eigensinnigen Verständnis monarchischer Herrschaftspflichten. Rom, notierte zufrieden Martial, sei sich selbst zurückgegeben worden, »und Caesar, unter deinem Schutz dient das dem Volk zur Freude, was früher einst nur des Kaisers Freude war«.[94] Die Botschaft war angekommen: Auf dem Thron eines fernen Gottes saß nun der Freund des Volkes.

Diesem gehörte freilich nicht die Zukunft. Ihr hatten bereits Augustus und sein Paladin Agrippa den Weg gewiesen, als sie im Jahre 25 v. Chr. den »Tempel aller Götter«, das Pantheon, weihten. Es zeigt sich heute in der Gestalt, die ihm Hadrian gab: Ein Rundbau mit einer enormen, von außen mit Gold überzogenen Kuppel, die das Himmelsgewölbe nachahmte. Durch ihre neun Meter große Öffnung fiel damals wie heute eine Lichtsäule: Tagsüber wandert sie, während die Sonne ihre Bahn zieht, vom Rand der Kuppel hinunter zum Fußboden und wieder den Zylinder hinauf; nachts wird sie von den leuchtenden Sternen denselben Weg geführt. Sie erhellt den Schrein der zwölf olympischen Götter, die in gegenseitiger Harmonie das Imperium schützen und bereit sind, den lebenden Herrscher als Mitbewohner in ihrer Mitte aufzunehmen und sich mit ihm die kultischen Ehren der Gläubigen zu teilen. So, im Kreis der Götter, hatten sich die hellenistischen Könige ihren Untertanen vorgestellt, so sollte es auch in Rom sein. Augustus, der ihr Vorbild nicht schätzte, hat darauf noch verzichtet, seiner Statue nur einen Platz in der Vorhalle zugewiesen und die kultische Verehrung seinen göttlichen Ahnen, Venus und Mars, sowie dem vergöttlichten Vater, Julius Caesar, zukommen lassen. Aber es war nur eine Frage der Zeit, bis der Kaiser schon zu Lebzeiten göttliche Ehren empfing.[95]

Neben den Monarchen trat das Imperium und forderte seinerseits, in Denkmälern und öffentlichen Werken sichtbar gemacht zu werden. »Es ist wohl angezeigt, daß wir, die Herren über zahlreiche Völker, alle Menschen in allen Dingen übertreffen; Prunk solcher Art trägt auch dazu bei, unsere Untertanen mit Ehrfurcht, unsere Feinde aber mit Schrecken zu erfüllen.«[96] Dio, Senator und Historiker unter Septimius Severus (Kaiser von 193 bis 211 n. Chr.), zog Anfang des 3. Jahrhunderts n. Chr. mit diesem fiktiven Rat die Summe aller Anstrengungen des Augustus, der Weltstadt ein neues, ihrer Rolle gemäßes Kleid zu weben. Wenig durfte bleiben, was noch an das Alte erinnerte: »Rohe Einfachheit herrschte früher, jetzt ist die Stadt voller Gold, denn sie besitzt die riesigen Schätze der unterworfenen Welt«, triumphierte schon Ovid.[97] Und der Architekt Vitruv erklärte, er habe seine »Zehn Bücher über Architektur« verfaßt, als ihm bewußt wurde, daß Augustus darauf bedacht war, die Hauptstadt mit öffentlichen Bauten zu schmükken, die die Würde des Reiches *(maiestas imperii)* unterstrichen. Am Ende spiegelten sich der Umsturz der politischen Ordnung und der Herrschaftswille einer Weltmacht in den abgeräumten Lehmziegeln der republikanischen und im Marmor der kaiserlichen Bauten.[98]

Rivalen bei der Ausschmückung Roms duldeten Augustus und seine Nachfolger nicht. Dies war die Stadt des Kaisers, und in ihr durfte niemand sonst als Herr auftreten. So hielt sich der Senatsadel in den Städten Italiens und der Provinzen schadlos und baute dort, was immer nützlich und für Dank und Ehren gut war. In Rom hingegen bezeugte jedes Haus die Großmut des einen, des Kaisers. So zum Beispiel die Thermen: »Gibt es was Schlimmeres als Nero tat?« fragte der Volksmund, um im nächsten Atemzug hinzuzufügen: »Gibt es was Besseres als Neros Bad?«[99] Ja, befand Trajan, ließ es zuschütten und darüber binnen fünf Jahren ein neues bauen – eine wohlüberlegte und von allen verstandene Geste, versprach sie doch ein besseres, um die Untertanen fürsorglich bemühtes Regiment. »Als Trajan zu seinen Thermen den Grundstein legte«, schrieb Juvenal, »befand sich das Reich in fast jeder Hinsicht auf dem Gipfel des Ruhms.« Was auf den ersten Blick wie eine willkürliche Verknüpfung zweier ganz unterschiedlicher Dinge aussieht, wird auf den zweiten logisch: Der universalen Macht des Kaisers entspricht die Dimension seiner Bautätigkeit – weithin sichtbar und für jeden Besucher der Bäder täglich neu erfahrbar.

Der heutige Besucher Roms sieht nur wenig davon, da die meisten Bäder vielfach überbaut oder zerstört wurden. Am Rand der antiken Stadt jedoch, seitwärts der Via Appia, liegen noch die mächtigen Ruinen der Thermen Caracallas und lassen die imperiale Wucht mit Händen greifen, mit der die Kaiser Roms den Untertanen zwei Prinzipien ihrer Herrschaft einprägten: Den Anspruch auf universale Macht und den Willen zur umfassenden Fürsorge. Davon behütet und begeistert von der allmählichen Ausdehnung des Wohlstands – nicht für alle, aber für immer mehr –, sollte der Bürger des Weltreiches in der Gewißheit ewigen Glücks leben.

Die von Krieg und Not heimgesuchten Generationen des 4. und 5. nachchristlichen Jahrhunderts, die das Glück verlassen hatte, rangen zuweilen um Fassung, wenn die Herrlichkeit des ewigen Rom sie blendete, das sie selbst nur noch verteidigen, nicht aber vergolden konnten. So war es dem Kaiser Julian (gest. 363) gegangen, als er in Rom einzog und sich umsah: »Der Tempel des Jupiter Tarpeius, so erhaben, wie das Göttliche hoch über den Menschen steht; die Bäder, so groß wie ganze Provinzen, der gewaltige Bau des Amphitheaters [...], das Pantheon, wie eine abgerundete Stadtgegend, gewölbt in hoher Schönheit [...], das Forum des Friedens, das Theater des Pompeius, das Odeon, das Stadion sowie alles andere.« Nichts von alledem könne er bauen, gestand er erschüttert seinen Begleitern, nur das Pferd Trajans, das den Kaiser trägt, wolle er nachbilden – ein Wunsch, der nicht in Erfüllung ging, aber den Wandel der Zeit auf anrührende Weise spürbar macht.[100]

Macht und visuelle Ordnung: Die Städte des Reiches als Objekte monarchischer Selbstdarstellung

Rom war der Nabel, nicht aber die ganze Welt. Doch auch dort galt das Gesetz, das Rom verwandelt hatte: Die Macht des Reiches und des Kaisers hatte sich im monumentalen Prunk der Städte zu spiegeln. »Wenn ich die Größe Deiner Stellung und Deines Geistes betrachte«, verneigte sich Plinius vor seinem Kaiser Trajan, »so scheint es mir angemessen, Dir Bauten in den Provinzen vorzuschlagen, die Deiner Unsterblichkeit und Deines Ruhmes würdig sind und ebenso schön wie nützlich sein werden.«[101] Der Gedanke war neu. Denn die Großen der Republik waren dort nur selten als Bauherren aufgetreten und hatten mit großem Mißtrauen jene verfolgt, die wie Caesar »die mächtigsten Städte Italiens, der beiden Gallien und Spaniens, auch die Asiens und Griechenlands mit prächtigen Bauwerken« ausstatteten.[102] Sueton fügte hinzu, »man fragte sich, worauf dies alles abziele«. Seit Augustus fragte niemand mehr. Denn der »Bewahrer des Menschengeschlechts« *(conservator generis humani)* und der »Vater des Erdkreises« *(pater orbis)* tat, was ihm beliebte, und seine Günstlinge waren ihm dankbar.[103] Geld im großen Stile auszugeben, gestatteten über Jahre hinaus die Goldminen Spaniens und die Schatzkammern Ägyptens, das Augustus nach der Eroberung dem kaiserlichen Privatbesitz zugeschlagen hatte.

Natürlich bekam nicht jeder den gleichen Teil. Der Monarch maß seine Gunst nach Verdienst zu und legte seine strafende Hand schwer auf die Städte, die es an Loyalität hatten fehlen lassen oder im Bürgerkrieg auf der falschen Seite standen. Eine davon war Athen gewesen. Seine Bürger waren allzu vergnügt mit Antonius von Fest zu Fest gezogen und hatten dem Griechenfreund und der ägyptischen Königin allzu bereitwillig Gastfreundschaft gewährt. Nach dem Sieg schlug die Stunde der Abrechnung und der Demütigung. Ohne langes Bedenken entvölkerte der Sieger weite Landstriche in Epirus, Akarnanien und Aitolien, um mit den zusammengetriebenen Bauern und Kleinstädtern unweit von Aktium eine neue Stadt gründen zu können: »Stadt des Sieges« *(Nikopolis)* lautete ihr stolzer Name. Sie sollte als neues prachtvolles Zentrum

Griechenlands Athen seine angestammte Rolle als kultureller Mittelpunkt nehmen, die großen Geister des Ostens in ihre Akademien locken und die olympischen durch die aktischen Spiele ersetzen. Tatsächlich blühte die Stadt über Jahrhunderte auf, wurde unter Nero Hauptstadt der neuen Provinz Epirus und erlebte unter Justinian (Kaiser von 527 bis 565 n. Chr.) den Neubau ihres Mauerrings, bevor sie langsam ins Vergessen sank. Ihr Gründungsziel aber, Athen vom ersten Platz in Griechenland zu verdrängen, blieb nur ein böser Traum – sosehr die kaiserliche Noblesse sie auch verwöhnte. So schloß der gekränkte Herr Roms im Jahre 19 v. Chr. Frieden mit der Stadt des Perikles, schmückte sie wie dieser mit Bauten für die Ewigkeit und trieb die abhängigen Klientelkönige des Ostens an, es ihm gleichzutun.

Alle Nachfolger des Augustus hielten sich an die Pflicht, ihre Legitimation und die des Reiches in immer kühneren Konstruktionen Stein werden zu lassen. Sie wetteiferten gegeneinander und versicherten den Untertanen, daß das Wohl der Städte das ihre und das des Imperiums sei. Ein barockes Zeitalter begann: Gleichförmige Kolonnadenfluchten, mächtige Torbauten, öffentliche Plätze und gewagte Bögen lieferten die theatralische Kulisse für die Gemeinden, die großartige Auftritte und noble Gesten zu schätzen wußten. »Ich sehe«, freute sich ein Lobredner über die Wiedergeburt Triers zu Beginn des 4. Jahrhunderts n. Chr., »einen Circus Maximus, der mit dem römischen wettzueifern scheint, und sehe Basiliken und ein Forum, königliche Bauwerke, und den Sitz der Gerechtigkeit sich zu solcher Höhe erheben, daß sie schier den Sternen und dem Himmel nahe und ihrer würdig zu sein verheißen. Dies alles sind gewiß Geschenke, die wir Deiner Gegenwart verdanken.«[104]

Bereits der Ton dieses Hymnus bezeugt, daß der absolute Herrscher längst den Prinzeps abgelöst hatte. Zwischen Monarch und Untertan tat sich 300 Jahre nach Augustus eine Distanz auf, die unter der Kuppel des Pantheon zum ersten Mal ausgemessen wurde und schließlich im Kniefall vor dem Thron ihren endgültigen symbolischen Ausdruck fand. Die Götter wollten es so, erklärten die Kaiser des 3. nachchristlichen Jahrhunderts, die ihren Machtanspruch in ein neues religiöses Weltbild einbetteten. Der auserwählte Gott, auf den sie sich beriefen – mochte er zunächst der unbesiegbare Sonnengott oder später der am Kreuz gestorbene sein –, beanspruchte wie sie innerhalb des Kosmos die alleinige Herrschaft und legitimierte die parallele Ordnung der irdischen Welt. Es sei ein Irrtum zu glauben, rief der Kaiser Aurelian meuternden Truppen zu, sein Schicksal liege in ihren Händen; der Gott, der ihm den Purpur verliehen habe, bestimme auch ganz allein über die Dauer seiner Herrschaft. Dieses Verfügungsrecht nahm sich nicht minder entschlossen der Gott der Christen: Auch er forderte die Unterwerfung seiner Gläubigen und verdammte den Aufruhr gegen seine Kaiserwahl als Sünde.

Damit war der absolute Herrscher zum von eines Gottes Hand bestimmten Mittelpunkt des Staates geworden und in der Pflicht, sich mit seinem Hofstaat im Palast von der übrigen Welt abzuschließen. So baute Diokletian, der erste aller von einem Gott adoptierten Kaiser, seinen Palast an der Küste Dalmatiens außerhalb der alten Stadt Salona als rechteckige Festung (das heutige Split). Den Kern bildeten die Räume, in denen die offiziellen Auftritte des Kaisers zelebriert wurden; in ihrer Flucht betritt man einen großen, von Säulen gesäumten Hof, der in einem Ziergiebel ausläuft. Unter ihm, errichtet nur zu seiner Glorifizierung, erscheint der Kaiser vor den versammelten Gästen. Allein die zur Audienz Geladenen betreten das Thronzimmer und erwarten schweigend den Augenblick, in dem die Vorhänge, »Wolken, die das Licht des Himmels verbergen«, sich teilen und die Sonne aufgeht: der Kaiser, thronend auf einem Säulenbaldachin, umgeben vom Licht der Fackeln, glänzend im Schmuck der Juwelen, umtost vom Beifall der auf den Knien liegenden Untertanen, weit entrückt von den Sterblichen – ein Andachtsbild im Allerheiligsten. Niemand durfte diese Botschaft einer neuen, absoluten Macht überhören.

Die Wohnungen der Götter: die Tempel

Es gab keine antike Stadt ohne Gotteshaus, ohne einen Tempel also, in dem der Stadtgott wohnte – in diesem Punkt unterscheidet sie sich am wenigsten von den Städten des europäischen Mittelalters und der Neuzeit. Nur Glocken läuteten in der Antike nicht; sie riefen erst seit dem 7. Jahrhundert in Westeuropa die Gläubigen zu Vesper und Gebet.

Der antike Mensch war fromm. Nicht im Sinne der sanften Ironie des aufgeklärten Ovid (»Götter sind nützlich, und weil sie nützlich sind, laßt uns an sie glauben«[105]), sondern ganz so wie sein mittelalterlicher Nachfahre. Seine Zuneigung galt vielen Göttern, und ihre Gesamtheit erst machte für ihn die göttliche Welt aus. Keiner der Götter, die er anrief, war eifersüchtig wie der jüdische und christliche Gott, der nichts und niemanden neben sich duldete. Sie alle waren unsterblich, geboten über die Elemente und die Menschen und gingen, wohin es ihnen beliebte. Ihr Körperbau, ihre Haltung und ihr Gesicht jedoch waren den Menschen gleich, und sie dachten und handelten, liebten und haßten, stritten und fürchteten sich wie die Menschen. Aber sie waren auch undurchschaubar, blickten voll Neid auf die Sterblichen, die das Glück oder die eigene Tüchtigkeit hoch, manchmal zu hoch, getragen hatte. Polykrates stand für alle diese Unglücklichen: Er, der große und mächtige Tyrann von Samos (538–522 v. Chr.), hatte seinen kostbarsten Ring ins Meer geworfen, um mit diesem Opfer den Neid der Götter auf sein übergroßes Glück zu versöhnen – umsonst: Ein Fisch verschlang den Ring, ein Fischer überbrachte dem König den gefangenen Fisch als Geschenk, die Köche stürzten mit dem im Fischbauch gefundenen Ring herbei, und der erbleichende König mußte erkennen, daß es vor dem Zorn der Götter kein Entrinnen geben würde. So ging er wenig später in die schlau gestellte Falle eines persischen Satrapen, der ihn auf das kleinasiatische Festland lockte. Dort starb der einst mächtige Mann auf elende Weise, und sein triumphierender Gegner schlug den Leichnam ans Kreuz.[106]

Es gab viele Gründe, um das Wohlwollen der Götter und ihre helfende Hand zu beten. Die Form aber, in der man dies tat, war nicht beliebig, sondern folgte festen Regeln. So hob der Priester die Hände zum Gebet unter freiem Himmel, während er dem Tempel und dem Standbild des Gottes den Rücken und den Menschen sein Gesicht zukehrte. Auf Altären, die die Bürger umstanden, schlachteten seine Helfer die Opfertiere und verbrannten Gekröse und Häute als dampfende Mahlzeit der Götter. Das Übrige verzehrte anschließend die Festgemeinde: Im Zentrum der kleine privilegierte Kreis derjenigen, die von den Eingeweiden kosten durften, dann der weitere Kreis derer, die zum Essen geladen waren und je nach Würde bedient wurden, und schließlich jenseits davon die lärmende Masse des Volkes. In den Tempeln hingegen, die der fromme Glaube der Stadtbürger als Wohnsitze der Götter errichtet hatte, blieb es still. Sterbliche wurden dort nicht empfangen. Nur selten öffneten sich die Tempeltüren und gestatteten den Gläubigen, die Statue der Gottheit im fernen Halbdunkel zu bestaunen. Und nur ab und an verließen die Götter ihre Tempel und zogen auf schwankenden Tragaltären in feierlicher Prozession über die Felder und durch die Straßen der Stadt. In den Tempel zurückgekehrt, wollten sie wieder allein bleiben, verschont von Neugierigen und jammernden Unglücklichen, unbehelligt von der Not der Sterbenden.

So erhoben sich im Mittelpunkt der Städte Tempel, bei deren Bau sich die Architekten ganz auf die äußere Erscheinung konzentrieren konnten. Diese wurde beherrscht durch die Säulenhalle *(Peripteros)*, die um den Wohnraum des Gottes *(Cella)* gelegt wurde und eine rein ästhetische Funktion hatte: Losgelöst von praktischen Zwängen verwandelte sie das Gotteshaus in einen allseitig plastischen Körper, der als Sitz des Stadtgottes den zentralen Platz der Stadt beanspruchte. Damit verschaffte er dem Glauben an die beschützende Nähe der Überirdischen handgreifliche Gewißheit und bot der Stadt die Möglichkeit, all ihren Reichtum, ihre bauliche Kultur und ihre Macht zu entfalten. So schmückte schon das demokratische und herrschsüchtige Athen im 5. Jahrhundert v. Chr., kaum hatte es die ersten Schritte zur Weltmacht getan, seine Akropolis mit Tempeln, die für immer Menschen in ihren Bann schlagen sollten: »Was aber Athen am meisten zum Schmuck und zur Zierde gereichte«, schrieb Jahrhunderte später Plutarch, »was den anderen Völkern die größte Bewunderung abnötigte und heute allein noch dafür Zeugnis ablegt, daß Griechenlands einstiges Glück, daß der Ruhm seiner früheren Größe nicht leeres Gerede sei, das waren seine prachtvollen Tempel und öffentlichen Bauten.«[107]

Nichts anderes gilt für Rom und die von ihm beherrschte Welt.

»Zweiundachtzig Tempel der Götter habe ich in der Stadt während meines sechsten Konsulats [28 v. Chr.] auf Ermächtigung des Senats wiederhergestellt, und ich habe keinen übersehen«, rühmte sich Augustus – die Mischung aus tiefer Religiosität und Großmannssucht ist unüberhörbar und Teil des kaiserlichen Selbstverständnisses.[108] Beides galt in einer Welt, die ihre Tempel wie in Baalbeck aus schierer Lust an der Monumentalität bis in den Himmel türmte und zugleich demütig bekannte, bis ins letzte Glied alles den Göttern zu schulden, da ihnen alles zu danken war. »Du wirst«, erklärte Horaz die Plagen seiner Zeit, »wenn auch schuldlos, die Vergehen deiner Vorfahren büßen, Römer, bis du die Tempel und verfallenden Heiligtümer der Götter wiederaufgerichtet hast und die vom schwarzen Rauch entstellten Bilder.«[109]

Die Christianisierung des Stadtbildes

»Das Neue Rom«: Konstantinopel

Heilige Bilder warfen vier Jahrhunderte später ihren segenspendenden Schatten auch auf die zweite Hauptstadt des Reiches: Konstantinopel. Sie wuchs seit dem Sieg Konstantins über Licinius (324 n. Chr.) am Bosporus an der Stelle des alten Byzanz, also genau an der Nahtstelle zwischen Europa und Asien und gleich nahe den am meisten bedrohten Fronten des Reiches in den Balkanprovinzen, in Armenien und in Syrien. Der militärischen Logik der Ortsbestimmung entsprach die ökonomische und kirchenpolitische: Die Provinzen des Ostens mit ihren großen Handelsmetropolen waren dem Westen wirtschaftlich weit überlegen, und sie beherbergten in Asien und in Syrien die bedeutendsten christlichen Gemeinden. Trotzdem war auch hier, in der neuen Hauptstadt eines christlich gesinnten Monarchen, das Zentrum des alten Byzanz versperrt von öffentlichen Bauten und den Tempeln der Götter. So dauerte es lange, bis zahlreiche Kirchen das neue Rom schmücken konnten, das am Ende die Ausübung der heidnischen Kulte in seinen Mauern unter Strafe stellte.

Ein Kirchenbau allerdings beanspruchte vom Tag der Stadtgründung an einen herausragenden Platz und fand ihn auf der zweithöchsten Erhebung der Stadt: Die den Aposteln geweihte Kirche *(Basilica Apostolorum)*, die das Grab Konstantins bergen sollte. Von dort aus wollte der in seiner letzten Stunde getaufte Kaiser noch im Tode die Stadt seines Namens beherrschen. Sein Begräbnis unterstrich die dramatische Wende, die unter ihm die tausendjährige Geschichte Roms genommen hatte. Alle, die ihn begruben, konnten sie mit Händen greifen: Denn sie trugen den Leichnam ihres Kaisers durch die Straßen hinein in die von ihm gebaute Kirche und bestatteten ihn inmitten von zwölf heiligen Stelen, die der Verehrung und dem Gedächtnis der Apostel dienten. Auf seinem letzten Weg erhob der erste christlich getaufte Kaiser Roms den Anspruch, der 13. Apostel Jesu zu sein, Gefolgsmann des Mannes, der unter einem seiner Vorgänger als Verbrecher sterben mußte und dessen Anhänger über drei Jahrhunderte verachtet und als Staatsfeinde gejagt worden waren. Dies war ein Testament, das die Abkehr der künftigen von der vergangenen Geschichte des heidnischen Roms wie mit Engelsposaunen verkündete.

Steinerne Predigten: Die Basiliken der siegreichen Kirche

»Die jetzige und die zukünftige Welt sind zwei Feinde. Die jetzige predigt Ehebruch, Verderben, Geldgier und Betrug, die andere widersagt all dem. Wir können nicht beider Freund sein, also müssen wir dieser Welt entsagen und uns der anderen anschließen.«[110] Der Christ, der dies hörte, mußte es eilig haben, das irdische Jammertal zu durchwandern, war es doch voller Fallstricke für seine unsterbliche Seele. Also wandte er sich ab von den Versuchungen dieser Welt und blieb unter seinesgleichen. Vor allem seinen Gott verehrte er auf seine, vom heidnischen Nachbarn mit Spott und Verachtung quittierte Weise: In geschlossenen Räumen, meist geheim und mit einer Sitzordnung, die den Glaubensstarken den ersten Platz zuwies. So begann die christliche Pilgerfahrt durch die europäische Geschichte in den Hinterzimmern von Privathäusern. Dort teilte eine Handvoll Gläubiger gemeinsam das Mahl, betete für die Lebenden und die Toten, las Briefe der Missionare und Nachbargemeinden, die den Glauben definierten und Nachrichten von anderen Gläubigen brachten, tauschte Erfahrungen aus und feierte das Ritual der Eucharistie.

Monumentale Bauten blieben lange suspekt. Denn in ihnen residierten die Götter oder die feindseligen Beamten des Staates. Christus aber lebte in den Herzen der Frommen: »Wo zwei oder drei in meinem Namen versammelt sind, bin ich mitten unter ihnen«, lautete seine Verheißung.[111] Paulus hatte daraus längst die praktische Nutzanwendung gezogen: »Wißt ihr nicht, daß ihr Gottes Tempel seid und der Geist Gottes in euch wohnt?« rief er der korinthischen Gemeinde zu.[112] Seitdem reichte ein beliebiges Gebäude, um den Glauben an den Sohn Gottes und seine Erlösungstat gemeinsam wachzuhalten. Geeignet mußte jeder Ort sein, der die Gemeinde fassen konnte. Es waren die Reichen unter den Christen, die über große Räume verfügten und ihre Häuser öffneten. Sie gewährten in einer feindlichen Umgebung den besten Schutz und ließen den Gastgebern – ohnehin dank ihrer sozialen Stellung dazu verpflichtet – die ihr Seelenheil fördernde Möglichkeit, das gemeinsame Mahl für die Versammelten auszurichten.[113]

Alle theologischen Argumente, alle von der Not der Verfolgung aufgezwungene Bescheidenheit wankten, als die Missionare immer erfolgreicher durch die Lande eilten und die wachsende Schar der Bekehrten eigene Kultbauten unumgänglich machte. Der heidnische Kritiker Porphyrius sah sie in der zweiten Hälfte des 3. Jahrhunderts und spottete, die Christen wollten die Tempel nachahmen, indem sie gewaltige Häuser errichteten. Auf eines davon blickte Diokletian von seinem Palast in Nikomedien aus, als er sich zur Verfolgung der Christen entschloß – seine Büttel rissen es als erstes nieder.[114] Niemand konnte sich später noch daran erinnern, wie es – und viele hundert andere auch – ausgesehen hatte. Denn in wenigen Jahren sollte sich alles verändern, sollte der auf Golgotha Gekreuzigte alle seine Feinde besiegen.

Seit Konstantin traten die Christen aus dem Schatten ihres verfemten Daseins und machten sich auf den Weg, als gleichberechtigte, wenig später gar als privilegierte Staatsbürger die Verantwortung für die Einheit und das Fortbestehen des Reiches zu übernehmen. Ihnen gab der Kaiser erst den Frieden, dann häufte er als äußeres Zeichen seines unerschütterlichen Wohlwollens Reichtum und öffentliche Macht auf die Schultern ihrer Bischöfe. Seine imperiale Bautätigkeit, die seit Menschengedenken die Größe des Reiches und die Macht des Monarchen in Stein geschlagen hatte, trat nun in den Dienst der Kirche. Überall, aber zuerst und gezielt in Rom, der Hauptstadt des Imperiums: Auf dem Grundstück der Familie der Laterani, wo einst die Kasernen der ehemaligen Gardetruppe standen, begannen um 315 die Bauarbeiten an der Basilika des römischen Bischofs (S. Giovanni in Laterano). Wenig später erhob sich vor den Toren der Stadt der Bau der Märtyrerbasilika SS Pietro e Marcellino: Der Kaiser bekannte sich durch diese Stiftung öffentlich zu den Blutzeugen der so lange mißachteten Religion. 329 n. Chr. übergab er in einem dort angebauten Mausoleum den Leichnam seiner Mutter Helena der Obhut des nun endgültig siegreichen Gottes – ebenso ein Zeichen der Liebe zu seiner als Christin gestorbenen Mutter wie ein Akt des endgültigen Abschieds von der heidnischen Tradition. Nun war die Zeit auch reif, über den Gräbern der Apostel Petrus und Paulus Kirchen zu errichten.

In den Provinzen setzte sich – wie zu den Zeiten des Augustus – fort, was in Rom begonnen hatte. Im 4. Jahrhundert entstand in den großen Städten ein christlicher Prachtbau nach dem anderen, vornehmlich Versammlungshallen, in denen Tausende von Gläubigen, geschart um ihren Bischof, die Wiederkehr ihres Heilands in der Eucharistie feiern konnten. Auch die Geistlichkeit der kleinen Städte wollte nicht zurückstehen, mobilisierte die örtlichen Familien und appellierte an ihren lokalen Stolz, der nicht zulassen durfte, daß der Nachbarort, nicht aber die eigene Gemeinde Kirchen baute. Am Ende sprachen die Gotteshäuser als steinerne Zeugen weit beredter als jedes kaiserliche Edikt oder jede fromme Predigt von der Unterwerfung des Imperiums unter die Befehle des unduldsamen Christengottes.

Leicht war die Aufgabe nicht, die er seinen Baumeistern stellte. Denn die zentralen Plätze der Städte waren längst von öffentlichen Gebäuden und Tempeln besetzt, und selbst der Kaiser hatte nicht die Macht, gewaltsam Platz zu schaffen für die Verehrung eines neuen Gottes, der mit keinem der uralten Götter irgend etwas teilen wollte. So blieb nur der mühselige Weg des Aufkaufens von Grundstücken, die Übernahme alter Gebäude und die Nutzung vorhandener Sakralbauten. Der schnell anwachsenden christlichen Priesterschaft war im Grunde jedes Mittel recht, war sie doch überzeugt, daß die Geschichte auf ihrer Seite stand und sie dem Willen Gottes gehorchte, wenn sie nur schnell und möglichst glanzvoll ans Ziel kam. So baute sie heidnische Tempel, Synagogen, uralte Höhlenheiligtümer um oder verwandte ihre Trümmer für die neuen Verehrungsstätten des Gekreuzigten und seiner bis in den Tod getreuen Paladine, der Märtyrer. Als 402 die Gemeinde von Gaza in Streit darüber geriet, ob sie das heidnische Hauptheiligtum der Stadt schleifen oder reinigen und zu einer Kirche Gottes weihen sollte, entschied sie nach langem Streit, den Götzentempel niederzubrennen, die neue Kirche aber genau an seiner Stelle zu errichten. Soldaten schafften das Baumaterial herbei, Eudokia, die fromme Kaiserin in Konstantinopel, stiftete Geld und gab – als das nicht reichte – noch 32 Marmorsäulen dazu: Nichts sollte der Siegesfeier des Gekreuzigten im Wege stehen.[115]

Widerstand gab es kaum – zu eindeutig war die Parteinahme des kaiserlichen Hofes für den neuen Gott, der auf Erden seinen Anhängern die Pflicht aufbürdete, Krieg gegen die alten Götter zu führen. So schlugen sie den antiken Götterstatuen den Kopf ab, um ihren Geist auszutreiben, und stürzten ihre Tempel schließlich um, wo immer sie die Macht dazu hatten. Am Ende ging es den heidnischen Bauten wie der Philosophin Hypatia: Der christliche Pöbel steinigte sie 415 in Alexandria auf Befehl des Bischofs, hackte ihren Körper in Stücke und verbrannte sie öffentlich: Die Flammen des Scheiterhaufens sollten die Stadt für immer von der Verführung des Bösen reinigen.[116]

Auch wenn dies nicht gelang: Zum ersten Mal, nach fast 800 Jahren, veränderten alle antiken Städte ihr Gesicht. Basiliken und kuppelgekrönte Zentralbauten, Saalkirchen und Kreuzbauten, von Kaisern, vornehmen Stiftern, Bischöfen und Päpsten bezahlt, repräsentierten als Kultraum und Siegeszeichen zugleich weithin sichtbar den universalen Siegeszug der Christen. Sie alle wetteiferten, den schwer erkämpften Triumph ihres Glaubens unauslöschlich in das alte Gesicht der Städte zu schreiben. »Christus hat gesiegt«, riefen die Frommen in Gaza, als ihre Kirche endlich eingeweiht wurde. Der Ruf hallte tausendstimmig im ganzen Reich wider. In Stein, als Bauinschrift der neuen Apostelkirche, ließ ihn 382 Ambrosius, der Bischof von Mailand, schlagen: »Ambrosius hat die Kirche *(templum)* gegründet, die er Christus im Namen der Apostel weiht. Die Kirche hat die Gestalt des Kreuzes, die Kirche stellt damit den Sieg Christi dar, und das heilige Bild des Triumphes (das Kreuz) zeichnet den Ort aus.«[117]

»Die Kirche verkleidet ihre Steine mit Gold und läßt ihre Kinder nackt«

Häufig standen diese großen Basiliken nicht allein, sondern krönten einen ganzen Gebäudekomplex. Zu ihnen zählte der Bischofspalast ebenso wie Vorratshallen und Höfe, in denen die Armen gespeist wurden und die Gemeinde zum allgemeinen Palaver zusammenkommen konnte. Die großen Zentren der Märtyrer- und Heiligenverehrung waren die ersten Nutznießer, allen voran natürlich Jerusalem. Dort hatte die fromme Kaisermutter Helena den Venustempel und Teile des Forums beseitigen lassen, um die Grabeskirche zu errichten, die Golgotha und den Garten von Gethsemane miteinander verband. Im Jahre 335 konnten daher im Kern Jerusalems Prachtbauten geweiht werden, um deren Errichtung sich wundersame Legenden rankten[118] und die jeden Besucher vor Staunen und Glück überwältigten. So auch die fromme Nonne Egeria, die an der Schwelle zum 5. Jahrhundert im südlichen Frankreich (oder in Spanien) zu einer langen Pilgerfahrt aufgebrochen war, um im Heiligen Land und an den großen Stätten der Christenheit zu beten. Beim Anblick der Kirche auf Golgotha jubelte sie im Überschwang ihrer Gefühle: »Man sieht nur Gold und Edelsteine und Seide [...]. Die Anzahl und das Gewicht der Kerzen, Lichter, Lampen und was sie sonst beim Gottesdienst verwenden ist unvorstellbar [...]. Die Kirche wurde von Konstantin erbaut und geschmückt mit Gold, Mosaik und kostbarem Marmor, so reich wie es sein Imperium hergab.«[119]

»Reich« – dies war in Verbindung mit dem Gott, der in einem

Stall geboren worden war und zeitlebens die Armen liebte, ein indiskretes Wort. Es beschrieb auch nicht seine Macht, die nicht von dieser Welt war und damit ihrer Attribute entraten konnte. Aber es paßte gewiß zur weltlichen Herrlichkeit des Kaisers und drückte genau aus, was jedermann von ihm erwartete. So hatte dieser drei Jahrhunderte lang und allerorts die alten Staatsgottheiten mit Prachtbauten geehrt, und nun, da er sich einem neuen Gott zuwandte und seine Hilfe für das ewige Rom erbat, schuldete er auch ihm eine angemessene und großmütige Verehrung. Sie aber verlangte Ungewöhnliches und nichts weniger als die Umkehr der alten visuellen Ordnung von außen nach innen. Denn die priesterlichen Diener des neuen Gottes wünschten sich, den Bedürfnissen ihres Kultes angemessen, basilikale Großbauten, um alle ihre Gläubigen dort zur Feier der Eucharistie versammeln zu können. Basiliken aber boten dem neugierigen Blick nur langweilige Monumentalität: Hochgetürmt aus Mörtel und Ziegeln, ohne äußeren Schmuck und die Schiffe mit Holzdächern gedeckt, verrieten sie weder etwas von der göttlichen Kraft des Hausherrn noch von der spendablen Geste des Bauträgers.

So blieb nur der einer komplizierten Liturgie entsprechend vielfältig gegliederte Innenraum, um kaiserliche Großmut zu demonstrieren. Dies brach zwar mit der Tradition, da die überkommene Sakralarchitektur nur Heiligtümer mit einem schmucklosen Innenraum und aufwendigen Fassaden gekannt hatte, die alle Blicke auf sich zogen. Aber die neue Architektur gestattete wenigstens im Inneren zu beweisen, daß der Kaiser dem göttlichen Bewohner alle schuldige Prachtentfaltung zu Füßen legte. Die Basilika S. Giovanni in Laterano bot die erste und richtungweisende Möglichkeit dazu: Säulen aus rotem Granit säumten das Mittelschiff, grüne trennten die Seitenschiffe; gelber numidischer Marmor deckte den Fußboden und die Wände, während das aufgehende Mauerwerk mit Mosaiken oder Wandmalereien geschmückt war, welche die Geschichten des Alten und des Neuen Testaments erzählten. Ein silberner Schirm schützte die Figur Christi, und sieben silberne Altäre warteten auf die Opfergaben der Besucher. Was Egeria in Jerusalem sah, hatte hier seinen Anfang genommen: Die Innenräume der christlichen Kirchen sollten allen Glanz entfalten, den ein allmächtiger Gott erwarten durfte und der die Gläubigen auf die Knie zwang.

Aber nicht alle waren dazu bereit und viele klagten, daß die Leidenschaft des Bauens *(Lithomania)* die Bischöfe mehr als die Sorge um die Mühseligen umtriebe und der prachtvolle Marmor und die goldenen Mosaiken der Kirchen das Brot der Armen aufzehrten. Für sie alle predigte der hl. Hieronymus, als er daran erinnerte, daß Christus seiner Kirche eine ganz andere Aufgabe gestellt hatte, als ihn mit der ganzen Herrlichkeit zu ehren, zu der das irdische Rom fähig war: »Man baut jetzt Kirchen mit inkrustierten Marmorwänden, mit riesigen Säulen, die von kostbaren Kapitellen geschmückt sind; die Türen tragen Schmuck aus Ebenholz und Silber. Ich tadle das gar nicht unbedingt ..., aber im Grunde gibt es doch eine andere Vorschrift: Christus in den Armen zu kleiden, in den Kranken zu besuchen und in den Obdachlosen aufzunehmen.«

Damals, im Jubel einer triumphierenden Kirche, die Christus als König und nicht als Gekreuzigten abzubilden befahl, war dies eine schwache Stimme. Aber sie sprach von einem Gegensatz, der in den kommenden Jahrhunderten immer wieder aufbrechen sollte. »Die Mauern der Kirche erstrahlen im reichen Glanz, und es fehlt ihr an allem für ihre Armen; sie verkleidet ihre Steine mit Gold und läßt ihre Kinder nackt; man nimmt von den Bedürftigen, um den Augen der Reichen zu schmeicheln«, klagte Bernhard von Clairveaux (gest. 1153) 700 Jahre nach Hieronymus beim Anblick des üppigen Kirchenbaus der Benediktiner von Cluny.[120] Der Domkantor Petrus von Notre-Dame in Paris verschärfte um 1190 die Tonart: Die Menschen, mahnte er, könnten vor Gott Schuld auf sich laden, sogar indem sie ihm dienen; denn sie seien nicht reich genug, um marmorne Kirchen zu bauen und gleichzeitig die Armen zu unterstützen. Der Einspruch ließ nicht auf sich warten: Nach dem Wort Gottes und den Vorschriften der Propheten sollte das Blut der Opfertiere in goldenen Schalen aufgefangen werden, zitierte Suger, Abt von St. Denis (gest. 1151), die Regeln des Alten Testaments und pochte auf ihre Geltung: »Ich behaupte, daß man durch den äußeren Schmuck der heiligen Gefäße dienen soll, und dies im heiligen Opfer mehr als irgendwo sonst, in vollkommener innerer Reinheit, in vollkommenem äußeren Adel.«[121]

Hier die Ahnung des Göttlichen im Schmuck, dort in der Armut – aufzulösen war der Gegensatz nicht. Denn der Vorwurf der Verschwendung auf Kosten der Armen traf schon Jesus selbst, und er verwarf ihn: In Bethanien, im Hause Simons des »Aussätzigen«, so berichtet Markus, übergoß eine Frau sein Haupt mit teurem Duftwasser, worauf die Jünger murrten, dafür hätten sich gut und gern 300 Denare erzielen lassen, die den Armen gebührten. »Sie«, entgegnete Jesus, »habt ihr ja allezeit bei euch, und sooft ihr wollt, könnt ihr ihnen wohltun; mich aber habt ihr nicht allezeit.«[122] Der Satz schwärte lange und brachte die Anwälte der Armen in große Verlegenheit. Hätte man Jesus vorher gefragt, versuchte sich Johannes Chrysostomos zu helfen, hätte er gewiß anders entschieden, so aber wollte er die Frau und ihren guten Willen nicht kränken.[123] Solche Spitzfindigkeiten führten natürlich zu nichts: Wer die Kirche Christi schmückte, berief sich auf die Propheten und das Wort des Evangeliums; der Zustimmung der Mächtigen war er ohnehin sicher.

»Hier ist die Stätte«: Der Ort der Märtyrer und Heiligen

Die Pilgerströme, die seit Helena im Heiligen Land an den Stätten des Lebens und Leidens Jesu beten wollten, fanden bald neue Ziele: die Gräber berühmter Märtyrer und Heiliger. Sie hatte der reißende Strom der Volksfrömmigkeit längst in den Himmel getragen. Denn in ihnen, den Blutzeugen, Asketen und Wundertätern, sah der einfache Christ übernatürliche, ja göttliche Kräfte am Werk. Diese verbanden Erde und Himmel, leiteten Gottes Segen auf die Erde. Wehe den Menschen, wenn ihre Kraft erlosch. »Als der Große unseres Landes«, jammerte 356 der Bischof Serapion von Thmuis, »der selige Antonius, der für den ganzen Erdkreis betete, von uns ging, in diesem Augenblick ist der Zorn Gottes über Ägypten gekommen, und das Unterste wurde zuoberst gekehrt, und alles ist voller Unheil.«[124]

Sterblichen Menschen, die so sichtbar Gottes Macht in sich trugen, waren einzigartige und für viele unerhörte Privilegien gar nicht zu verweigern: Auf Erden erhoben sich über ihren Gräbern

Kirchen und Altäre, ihre Taten verlas der Lektor während des Gottesdienstes, an ihren Gedenktagen versammelte sich die ganze Gemeinde, ihre Wunder, die sie vor und nach ihrem Tod wirkten, wurden anerkannt und gerühmt, und die noch Lebenden unter ihnen versorgte die Gemeinde mit allem Nötigen. Im Himmel sah man sie ganz nahe an Gottes Thron, unermüdlich tätig als Patrone der Städte, Gemeinden und Kirchen. Verehrungswürdig war jetzt alles geworden, was im Leben eines Heiligen Bedeutung hatte: Jeder Meter Boden, den sein Fuß betreten, jedes Mauerstück, mit dem er Berührung hatte, jede Träne, die er einst geweint hat.

»Hier ist die Stätte!« riefen die Pilger am Ende einer langen Reise, die sie zum Grab eines Heiligen geführt hatte. Dort war er gegenwärtig, dort vertrieb er die Dämonen, dort erhörte er die Bitten der Geschundenen. »Hier liegt Martin, der Bischof, heiligen Angedenkens, dessen Seele in Gottes Hand ist«, schrieben die Bürger von Tours auf das Grab ihres Helden, der 397 starb. Und sie fügten hinzu: »aber er ist ganz hier, gegenwärtig und offenbar gemacht in Wundern aller Art«.

So wuchsen überall in der christlich gewordenen Welt Basiliken über den Gräbern der Heiligen und weiteten sich zu Pilgerzentren. Diese sahen nicht viel anders aus als die großen hellenistischen Heiligtümer, die ihrerseits Pilger, Kranke und Ratsuchende angezogen hatten. Um sie alle aufzunehmen, waren in Eleusis, Ephesos, Rhodos und vor allem dort, wo Heilgötter wie Asklepios zu Hause waren, Baukompositionen entstanden, die vom Haupttempel über Kapellen, Parks und heilige Seen bis hin zu Hospizien und Sanatorien alles boten, was Zehntausende Besucher anlocken konnte. Jetzt, nach dem Sieg des Christengottes, übernahmen die Heiligen die Rolle der alten Heilgötter. Sie forderten wie der hl. Albanus in Britannien, der hl. Martin in Tours oder der hl. Symeon Stylites im nördlichen Syrien Verehrungsstätten über ihren Schreinen und lohnten mit Gesundheit und Erbarmen. Eine davon, das »frühchristliche Lourdes«, wuchs am Rande der libyschen Wüste, 40 km südwestlich von Alexandrien, über dem Grab des hl. Menas und wurde nach ihm Menapolis *(Karm Abu Mina)* benannt. Vom Leben dieses Reitersmannes waren gleich vier Wundergeschichten im Umlauf, aber keine erklärte, warum er um 295 in Phrygien den

Märtyrertod erlitten und wer seinen Leichnam in die Nähe Alexandriens geschafft hatte. Es kam auch nicht so sehr darauf an. Denn Menas nahm sich ohne Verzug der Nöte der Menschen an, trieb die Dämonen aus ihren geplagten Körpern und heilte ihre körperlichen und seelischen Wunden.

Sein Grab deckte zunächst nur eine kleine Gruftkirche. 100 Jahre später waren es vier Basiliken, ein Baptisterium, ausgemauerte und mit Marmor geschmückte Schöpfbrunnen für das heilige Wasser, Räume für Traumorakel wie in den alten Heiligtümern des Asklepios und Klosteranlagen in einer Ausdehnung von 40 000 m^2. Dazu kamen die Gebäude für alle, die im Dienst des Heiligen standen oder ihn zur Quelle ihres Reichtums machten: Brennereien und Töpfereien für die Ampullen, in denen die Pilger das Heilwasser der Menasquelle auffingen, Wohngebäude für Ärzte und Arbeiter, Säulenhallen und Höfe als Begegnungsorte für die Pilger. Es kamen Hunderttausende aus aller Welt, und niemand ließ sich abschrekken, als sich die Mönche von Menapolis in theologische Streitereien um die Natur Christi verirrten. Das Ende kam erst mit den arabischen Kriegern. Ihr Gott konnte die Mönche, nicht aber den Heiligen tolerieren. So zerfielen seine Basiliken, und was der Zerstörung entrann, nahm sich bis auf wenige, erbärmliche Reste der Wüstensand.

Basiliken, Zentralbauten, Märtyrergedenkstätten und Baptisterien waren die Grundformen der christlichen Sakralkunst, die an allen Orten des Reiches eigenständig gestaltet werden konnte und die Gesichter der Städte neu prägte. Genügte den frühen Christen ein geschlossener, profaner Nutzbau, der einer Handvoll verachteter Außenseiter gestattete, sich im Verborgenen zu treffen und den Gottesdienst zu feiern, so verlangten das Bündnis mit dem Kaiser, die Trennung der Gemeinden in Klerus und Laien sowie die fast monarchische Stellung des Bischofs anderes: Großbauten, um das »heilige Volk« vollzählig zu versammeln, Baukörper, die von dem Sieg und der Allmacht Christi zeugten, Innenräume, die Gott einladen konnten, dort zu wohnen. So verwandelten sich die bescheidenen Hütten der ersten Generationen in Gotteshäuser, in denen alles seinen festen Platz bekam, was früher nur beliebig austauschbares Mittel zum Kultvollzug war. Der Tisch, auf dem der Priester

Brot und Wein in Christi Leib verwandelte, wurde zum festen Altar, auf dem allein die Eucharistie vollzogen werden durfte und der die Gebeine der Märtyrer deckte oder aufnahm. Die theologische Begründung dafür formulierte Ambrosius unter Berufung auf den Text der Offenbarung (6,9): Wie die Seelen der Märtyrer am Fuße des himmlischen Altars ruhen, so müsse die Kirche ihre Leiber unterhalb der irdischen Altäre bestatten.

Der Gottesdienst nahm die Form an, die einem Gott gebührte, der sein Herrscheramt wie sein kaiserlicher Stellvertreter auf Erden ausübte. Eine tiefe Kluft tat sich auf zwischen der Gemeinde und dem Bischof. Dieser thronte am Ende des Kirchenraumes, umgeben von der hohen Nische der Apsis, gekleidet wie ein römischer Magistrat und angetan mit den Insignien eines Statthalters Christi. Jene, streng von den Priestern geschieden, nahm ihm gegenüber Platz im Langhaus, getrennt nach Geschlechtern und ständisch geordnet; eigene Plätze erhielten die Büßer, die Täuflinge und die gottgeweihten Jungfrauen. Erst nach dem Ende der Liturgie stieg der Bischof von seinem Thron hinab zu den Gläubigen und schritt, umgeben von den Priestern, durch ihre Reihen – erst jetzt wieder einer der ihren. Die Apsis selbst, in deren Wölbung Christus und seine Gefolgsleute (später auch seine Mutter) im Bild erschienen, wurde zum Wohnort des göttlichen Hausherrn. Als im Jahre 313 in Tyros die erste große Kirche geweiht wurde, predigte der Bischof Eusebius über das offensichtlich Neue: Der sichtbare Bau diene mehr als einem irdischen Zweck; er verweise zugleich auf das himmlische Heiligtum und den lebendigen Leib Christi.

Der Masse der einfachen Gläubigen war dies nur allzu recht: Sie, die jenseits aller theologischen Querelen die prachtvollen Anlagen der heidnischen Götter täglich vor Augen hatten, wollten auch ihren Gott in großen und strahlend geschmückten Kirchen verehren.

Das Reich der Toten

»Hier ruht in Frieden«

Mit den Heiligen zogen die Toten in die Städte ein – nicht von heute auf morgen, schon gar nicht triumphierend, aber zäh und unaufhaltsam. Sie stürzten, nein: sie höhlten einen der ältesten Grundsätze städtischen Lebens aus, und ihre stille Gegenwart innerhalb der Stadtmauern bezeugte den Anbruch einer neuen Zeit. Denn Griechen und Römer hatten vom ersten Tag ihrer städtischen Geschichte an die Toten aus ihrer Mitte verbannt und sie hinausgetragen vor die Tore der Stadt. Dort bestattete man die Armen und Sklaven lange Jahrhunderte in Massengräbern, später, seit dem 3. Jahrhundert n. Chr., pochten auch sie auf eigens angelegte Friedhöfe. Die Gräber der Mächtigen und Reichen aber wurden auf beiden Seiten längs der großen Ausfallstraßen ausgehoben – zwei schmale Grabkordons, die sich quer durchs Land zogen und zusammen mit den Statuen und Ehreninschriften noch lange von Noblesse und großen Taten erzählen sollten. An sie und an die Seligkeit und Not des Lebens erinnerte man sich an den Tagen, an denen die Stadt alljährlich ihre Toten ehrte. Dann schmückten die Familien die Gräber, brachten Opfer dar, richteten ein Festmahl aus und sprachen davon, daß die Toten heraufkommen und in der Stadt umhergehen.

Über den Gräbern erhoben sich Grabsteine, und ihre Inschriften bedrängten jeden, der des Weges kam. »Halt an«, forderte eine den Wanderer vor den Toren Roms auf, denn über das Leben einer vorbildlichen Frau galt es zu berichten:

»Es deckt der schlechte Grabstein eine schöne Frau.
Mit Namen nannten Claudia die Eltern sie;
Mit eigner Liebe liebte sie den eignen Mann;
Zwei Söhne gebar sie; einen ließ auf Erden sie
Zurück, den anderen barg sie in der Erde Schoß.
Sie war von artiger Rede und von edlem Gang,
Versah das Haus und spann.«[125]

Es war ihr Leben, das wichtig war, nicht ihre Hoffnungen. Und es war ihre soziale Rolle, und nicht die Trauer der Hinterbliebenen, von der sie dem Wanderer erzählen wollte. Sie tat es mit großer Meisterschaft, vielleicht nur übertroffen von Vergil, der in einem Grabhügel an der Straße von Neapel nach Puteoli liegt: »Mantua gab mir das Leben, Kalabrien nahm es, Neapel birgt mich; Weiden besang, Felder und Fürsten mein Lied.«[126] Andere hatten Belehrendes im Sinn und hoben den Zeigefinger: »Ich habe armselig gelebt«, jammerte der eine, um mit der unbeholfenen Lebensweisheit fortzufahren, »darum rate ich euch: Genießt das Leben mehr als ich es getan habe.« Der andere sagte es eleganter, meinte aber dasselbe: »Schönen Frauen versaget dann nicht die Wonnen der Liebe: Was noch bleibt nach dem Tod, verzehren Feuer und Erde.«[127] Das letzte Wort eines alten, ohne Reue gestorbenen Sünders faßt alles zusammen: »Bäder, Wein und Frauen zerstören unsere Körper – aber sie machen das Leben aus.«[128] Es sind über 100 000 Grabinschriften, die uns erhalten blieben. Sie bilden einen vielstimmigen Chor, enthalten aber eine Grundmelodie: Sie nennt den Namen, das Alter (nicht immer das richtige) und das Todesdatum, spricht über Familie, soziale Stellung, Taten und Kinder und läßt sich zu Verwünschungen gegen die Feinde hinreißen: Sein Freigelassener sei ein Wegelagerer, erklärt ein Patron; ihr Kind sei das Opfer von Giftmischern geworden, jammert eine Mutter. Kurz: Es wird über alles, was das Leben ausmacht, unverblümt geredet, nicht aber über das, was das Jenseits bereithält.

Dieses Land ohne Wiederkehr blieb für die Mehrzahl der Menschen ein Reich trostloser Schatten. Es besaß nichts, was Hoffnung gab, und sein Herrscher Hades lebte in der ständigen Furcht, die Erde könnte aufbrechen und sichtbar werden lassen, was gräßlich und den Menschen verhaßt war. Seine Bewohner waren ungreifbare Schatten, »Häupter ohne Lebenskraft«, von ihren Stimmen war nur ein Fledermausschrei zu hören und von ihrem Geist ein wirres Murmeln. Gab ihnen einer der seltenen Besucher aus der Welt des Lichts für kurze Zeit die Erinnerung und den Geist wieder, so sprachen sie von dem, was sie einst auf Erden waren und was sie wieder werden wollten – um jeden nur denkbaren Preis: »Lieber wäre ich auf der Erde ein Tagelöhner bei einem anderen, einem Armen, der nicht viel zum Leben hat, als Herrscher über alle dahingeschwundenen Toten«, rief der Schatten des Achill, als sein irdischer Besucher Odysseus ihn als den ersten aller Helden preisen wollte.[129]

Sein Wunsch blieb ungehört, denn die Götter hatten mit dem Tod nichts zu schaffen, und das Haus des Hades war auch ihnen verhaßt. Es gab dem kurzen Erdenleben einen besonderen Reiz und verlieh ihm einen ungeheuren Wert auch dann noch, wenn Leid und Not es zu übermannen drohten. Das nicht zu vergessen, beschwor Hekuba ihre Schwiegertochter Andromache, als diese sich beim Anblick ihres und ihrer Heimat Unglück den Tod wünschte: »Mein Kind, der Tod ist nicht vergleichbar mit dem Leben. Er ist ein Nichts. Doch diesem bleibt vergönnt die Hoffnung.«[130] Aber auch die Hoffnung verläßt wie die Götter den Menschen in seiner letzten Stunde:

»Seele, Du, schweifende, zärtliche,
Leibes Gefährtin und Gast,
Nun führt ins düstere Reich
fröstelnder Schatten dein Weg.
Und nie scherzest du fürder wie einst.«[131]

»Mit den Sternen vereint«

So aber – da waren sich alle Christen sicher – durfte es nie und nimmer sein. Denn der von den Toten auferstandene Sohn Gottes werde wiederkehren, hatte ihnen Paulus gesagt und versichert, »er wird unseren nichtigen Leib verwandeln, daß er gleich werde seinem verherrlichten Leibe.«[132] Ohne diese Gewißheit war alles andere nichts. »Durch den Tod hat der Herr seinen Zögling wieder zu sich genommen«, verkündete denn auch das Grabgedicht des Diakons Auspicius aus Trier seinen Besuchern. Und was Gott mit ihm vorhatte, wußte es ebenfalls: »Indem er Auspicius von der Erde nahm, hat er ihn mit den Sternen vereint.«[133] Die Inschrift endet mit dem Bild eines von zwei Tauben flankierten Christogramms. Es ist das Zeichen der Erlösung: »Ich glaube nämlich«, erklärte der

Kirchenvater Origenes die symbolische Bedeutung der Tauben, »daß die, welche die Kraft des Heiligen Geistes empfangen haben, [...] gleich ihm, der in Taubengestalt erschien, taubengleich werden. So können sie aus dem Reich des Irdischen zum Himmel auffliegen, getragen von den Flügeln des Heiligen Geistes.«[134]

Dort empfingen sie die Märtyrer. Sie hatten sich als erste das Recht erstritten, nicht im Grab auf den Jüngsten Tag warten zu müssen, sondern in ihrer Todesstunde unmittelbar vor Gottes Richterstuhl treten zu dürfen. Als Justin, zeitlebens ein Mann der Feder und beredter Apologet seines Glaubens, um 165 n. Chr. vor seinem römischen Richter stand und von ihm gefragt wurde, ob er vermute, in den Himmel aufgenommen zu werden, um dort göttlichen Lohn zu empfangen, antwortete er selbstbewußt: »Ich vermute es nicht, sondern ich weiß es.«[135] An diesem Privileg wollten bald alle teilhaben, obschon sie statt himmlischen Lohnes nur himmlische Gnade erbitten konnten.

Die überkommenen Bestattungsrituale gerieten nun ins Kreuzverhör der Theologen. Wer mit dem hl. Hieronymus die Welt als »Todeszelt« verstand, das früh zu verlassen ein Geschenk Gottes sei, wer gar hoffte, in der Stunde des Todes von Engeln in die Arme Christi getragen zu werden, der konnte sich schwerlich am Grabe seiner Angehörigen Asche aufs Haupt streuen.[136] Als erstes lehnte er die Verbrennung des Leichnams ab, da das, was am Menschen aus Erde gemacht war, wieder zu Erde werden muß. Die allzu laute Klage um den Toten erregte schnell den Verdacht, hier liege einer, der wohl vergeblich auf Vergebung seiner Sünden hoffe, obwohl man auf seinen Grabstein schrieb: »Mögest Du leben in Gott *[vivas in Deo]*.« Weit sinnvoller war es doch, die Todestage von Vater und Mutter als ihre Geburtstage in die Familienchronik einzutragen und mit dem Bischof Cyprian zu erklären, »um Verstorbene klagen nur solche, die keine Hoffnung haben«.[137] Selbst das Bekränzen ihrer Gräber kam in Verruf, da das dafür aufgewandte Geld guten Werken zukommen müsse, nicht aber den Toten, die nichts mehr davon hätten.

Aber auch hier erwies sich schließlich die Tradition als stärker denn die radikale Auslegung christlicher Hoffnungen, triumphierte das Leben über das Jenseits, wenngleich vieles anders wurde. So trauerten die Christen in Ost und West wie ihre heidnischen Nachbarn an den Tagen der Totenfeste und ließen es sich von keinem noch so eifrigen Kleriker nehmen, an den Gräbern ihrer Verstorbenen, die man in Gott geborgen wußte, Liebesmahle zu feiern. An ihnen nahm der Tote auf einem leeren, mit Blumen geschmückten Ehrenplatz, der Kathedra, teil. Nicht selten ging es dabei fröhlich zu: »Es gibt viele«, tadelte Augustinus, »die aufs schwelgerischste bei den Toten trinken und essen [...] und sich betrinken.«[138] Wie immer bei solchen Anlässen lud der große den kleinen Mann ein und bewies – ganz wie Caesar, der beim Tode seiner Tochter Rom zum Leichenschmaus geladen hatte – Tausenden Großmut und spendable Laune. So berichtet Paulinus, Bischof von Nola, der Senator Pammachius habe zum Gedächtnis seiner Frau Paolina ein großes Mahl in der Perterskirche gegeben, bei dem die Volksmenge nicht nur die Schiffe der Basilika füllte, sondern auch das Atrium.[139] Nur mächtige Kirchenfürsten wagten, dagegen einzuschreiten. Einer von ihnen war Ambrosius von Mailand, der solche Gelage in den Märtyrerkirchen seiner Diözese verbot – woraufhin die Mutter des Augustinus vor den Toren der Kathedrale zurückgewiesen wurde, als sie dort arglos und wie in ihrer nordafrikanischen Heimat gewohnt mit einem Essenskorb erschien.

Die Episode beweist, daß die offizielle Kirche nicht bereit war, den Umgang mit den Toten ins Belieben der Gläubigen zu stellen. Die Lehre von der ewigen Seligkeit und der immerwährenden Verdammnis nach dem Tode hatte dem Leben einen völlig neuen Sinn gegeben, und über ihn wachten die Bischöfe allein. Sie legten ihre ringbeschwerten Hände auf die Toten und drängten sich zwischen den einzelnen, die Familie und die Stadt; am Ende beanspruchten sie die alleinige Zuständigkeit für Begräbnis und Totengedenken. Widerstand hätte den Ausschluß aus der Gemeinde nach sich gezogen: »Der Bischof ist in der Kirche, und die Kirche ist im Bischof«, schrieb Cyprian Mitte des 3. Jahrhunderts an seine Gemeinden und fügte streng hinzu: »Wenn einer nicht mit dem Bischof ist, so ist er auch nicht in der Kirche.«[140]

Die Entscheidungen der Bischöfe veränderten noch einmal das Gesicht der Städte. Als erstes trennten sie die Gläubigen auch nach dem Tod von den Heiden und legten außerhalb der Städte eigene

Friedhöfe an, die der Klerus verwaltete. Seiner patronalen Fürsorge oblag es nun, Arme wie Reiche zu bestatten, diese in Mausoleen, jene in den unterirdischen Gängen der Katakomben oder eigenen Friedhöfen. Wie wichtig diese seit der Mitte des 3. Jahrhunderts als Kommunikationszentren der Gemeinden geworden waren, zeigen die Verfolgungsedikte, die den Christen das Betreten ihrer Friedhöfe verboten. Später erklärten die Bischöfe die Bestattung von Klerikern zum Vorbild für das familiäre Brauchtum und verlegten das Beisetzungsritual in den sakralen Raum des Gotteshauses. Gleichzeitig erlaubten sie den Toten, ihr Grab in der Nähe der Märtyrergräber zu suchen *(retro ad sanctos)*; bald drängten sich auf den Friedhöfen die Särge der Frommen um Märtyrerkapellen oder Kirchen, die Reliquien aufbewahrten: Am Jüngsten Tag, so hofften sie, wenn Rechenschaft vor Gottes Richterstuhl gefordert wurde, könnten sie gemeinsam mit den Heiligen in den Himmel aufsteigen. Dort sollten diese als Anwälte für die armen Seelen sprechen, Fürbitte tun für alle Sünder und ihnen den Weg ins Paradies bahnen. Der Spott des Heiden Eunapius beschrieb ihre Rolle treffend: »eine Art Minister und Botschafter bei den Göttern, um die Gebete der Menschen zu überbringen«. Einem durfte der Londoner Bauer Thurkill bei seiner himmlischen Tätigkeit zusehen, als ihn im Jahre 1206 eine Vision des Jüngsten Gerichts überfiel und er beklommenen Herzens beobachtete, wie der Apostel Paulus und der Teufel an der Seelenwaage saßen. »Bei dieser Wägung der Seelen, oder besser: Wägung der Verdienste, ging es sehr unterschiedlich zu. Mitunter legte der Apostel nur das kleinere seiner beiden Gewichte auf die Waagschale, und sie war doch schwerer als die beiden Gewichte des Teufels.«[141]

Wenige waren guten Mutes, wenn sie an diese Prüfung dachten. Zu ihnen zählte sich Ursinianus, Subdiakon aus Trier. Ihm hatte seine Frau Ludula den Grabstein gesetzt und darauf meißeln lassen, unter diesem Hügel ruhten die Gebeine eines Mannes, »der es verdient hat, den Gräbern der Heiligen beigesellt zu werden, und dem weder der wütende Tartarus noch strenge Strafe schaden werden«.[142] Es waren die Verdienste eines Klerikers, von denen die Ehefrau sprach, und er ruhte mit Zustimmung des Bischofs den Gebeinen des hl. Paulinus am nächsten, zusammen mit den Jungfrauen, den Mönchen und seinen Amtsbrüdern und vor den einfachen Laien. Nur die Mächtigsten unter ihnen konnten diese Hierarchie durchbrechen, die so gar keine Rücksicht auf öffentliche Taten nahm. Einer von ihnen war Probus Petronius, Konsul des Jahres 371, Günstling des kaiserlichen Hofes und so berühmt, daß zwei vornehme Perser 389 nur deshalb nach Italien gereist sein sollen, um ihn und den Ambrosius zu sehen. Bald darauf starb er, nachdem ihm die Priester die Taufe gespendet hatten. Von den Großen des Reiches öffentlich betrauert, senkte man seinen Leichnam in einem prachtvollen Marmorsarkophag in die Grabstätte des Apostels Petrus. Dort fand ihn das 16. Jahrhundert, bedeckt mit schweren Goldfäden, die einst sein längst zerfallenes Totengewand durchwirkt hatten; umgeben war er von einfachen frühchristlichen Gräbern, deren Tote Christus, Petrus und Maria anriefen, und von Grablegen fränkischer, angelsächsischer und langobardischer Krieger, die nach ihrer Bekehrung den Schutz des mächtigen Kanzlers suchten, der die Schlüssel zum Himmel in Händen hielt.

Kaum einer mochte so selbstbewußt von seinen Verdiensten überzeugt sein wie dieser Mann oder der Diakon aus Trier. Aber alle hofften, durch die Fürsprache der Heiligen das Leben besser bewältigen zu können und danach einen gnädigen Richter und das ewige Leben zu finden. Beides versprachen die sterblichen Gebeine der Heiligen und der fromme Umgang mit ihnen. »Sie beschirmen uns«, versicherte Maximus, der Bischof von Turin, seinen Zuhörern, »solange wir in unserem Körper leben, und sie nehmen uns auf, wenn wir von unserem Körper scheiden, hier, damit uns kein Sündenmakel verderbe, dort, damit uns nicht der Schrecken der Hölle befalle. Denn deshalb haben die Vorfahren dafür Sorge getragen, daß wir unsere Körper den Gebeinen der Heiligen beigesellen, damit, während der Tartarus die Heiligen fürchtet, uns keine Strafe treffe, und, während Christus die Heiligen umstrahlt, das Dunkel der Finsternis vor uns zurückweiche!«[143]

Noch lagen die Friedhöfe außerhalb der Stadtmauer, aber im Umkreis einer Märtyrerkirche *(basilicae ad corpus)*. Einige waren inzwischen weit über die Stadtgrenzen hinaus berühmt geworden und zogen die Toten von nah und fern in ihren Bann: In den Chroniken von Arles wird berichtet, daß die Menschen am Oberlauf der Rhône die Särge ihrer Verstorbenen dem Fluß übergaben und Geld hineinlegten, damit die Bürger von Arles die Toten aus dem Fluß bargen und auf dem Friedhof Alichamps begruben, dort, wo die Nähe zum Grab des hl. Honoratus die beste Hilfe am Jüngsten Tag versprach. In Rom drängten sich die Gräber und Mausoleen der Vornehmen nicht nur an die Kirchen der großen Märtyrer, sondern auch an die Basilica Apostolorum (heute *San Sebastiano*): Dorthin sollen in den Jahren der Verfolgungen des Decius und Valerian (249–260 n. Chr.) die Leiber der Apostel in Sicherheit gebracht worden sein, ein Ort, der auch nach der Rückführung der Reliquien heilig geblieben sei.[144] Wie immer es tatsächlich gewesen sein mag: Alle bedeutenden Märtyrerkirchen wuchsen zu Zentren großer Nekropolen und zu Sitzen mächtiger Abteien wie Saint-Germain in Paris, Saint-Seurin in Bordeaux oder Saint-Sernin in Toulouse; sie alle bildeten die Kernzellen neuer Vorstädte.

Am Ende kapitulierten die Städte, brachen mit ihrem ersten Gründungsgesetz und öffneten den Toten ihre Tore. Der Tag kam, als ein ebenso ernstes und heiliges Tabu der antiken Gesellschaft zerbrach: das Grab als unzerstörbarer Besitz des Toten. Wer sich daran vergriff, wer gar die sterblichen Überreste teilte, auf dem lastete 1000 Jahre lang der schwere Fluch der Götter. Ihn hob der neue Gott auf, als er seinen Gläubigen gestattete, die Gräber seiner Heiligen zu öffnen und sie ganz oder in Teilen in die Städte zu schaffen, wo sie den Lebenden Beistand und Hilfe, den Toten Fürsprache vor Gott gewähren konnten. So senkten sich die Reliquien der Heiligen in die Altäre auch der innerstädtischen Kirchen, während die Siege der Barbaren die Verlegung der großen Friedhofskirchen in den Schutz der Stadtmauern erzwangen. Es wurde die Geburtsstunde der städtischen Friedhöfe: Für lange Jahrhunderte ruhten nun die Toten nicht am Stadtrand oder sonstwo, fern von den Lebenden, sondern rund um die Pfarrkirche, wo die Gemeinde jeden Sonntag zusammenkam, die Verstorbenen aufgebahrt wurden und ihren letzten, nunmehr sehr kurzen Gang antraten. Die Gemeinschaft der Lebenden und der Toten war fester als je zuvor geworden. Nicht jedoch die der Stadtbürger: In dem Maße, in dem die Kirche die Sorge um die Toten an sich zog, wandte sich die christliche Familie an sie und nicht mehr an die Nachbarn, um mit ihnen der Toten zu gedenken. Der Abschied von der Antike war gründlich und unumkehrbar.

Das Leben in den Städten

Die Armee verläßt den Mittelmeerraum und verändert ihr soziales Gesicht

Seit Augustus gab es die Macht nicht mehr, die lange Jahrhunderte die stärkste Fessel gewesen war, um in Griechenland wie in Italien die Bürger jenseits ihrer sozialen Konflikte zusammenzuhalten: den Krieg. Ihn hatten die Erfolge der römischen Waffen aus dem Mittelmeerraum vertrieben, und seine Diener waren ihm in immer fernere Länder gefolgt, um dort als Berufssoldaten ständig einsatzbereit zu sein: »Wir können nicht erst im Notfall weitere Hilfsvölker aufbieten«, lautete der erste Lehrsatz der römischen Militärphilosophie, »da die Grenzen unseres Reiches so weit auseinandergerückt sind und wir von Feinden umgeben sind.«[145]

An den Grenzen dienten die Soldaten in geographischen Breiten, die der mediterranen Bevölkerung nur ungefähr bekannt waren, und die für die meisten jenseits ihrer Vorstellungswelt lagen. Dort veränderte die Armee auch ihr soziales Gesicht. Denn jetzt, wo der Krieg nicht mehr die städtischen Bürger Jahr für Jahr in die Pflicht nahm, suchte er sich Freiwillige vornehmlich in den Nordprovinzen, wenngleich die Legionen noch für lange Zeit nur römische Bürger aufnahmen. Doch diese kamen immer seltener aus Italien: In den Rekrutierungsbüros sammelten sich vornehmlich die zweiten und dritten Söhne der Kolonisten, der Veteranen und der Auxiliarsoldaten, die in der Nähe ihrer alten Standorte ein Mädchen liebten und dort bleiben wollten. Es waren Männer, die 20 Jahre und länger in Manövern, Gewaltmärschen und stumpfem Drill den Ernstfall übten und auch dann zufrieden waren, wenn es Orden und Auszeichnungen für Gehorsam und Pflichterfüllung statt für Tapferkeit und Todesbereitschaft gab. Denn am Ende lockten der soziale Aufstieg, eine ehrenvolle Stellung in der Gesellschaft und eine neue Heimat, in die man als fremder, aber geachteter Mann eintrat. Sie allerdings war klein geworden und wurde nur mehr schemenhaft als Teil des Imperiums wahrgenommen. Wer kämpfen mußte, tat dies nicht für den Erhalt eines die Welt umspannenden Friedens, sondern für Haus und Hof.

Die Folge war ein neues Soldatenbild in Italien und den befriedeten Provinzen. Kämpfe und Siege, Niederlagen und Tod rückten an den Rand des öffentlichen Bewußtseins, und wenn sie, zumeist eingehüllt in Siegesmeldungen, aus fernen Landen zurückkehrten, »verschwanden sie rasch wieder ganz wie Mythen, und auch die Erzählungen über sie«.[146] Genaues über den Soldaten erfuhr man eher beiläufig; von den Großstädten kannten nur Rom und Alexandria die ständige Präsenz starker militärischer Einheiten. Wo sie darüber hinaus stationiert waren, versahen sie unauffällig ihren Dienst als Besatzungstruppen und übernahmen vielfältige zivile Aufgaben: Nur wer genauer hinsah, fand sie als Polizisten, Handwerker in Ziegeleien und Rüstungsbetrieben, als Straßenbauer, Wachtposten und als Beamte in den Kanzleien der Statthalter. Es waren Truppen ohne kriegerische Aufgabe und Bewährung; mit den eigentlichen Armeen, die an den Grenzen standen, hatten sie nichts gemein. Sympathien konnte keiner erwarten. Die öffentliche Meinung in den Städten sah in ihnen zumeist Barbaren, Fresser und Säufer, Kerle von wilder Gesinnung.

So war der Soldat gleich mehrfach zum Außenseiter und latenten Gegner einer zivilisierten, auf die Errungenschaft des Friedens stolzen Welt geworden. »Die Soldaten lieben das ihnen durch die langen Dienstjahre bekannte und vertraute Lager wie Haus und Herd«, beobachtete Tacitus, und das Schreiben eines ägyptischen Soldaten gab ihm recht: »Auch wenn ich in fremden Ländern bin«, beruhigte er seine wegen der Verlegung der Truppe besorgte Ehefrau, »bin ich tatsächlich in der Heimat und nicht in der Fremde.«[147] Nicht anders erging es dem Veteranen, der seine eigenen Erinnerungen in eine zivile Welt mitbrachte, die er nicht mehr als die seine begriff. Einem begegnete Ovid im Circus:

»Einmal, am dritten Tag der Spiele, da saß so ein Alter,
Während ich zusah – genau weiß ich es noch – neben mir.
›Heut ist der Tag‹, sagte der, ›an dem Caesar an Libyens Küste

Juba, den mutigen, der treulos gehandelt hat, schlug!
Caesar war mein General. Voll Stolz sag' ich, daß als Tribun ich
Unter ihm diente; er gab mir Befehle im Kampf!
Ich hab' den Sitz hier durch Kriegsdienst, du hast ihn im Frieden erworben,
Denn du hast einmal das Amt eines Dezemvirn gehabt.‹
Weitere Gespräche verhindert ein plötzlicher Schauer ...«[148]

Von der bürgerlichen Warte des friedlichen Städters aus war dieser Alte ein aufgeblasener Niemand, vor dem man sich angesichts seiner mitgebrachten Ansprüche und Privilegien auch noch zu ducken hatte. Alles, was er neben seinem Lohn und seiner Beute besaß, waren der Stolz des professionellen Kriegers und die sentimentalen Erinnerungen an seine Erlebnisse. Nichts davon reichte aus, um sich in der zivilen Gesellschaft zurechtzufinden. Also blieb er wie die meisten entlassenen Veteranen bei seinesgleichen, solange es eben ging. Wo es nicht ging, begehrte er auf. Als unter Nero Veteranen als Siedler nach Tarent und Antium geschickt wurden, um dem Bevölkerungsschwund abzuhelfen, liefen sie davon und kehrten in die Provinzen zurück, in denen sie den Kriegsdienst abgeleistet hatten. Denn in ihrer neuen Heimat fehlten ihnen die vertraute militärische Kommandostruktur und die Kameraden, waren sie nur ein verlorener Haufen gestrandeter Landsknechte.[149]

Wer als Zivilist solchen Männern auch nur zufällig begegnete, nahm Reißaus, wenn ihm sein Leben lieb war. Anschauungsunterricht für alle, die dies nicht glauben wollten, lieferte der Dichter Apuleius. In seinen um die Mitte des 2. Jahrhunderts n. Chr. geschriebenen »Metamorphosen« prügelt ein baumlanger Legionär auf der Landstraße einen friedlich seines Wegs ziehenden Gärtner vom Esel, requiriert das Grautier für den Gepäcktransport des Statthalters und läßt den Ärmsten nach einem Gerangel von den Bütteln der nächstgelegenen Stadt ins Gefängnis führen – ein Schicksal, das den Leser schaudern ließ und alle seine Vorurteile bestätigte.[150] Gute Gründe, die sie nährten, gab es natürlich. Vor allem die Erinnerung an die Ereignisse nach Neros Tod wog schwer. Sie hatten einem vermeintlich glücklichen Zeitalter vor Augen geführt, was im 3. Jahrhundert das Imperium an den Rand des Abgrunds führen sollte: Damals, in den Jahren 68 und 69 n. Chr., waren die Grenztruppen vom Rhein, von der Donau und aus Syrien auf Rom zumarschiert, hatten auf ihrem Weg Städte und Landschaften gebrandschatzt, Schlachten gegeneinander geschlagen, Aufstände in den Provinzen ausgelöst, drei Kaiser auf den Thron gehoben und wieder gestürzt. Ein seit Aktium verschwunden geglaubtes Menetekel war damals wieder an der Wand der Geschichte erschienen: Die Macht nahmen sich die Grenztruppen, die ihren Befehlshaber zum Kaiser kürten, als Gegenleistungen reichen Lohn, lukrative Feldzüge und eine noble Versorgung forderten und für alles dies in Schutt und Asche legten, was sich ihnen in den Weg stellte. Gegen diese Bedrohung gab es kein Heilmittel. Denn die von Augustus betriebene Massierung der Truppen an den Grenzen war endgültig. Das Schwert des Legionärs, das die Monarchie gegründet und das Weltreich geschaffen hatte, ließ keine Veränderung mehr zu.

Die Historiker bewunderten weiterhin die großen Kriegsgestalten der Vergangenheit, und Senat und Volk huldigten weiterhin dem Krieg, wenn Siegesmeldungen von der fernen Front eingingen. Niemand wollte dabei abseits stehen, jeder unterwarf sich der Wertschätzung des Krieges und verständigte sich in seiner Sprache. So feierten auch die Christen ihre Märtyrer als heldenhafte Soldaten: »Wir sind zum Kriegsdienst *[ad militiam]* des lebendigen Gottes berufen schon dann, wenn wir die Worte des Fahneneides *[sacramenti verba]* nachsprechen«, beschwor Tertullian seine Gemeinde.[151] Den leibhaftigen Dienern des Krieges aber ging er wie alle anderen aus dem Weg, wo immer es möglich war. Wie sollte es auch anders sein: Ohne Drachen besteht kein Bedarf an Drachentötern, und friedliche Grenzen verwischen den Gedanken daran, daß der Tag kommen mag, an dem man sie brauchen wird.

Civis Romanus sum: Ich bin ein Bürger Roms

Der Kommandant der römischen Besatzung Jerusalems wußte, was er zu tun hatte, als sich eine tobende Menge vor den Toren des Tempels anschickte, einen Mann zu lynchen, der einen Nichtjuden in das Innere des Tempelbezirks geführt haben soll: Er ließ den Beschuldigten in Ketten legen und als Unruhestifter abführen – an diesem heikelsten Ort der Provinz die einzige Möglichkeit, Ruhe und Ordnung rasch wiederherzustellen. Im Verließ streckte der Kerkermeister den Gefangenen über ein Brett, wies auf die bereitliegenden Folterwerkzeuge und fragte nach dem Wie und Warum des Aufruhrs. Was er hörte, ließ ihn eilends den ranghöchsten Tribun rufen. »Ich bin ein Bürger Roms *[civis Romanus sum]*«, hatte der Gefangene gerufen und hinzugefügt, sein Name sei Paulus, geboren sei er im kilikischen Tarsus, aber zuständig für ihn sei der römische Statthalter in Caesarea, der Hauptstadt der Provinz Judäa. Der Offizier erbleichte: Die Folterung eines römischen Bürgers konnte ihn vor Gericht bringen und Rang und Ehre kosten. So befahl er, den Gefangenen unverzüglich von seinen Fesseln zu befreien und anderntags mit einer militärischen Eskorte sicher nach Caesarea zu geleiten. Dort appellierte der selbstbewußte Missionar einer weithin unbekannten jüdischen Sekte nach langen Monaten der Verschleppung seines Verfahrens schließlich an das Gericht des Kaisers, woraufhin ihn ein alexandrinisches Segelschiff nach Rom brachte; dort – so schließt die Apostelgeschichte – sei er zwei Jahre in ehrenvoller Haft gehalten worden und habe das Reich Gottes verkündet.[152]

Lukas, der Autor dieses Berichtes, war offenkundig stolz darauf, seinen Lesern Paulus als Bürger Roms vorstellen zu können. Er läßt seinen Helden prahlen, er sei römischer Bürger von Geburt an, der ihn verhörende Offizier hingegen habe das Bürgerrecht für teures Geld erst kaufen müssen. Und schon Jahre vorher, in Philippi, hätten sich Beamte bei Paulus für die ihm wider Recht und Gesetz zugefügte Unbill entschuldigen und ihn persönlich aus dem Gefängnis führen müssen, da er römischer Bürger und damit anders als andere Bewohner der Provinz war.[153] Daß Paulus zu den Auserwählten Roms gehörte, war nicht sein Verdienst. Sein Vater hatte ihm das Bürgerrecht vererbt, das er selbst oder seine Vorfahren vermutlich als ehemalige Sklaven eines römischen Herrn im Moment ihrer Freilassung erhalten hatten. Trotzdem: Sein Biograph Lukas hielt es für wichtig, denn er kannte die Privilegien römischer Bürger und rühmte sie, obwohl er wie sein Held Angehöriger einer verfolgten und verachteten Minderheit war. Für sie zählten die privat- und prozeßrechtlichen Vorteile wenig; weit mehr bedeutete das öffentliche Ansehen, das den *civis Romanus* über die graue Masse der provinzialen Untertanen hinaushob und ihn dem Kreis der Herren der Welt zugesellte.

Dort hatte nur Zutritt, wer sich als Provinziale um Rom und den Kaiser verdient gemacht hatte, sei es als Soldat im Krieg, sei es als loyaler Angehöriger der Oberschicht. Das Bürgerrecht zeichnete ihn aus, nahm ihn aber zugleich in die Pflicht, forderte für immer den Dienst an Rom. Paulus, der nur die eine, die glanzvolle Seite der Medaille liebte und die andere seinem Gott zuliebe verschmähte, starb denn auch nicht von ungefähr durch das Schwert eines römischen Henkers. Er hatte mit vielen seiner Glaubensgenossen dem Imperium den schuldigen Gehorsam angedient, dem Kaiser aber verweigert, was des Kaisers war: die bedingungslose Loyalität.

Die Auszeichnung mit dem Bürgerrecht als Lohn für erwiesene und als Verpflichtung zur beständigen Treue hat Rom immer als unverzichtbaren Teil seiner Herrschaftspolitik verstanden und die sich daraus ergebende Konsequenz, die ständige Ausweitung des Kreises der Bürger, gutgeheißen – auch dann, wenn es bedeutete, die höchste Macht im Senat mit den Familien vormals besiegter Barbaren zu teilen. »Meine Vorfahren«, rief im Jahre 47 n. Chr. Kaiser Claudius dem Senat zu, als die Nachfahren der gallischen Häuptlinge, die mit Vercingetorix gegen Caesar und Rom vergeblich um ihre Freiheit gekämpft hatten, ihre Aufnahme in den Senat begehrten: »Meine Vorfahren mahnen mich, nach den gleichen Grundsätzen bei der Staatsführung zu verfahren, indem ich hierher versetze, was sich irgendwo hervorgetan hat.« Denn Rom sei mächtig geworden, weil es seit den Tagen des ersten Königs Romulus seine Gegner »am selben Tag als Feinde und dann als Bürger behandelte«, und nur diese Politik führe auch jetzt zu dem ersehnten

Ziel, »daß nicht nur einzelne von Fall zu Fall, sondern ganze Länder und Völker im römischen Bürgerrecht zu einer Einheit zusammenwüchsen«.[154]

Es war das eherne Gesetz der Herrschaft, das Claudius beschwörend seinen um ihre Exklusivität bangenden Senatoren vortrug: Dauer konnte dem Imperium nur gegeben sein, wenn die politisch und sozial führenden Schichten der Unterworfenen die durch die Eroberung geschaffene neue Ordnung anerkannten und allein auf sie ihre zukünftigen Hoffnungen und Energien richteten. Denn nur dann waren die Kräfte zu zügeln, die das Reich von innen bedrohten: das Mißverhältnis der Zahl zwischen Siegern und Besiegten, die Weite des Raumes, die Heterogenität der Beherrschten und die Mängel eines Herrschaftssystems, das über keinen flächendeckenden Beamtenapparat verfügen konnte.

Die Eliten der Provinzialen haben das Angebot angenommen und – es hätte früher oder später den Zusammenbruch des Imperiums bewirkt, wäre es anders gekommen – darauf verzichtet, ihre Zukunft selbst zu formulieren und im Widerstand gegen den Eroberer durchzusetzen. Sie haben es auch dort getan, wo es die Unterdrückung ihrer Sprache und Sitten und die völlige Veränderung ihrer tradierten Lebensumstände bedeutete. Sie waren dazu bereit, weil der römische Weg in die Zukunft ihrem adligen Ehrgeiz mehr Chancen zu einer hoffnungsvollen politischen und sozialen Existenz eröffnete als verschloß. Unter Claudius war der für die Getreideversorgung *(annona)* zuständige Präfekt ein in Arles geborener Reeder; sein Vater, berichtet Plinius, der ihn kannte, sei noch mit Tierfellen bekleidet gewesen; seine Tochter heiratete den lange Jahre wichtigsten Berater Neros: Seneca.[155] Gewiß hatten nur wenige das Zeug zu einer solchen Karriere, aber träumen konnte jeder davon, ohne als Narr verlacht zu werden.

Rom hat mit dieser Politik den Gegensatz von Siegern und Besiegten in den sozialen Raum verschoben, wo er wenig Sprengkraft entfalten konnte. *Civis Romanus* bezeichnete einen privilegierten Rechtsstand, der reichsweit zum Kennzeichen der sozial tonangebenden Schichten geworden war, die in ihren Heimatstädten alle politischen Ämter beanspruchten und sich in Krisenzeiten der Unterstützung des römischen Statthalters sicher waren. Der Bauer und die städtischen Unterschichten wurden auf ihre Arbeit zurückgedrängt, und ihre politische Mitsprache unterband man gezielt – gegebenenfalls durch neue Verfassungen. Wer gesellschaftlich etwas gelten wollte, hatte sich zuvor mit dem Sieger verständigt. Aber auch dem kleinen Mann öffnete das Vergabeprinzip der Belohnung für erwiesene Dienste den Zugang zum Bürgerrecht. Vor allem der Militärdienst in den Auxilien verschaffte nach 20 bis 25 Jahren das begehrte Privileg: Es zog den gerechten Schlußstrich unter eine harte Schule der Romanisierung und der Loyalität zu Kaiser und Reich. Als am Ende im Jahre 212 n. Chr. Caracalla (Kaiser von 211 bis 217 n. Chr.) mit der *Constitutio Antoniniana* das Bürgerrecht an die gesamte freie Reichsbevölkerung vergab, bezeugte dies das Ausmaß an Zustimmung, das die Herrschaft Roms in allen Provinzen gefunden hatte.[156]

Die Spielregeln des öffentlichen und privaten Lebens

Das Verhältnis von Stadt und Land

Die Antike war in ihrer wirtschaftlichen Produktion wie nahezu alle vorindustriellen Gesellschaften im wesentlichen agrarisch. Im Gegensatz dazu war die politische, religiöse und soziale Ordnung städtisch, und der einzelne bestimmte seinen Status als Bürger in der Stadt. Dort konzentrierte sich die politische Macht, und dort befand sich das Vermögen auch dann, wenn es auf den Erträgen der Landwirtschaft beruhte, so daß die politisch tonangebenden Schichten zumeist als Grundrentner lebten. Es war ohne jede Bedeutung, ob das Territorium der Stadt klein oder groß war, ob eine Mauer sie umschloß, ob ein Hafen den Weg aufs Meer wies oder Theater Spielpläne aushängten. Alles dies konnte, mußte aber nicht sein. Unverzichtbar hingegen war der innere Zusammenhalt der Bürger, ihr fester Wille, in ihrer Gemeinde den Mittelpunkt des Lebens zu sehen.

Die Stadt umfaßte das städtische Siedlungszentrum, ebenso jedoch das dazugehörige Land. Daher konnte es keinen Rechtsunterschied geben zwischen denen, die in der Stadt, und denen, die in der näheren Umgebung oder auf dem Lande lebten. Athener zum Beispiel war in den Jahrhunderten vor wie nach Christus der Bauer im südlichen Attika ebenso wie der Bewohner des Stadtviertels unterhalb des Burgberges. Über allen stand das Gesetz, das des Kaisers ebenso wie das selbst gegebene. Diese Vereinbarung ist im Grunde so alt wie die Stadtstaaten des Mittelmeerraums und dort in den frühen Zeiten der sozialen Not aus der Einsicht geboren worden, nur mit ihrer Hilfe den auf Tod und Leben verfeindeten Parteien ein Miteinander ermöglichen zu können. Alle in Staat und Gesellschaft auftretenden Probleme, so lautete der lange vor der Weltherrschaft Roms gefundene kleinste gemeinsame Nenner, müssen einem geschriebenen und für jedermann gültigen Gesetz unterworfen werden; dieses ist seinem Wesen nach interpretier- und korrigierbar, wenn die Vernunft oder die gesellschaftlichen Konflikte dies fordern. Die Griechen waren auf diese Erfindung sehr stolz: »Die Spartaner«, erklärte der aus seiner Heimat verbannte spartanische König Demaratos dem verdutzten Großkönig Xerxes, »sind zwar frei, aber nicht in allem. Über ihnen steht nämlich das Gesetz als Herr, das sie viel mehr fürchten als deine Untertanen dich.«[157] So blieb es bis zum Untergang der Antike.

Noblesse oblige: Die Wohltaten der Vornehmen und der Jubel der Menge

Das gesellschaftliche und politische Leben gehorchte drei unumstößlichen und erstaunlich konstanten Grundregeln: Die öffentliche Gemeinschaft war unendlich wichtiger als die private Existenz, allein der Besitz qualifizierte für die öffentlichen Ämter, und der wie immer erworbene Reichtum schuf durch die noble Art, ihn auszugeben, gesellschaftliche Macht und Anerkennung. Die Kehrseite dieser Regeln ist nicht minder klar: Der Vornehme achtete auf Exklusivität und soziale Distanz, er mehrte seinen Besitz mit allen Mitteln, und seine väterliche Fürsorge bedeutete immer auch Befehl und Gehorsam.

Alle Ämter hielten in den Provinzen die stadtsässigen Grundherrn in Händen, die den Dekurionenstand *(ordo decurionum)* bildeten. Ihre soziale Herkunft konnte ganz verschieden sein. In den großen Städten ragten zunächst die Senatoren und Ritter heraus, die nach längerer Bewährung im Dienst des Kaisers in ihre Heimatstädte zurückkehrten, um dort als Bürgermeister oder Mitglieder des Stadtrates zeitlebens für ihre Bürger zu sorgen und sich von ihnen ehren zu lassen. Ihre Lebensläufe sind sich alle ähnlich: Militärdienst, Kommandostellen an wechselnden Fronten, Leiter der Finanzverwaltungen verschiedener Provinzen, Kommandeur einer Legion, zivile Ämter in Rom und schließlich die triumphale Heimkehr und der Sitz im Stadtrat.

Ansonsten regelte das Geld den Zugang zum Stand der Honoratioren. In den bedeutenden Gemeinden mußte es natürlich mehr sein als in den Kleinstädten: In Como etwa öffneten sich die Türen in den Sitzungsaal des Stadtrates erst für einen Mann, der 100 000 Sesterzen nachwies; in den nordafrikanischen Städten unweit der Küste taten es auch 20 000. Beide Summen nahmen sich bescheiden aus im Vergleich zu den wirklich großen Vermögen, die Senatoren oder auch geschäftstüchtige Freigelassene ihren glücklichen Erben vermachten: Plinius weiß von einem Testament eines ehemaligen Sklaven, der unter Augustus 3600 Paar Ochsen und 4116 Sklaven sein eigen nannte, mit denen sich weit über 100 000 Morgen Land bewirtschaften ließen; das hinterlassene Barvermögen betrug 60 Millionen Sesterzen.[158] Dies waren Reichtümer, die nur ein Weltreich gewähren konnte: Sie überstiegen die größten privaten Vermögen, die englische Familien im 17. Jahrhundert häuften, um das 30- bis 40fache.

Alle diese Besitztümer, die zumeist den über Generationen angehäuften Gewinn einer extensiv betriebenen Landwirtschaft repräsentierten, verlangten nach einem spendablen Umgang. Ein Mann von Ehre war »vornehm von Geburt, reich an Vermögen und ausgezeichnet durch Freigiebigkeit«.[159] »Der Staatsmann«, mahnte denn auch Plutarch, »darf bei den herkömmlichen Spenden nicht kleinlich sein. Das Volk haßt den Reichen, der nichts gibt, mehr als den Armen, der öffentliche Gelder entwendet. Denn es spürt bei dem einen Stolz und Verachtung, doch bei dem anderen dringende Not.«[160] Wer von solchen Lehren nichts hielt oder zu wenig tat, verfiel der gesellschaftlichen Ächtung wie der alte Geizhals, dessen Leichnam das Volk mit dem Strick um den Hals durch die Gassen Roms schleifte, oder der ehemalige Offizier, der in seiner Heimatstadt Pollentia erst dann ordentlich bestattet werden konnte, nachdem seine Familie dem versammelten Ort, der den Zugang zum Scheiterhaufen versperrte, ein feierliches Leichenspektakel gelobt hatte.[161] Die Belehrung war drastisch, aber zwingend: Denn das soziale Prestige und damit auch das schlichte Selbstverständnis eines Vornehmen hingen von noblen Gesten ab, die als Wohltaten *(beneficia)* geleistet und gewertet wurden. Die Gemeinde Como etwa konnte mit der Großzügigkeit ihres Bürgers Plinius (gest. 113) zufrieden sein: Er hatte Thermen und eine Bibliothek gestiftet und für ihren Unterhalt gesorgt, die Speisung der Armen gesichert und 500 000 Sesterzen für den Unterhalt von Jungen und Mädchen hinterlegt.[162] Er hatte damit genau erfüllt, was das uralte Rollenspiel von Nehmen und Geben forderte: Wohltaten, welche die materielle Not der Bevölkerung lindern halfen, und vor allem Spenden, die den Glanz der Stadt als Ganzes mehrten. Denn sie und ihre öffentlichen Gebäude sollten eine Oase des Entzückens in dem Meer ländlicher Trostlosigkeit sein und den Ruhm ihrer Großen zu den Sternen tragen.

Im Grunde war dies ein simples System – solange es funktionierte: Die auf dem Land erwirtschafteten Überschüsse wurden in den Städten umgesetzt. Bauten, Spiele und Gelder ergossen sich wie aus einem unerschöpflichen Füllhorn über ihre Bürger. Den Profit hatten vom Baumeister bis zum Zuckerbäcker, der den Kuchen für die Festlichkeiten der hohen Herren lieferte, alle, die mehr oder anderes taten, als nur ihr Land zu bestellen. Aber auch die sozial Schwachen in den Städten lebten davon: Arbeiten als Tagelöhner waren allemal zu haben, und im übrigen existierte man von den Spenden der Mächtigen.

Der Dank war die uneingeschränkte Bewunderung und Anerkennung der politischen und finanziellen Macht der Großen – auch wenn sie im Vergleich zu Plinius und den Mächtigen des senatorischen Reichsadels nur kümmerliche Zwerge waren. »Magerius, Magerius! Dein Beispiel möge Schule machen«, jubelte die Menge im Circus des tunesischen Smirat, als auf Kosten des vornehmen

Magerius vier Gladiatoren gegen vier Leoparden antraten und die Begeisterung kein Ende nehmen wollte: »Die alten Wohltäter sollen sich schämen! Wann und wo hat es so etwas gegeben? Dein Schauspiel ist würdig der Hauptstadt Rom! Du spendest aus eigener Tasche! Dieser Tag ist dein großer Tag! Magerius heißt der edle Spender! Das ist wahrer Reichtum! Das ist wahre Macht!« Dies war nun wirklich ein Tag so recht nach dem Herzen des Magerius. Um die Erinnerung daran der Nachwelt zu erhalten, ließ er den Kampf der Gladiatoren und das ausgesetzte Preisgeld auf einem Mosaik im Vorzimmer seines Hauses verewigen und mit den Beifallsrufen der Menge verzieren.[163] Denn er hatte bewiesen, daß er seiner Vorfahren würdig war und seinen Reichtum zu Recht besaß, hatte er ihn doch für das allgemeine Wohl genutzt und das Seine getan, damit seine Stadt von allen anderen beneidet wurde. Für Tage wie diesen hatte er gelebt wie alle seine Standesgenossen, die im Jubelsturm der Menge auf dem Gipfel ihrer sozialen Existenz und ihres persönlichen Glücks angekommen waren: »Als der Wohltäter, der sie alle zusammengebracht hatte, vor die Menge hintritt, erheben sich alle von ihren Plätzen und begrüßen ihn mit lautem Jubel. Wie aus einem Munde lassen sie ihn als Schutzherrn und Herrscher ihrer Vaterstadt hochleben und strecken den Arm zum Gruße aus [...]. Sie nennen ihn den Nil der Wohltätigkeiten und sagen, daß er mit seinen großzügigen Geschenken wie der Ozean unter den Gewässern sei.« Der Kirchenvater Johannes Chrysostomos, der derlei als Hoffart geißelte, ergänzte zornig, daß alle Standesgenossen des so geehrten Vornehmen heimlich beteten, einst möge auch für sie der Tag dämmern, an dem Tausende im Theater von ihren Sitzen aufsprängen, um sie jubelnd als Wohltäter und Väter der Stadt zu begrüßen.[164]

War dieser Tag tatsächlich gekommen, so mußten die Nachgeborenen von ihm erfahren. Also schlug der Glückliche in Stein und verkündete auf den großen Plätzen der Stadt und schließlich auf seinem Grab, was der Erinnerung wert war. Im lykischen Kyaneae ließ Jason, der stolze Sohn des Nicostratus, gar eine Felswand glätten, um dort eine lange Liste von Ehrungen zu verewigen, die ihm dankbare lykische Städte zugesprochen hatten. In der Nachbarschaft, in Rhodiapolis, huldigte ein gewisser Opramoas seiner Sucht nach zeitloser Anerkennung mit dem bizarren Einfall, sein Mausoleum mit den Dankesbriefen von Kaisern und Statthaltern für seine Großmut zu schmücken: So konnten die Besucher zwölf Briefe von Antoninus Pius und weitere 17 von römischen Amtsträgern auf dem Grab eines nun sehr stillen Mannes lesen.[165]

Alle Aufwendungen waren immer auch Ausdruck des Ringens der Städte um das größte Prestige in der Provinz oder im Imperium. Die eine Tagesreise entfernt liegende Stadt war nicht der Nachbar, sondern der Konkurrent. »Papa, haben die anderen Städte auch so einen großen Mond wie wir?« konnte ein Kind seinen Vater fragen und enthüllte mit kindlicher Unschuld, daß seine Eltern in ihrer Heimatstadt einen eigenen Kosmos sahen.[166] Ihn galt es zu schmücken und zu preisen. »Alle Städte sind nur Städte im Verhältnis zu dem Gebiet, in dem sie liegen. Im Verhältnis zu Alexandria aber sind sie alle Dörfer, denn Alexandria ist die Stadt der ganzen zivilisierten Welt«, heißt es stolz in einem Papyrus aus dem 1. nachchristlichen Jahrhundert, und Aelius Aristides schwärmt von der zweitgrößten Stadt des Erdkreises, die »durch Schätze erstrahlte wie das Diadem am Hals einer reichen Frau«.[167] Dem Wetteifer der Städte untereinander um die prächtigste Ausstattung, die schönsten Spiele und Feste und die sonstigen Dinge, in denen sich der feste aristokratische Wille manifestierte, immer der erste zu sein, setzte sich innerhalb der Stadtmauern fort. Dort rangen die Vornehmen um ihren Platz in der adligen Hierarchie, und ihr Einsatz war der Reichtum. Dies war nicht immer so gewesen. Bevor sich die schwere Hand Roms auf die Städte legte, band den großen Herrn an seine Bürgerschaft, daß er ihr als Offizier und Feldherr gedient hatte. Dies war längst nur noch Erinnerung: »Wenn für die Städte das größte Glück in Frieden und Freiheit, in Ernteglück und Kindersegen und in Eintracht begründet liegt«, dozierte gerne Plutarch, »dann benötigen die Staaten für die Erhaltung des Friedens in der heutigen Zeit keine kriegerischen Führer mehr, da jeder Gedanke an Krieg unter den Griechen oder mit auswärtigen Völkern dahin ist.«[168] Nun bedurfte es anderer Tugenden, nun entschied die Art und Weise, in der der Reichtum für das öffentliche Wohl eingesetzt wurde, über das Prestige innerhalb der Gesellschaft. Das

Geld ersetzte das Blut, und die noble Geste, große Erbschaften, glänzende Heiraten und kaiserliche Auszeichnungen erhielten die gleiche Bedeutung wie früher erfolgreiche Kriegszüge.

Das tägliche Brot

Nutznießer des über Jahrhunderte kontinuierlichen Stroms von Geschenken waren nicht alle Bedürftigen, sondern die Bürger der Stadt, gleichgültig ob reich oder arm. Diese achteten eifersüchtig auf ihre Privilegien und protestierten mit lautem Geschrei, wenn sich bei der Verteilung von Lebensmittelspenden ein Unbefugter zwischen sie drängte. Die Bauern hatten von alledem die Last, denn es waren die von ihnen erwirtschafteten Überschüsse, von denen die Städte lebten. In diesem Licht besehen verdankten ihre Bürger, deren Leistungen der europäischen Erinnerung für viele Jahrhunderte Bewunderung und Verehrung abnötigten, alles jenem Millionenheer von namenlosen Bauern, das niemals den großen Aufstand gegen ihre Ausbeuter wagte, sondern häufig mit der Faust in der Tasche zusah, wie kaiserliche Beamte, durchziehende Truppen und die Städter an sich rissen, was immer sie brauchen konnten. Galen, Leibarzt des Mark Aurel (Kaiser von 161 bis 180 n. Chr.), sah, wie die Bauern hungerten, nachdem ihre besten Erträge gleich nach der Ernte in die Städte geschleppt worden waren: »Die Stadtbewohner transportierten, wie es bei ihnen üblich war, allen Weizen, die gesamte Gerste, die Bohnen und Linsen ab und ließen den Bauern nur verschiedene Hülsenfruchtarten übrig.« Nachdem sie alles dies verzehrt hatten, so schließt Galen seinen traurigen Bericht, aßen die Bauern im Frühjahr Zweige, Baumwurzeln und Pflanzenzwiebeln und kochten frisches Gras.[169] So war es gewiß nicht jedes Jahr, und gewiß beherrschten die Bauern die Kunst des Überlebens besser, als sich Galen träumen ließ; wer von ihnen Bürger war, ging ohnehin in die Stadt und gesellte sich zu denen, die in den Genuß kostenloser oder verbilligter Lebensmittel kamen.

Nur wenige von ihnen waren in der Kaiserzeit noch Eigentümer ihres Hofes; die meisten arbeiteten als Pächter *(coloni)*, da sich die

Großgüter kontinuierlich ausdehnten. Der erste Aufkäufer von Land war der Kaiser, dem darüber hinaus der von seinen Gegnern konfiszierte Grundbesitz und Ländereien durch Testament zufielen; im 2. nachchristlichen Jahrhundert nahmen die kaiserlichen Güter vor allem in Italien, Nordafrika und den Ländern des Westens bereits den Umfang ganzer Provinzen ein. Dem Kaiser folgte der Senator, der reich gewordene Ritter, der fleißige Freigelassene mit Fortune, ja selbst der erfolgreiche Handwerksmeister oder Kaufmann: Sie alle steckten ihr Kapital nicht in Betriebe, sondern kauften Land. Das Leben selbst eines kleinen Grundherrn war begehrenswerter als die Existenz eines noch so gewaltigen Bauunternehmers oder Fabrikanten. Denn nur der Eigentümer von Land galt etwas, und nur er konnte hoffen, eines Tages selbst zur Elite seiner Stadt gezählt zu werden. »Von allen Erwerbsarten ist die Landwirtschaft die beste, die ergiebigste und angenehmste, die des freien Mannes würdigste«, hatte Cicero doziert; wenige Lehren sind so eisern befolgt worden wie diese.[170]

Großgrundbesitz war nicht identisch mit einheitlicher, geschlossener Bewirtschaftung. Der plantagenartig wirtschaftende Großbetrieb der späten Republik, der für einen größeren Markt als den einheimischen produzierte, blieb in der Regel Episode. Seine Rentabilität, ohnehin nur bei bestimmten Anbauarten oder bei Viehwirtschaft gegeben, stand und fiel mit der billigen Arbeitskraft von Sklaven. Ihr Preis stieg, als nach Augustus die großen Kriege endeten und die Zahl der Kriegsgefangenen abnahm. Der Familienbetrieb wurde wieder die rentabelste Form des Wirtschaftens, und das ökonomische Leitbild blieb der von einer bäuerlichen Familie bestellte Hof. In der Praxis bedeutete dies, daß der um seine Rendite besorgte Grundherr sein Land an Kleinbauern verpachtete oder es bei der Neuerwerbung den dort ansässigen Bauern beließ und mit ihnen einen Pachtvertrag schloß. Die kleine, aber sichere Rendite des Pachtzinses oder der Naturallieferungen schien allemal besser als kostspielige Experimente mit teuren Sklaven oder neuen Anbauprodukten. So zerfielen die Großgüter in eine Vielzahl kleiner Höfe, auf denen der Bauer – in welcher Rechtsstellung auch immer – wie eh und je seinen Pflug führte.

Das Gebet um das tägliche Brot erhörten die Götter nicht immer und schon gar nicht für jedermann. In Platää, berichtet Apuleius, hätten sich die Armen der Stadt den verhungerten Bauch mit den Kadavern verendeter Tiere vollgeschlagen.[171] In Antiochia, erzählt der griechische Redner Libanios (314–393 n. Chr.), sei, als der Regen ausblieb und die Ernte vertrocknete, der Brotpreis so schnell gestiegen, daß Unruhen ausbrachen; daraufhin habe der Statthalter zur Beruhigung der aufgebrachten Menge die Bäcker auspeitschen lassen – was die Regale der Backstuben am nächsten Morgen auch nicht füllte.[172] In der Hauptstadt Rom, die wie später Konstantinopel auf die pünktliche Ankunft der Getreideschiffe aus Übersee angewiesen war, brachen häufiger Hungerrevolten aus; von dem zu seiner Zeit zuständigen Stadtpräfekten Tertullus erzählt der Geschichtsschreiber Ammianus (330–395 n. Chr.), er habe einer tobenden Volksmenge seine kleinen Söhne entgegengestreckt und unter Tränen gerufen: »Seht eure Mitbürger, die dasselbe Schicksal erdulden wie ihr.«[173]

Nachrichten wie diese ließen sich beliebig mehren. Sie sprechen weniger von anhaltenden Versorgungsproblemen als von der Reizbarkeit des Proletariats in den Großstädten, das von Kaiser, Senatoren und Notabeln erwartete, ihnen das Leben angenehm, unterhaltsam und sorgenfrei zu machen. Dies zerrte schon bei den kleinsten Versorgungsengpässen an den Nerven, zumal die Kaiser sich an die Stadträte hielten und ihnen die schlechte Versorgung oder das Ansteigen des Brotpreises anlasteten. Und waren es nicht die Kaiser, so reichten in Windeseile verbreitete Gerüchte, um die Menge in Wallung und auf die Straße zu bringen. 375 n. Chr. steckte der römische Mob, als der Weinpreis in die Höhe schnellte, in Trastevere, jenseits des Tibers, das Stadtpalais des Senators Symmachus in Brand, weil er nach der Aussage eines Plebejers gesagt haben soll, »er wolle seinen Wein lieber zum Kalklöschen gebrauchen, als ihn zu dem vom Volk erhofften Preis zu verkaufen«.[174] Dies war des Guten zuviel, und der hochwohlgeborene Herr begab sich auf seine Landgüter. Von dort aber mußten ihn der Senat und das reuige Volk schon bald zurückholen: Ohne ihn, den väterlichen Patron, ging es eben auch nicht.

Das Bedürfnis nach öffentlicher Gemeinschaft

Öffentlicher und privater Raum

Solcher Patrone konnten sich nur die Weltstädte des Imperiums rühmen, und nur sie lassen sich mit modernen vergleichen: Die Bevölkerung von Konstantinopel, Antiochia, Alexandria und Karthago zählte nach Hunderttausenden, Trier, Lyon, Mailand, Köln, Paris, London und die Metropolen der Provinz Asia nach Zehntausenden. Rom, die Hauptstadt des Reiches und die Residenz des Kaisers, erreichte unter Augustus rund eine Million Einwohner; bis ins 18. Jahrhundert ist keine andere Stadt der Welt je wieder so groß geworden. Die meisten Städte nahmen jedoch nur den Umfang einer heutigen Dorfmark ein, bei der die Felder in Reichweite der Siedlung liegen; dort lebten zwischen 4000 und 7000 Menschen.

Die Folge dieser kleinen und überschaubaren Lebensformen war, daß alle Bürger gesellschaftlich (häufig auch persönlich) miteinander verbunden waren. Politik und Privatleben durchdrangen einander ganz selbstverständlich, Freund- und Feindschaften äußerten und entluden sich im alltäglichen Miteinander auf beiden Ebenen. Private Händel der großen Familien verglich Plutarch gar mit Feuersbrünsten, die in Privathäusern entstanden und ganze Städte zugrunde richteten: »Es sind nicht immer Streitigkeiten über öffentliche Angelegenheiten, die den Aufruhr in Städten entzünden, sondern oft verbreiten sich private Zänkereien und Beleidigungen im Volk und erschüttern eine ganze Stadt.«[175] Plutarch nennt Beispiele für seine Furcht, und sie klingen wie in Shakespeares Romeo und Julia die Geschichte vom Streit der Montagues und Capulets: Da ist der Bräutigam, der seine Braut am Hochzeitstag angeblich wegen eines bösen Omens verläßt und vom tief gekränkten Vater der Verschmähten als vermeintlicher Dieb vom Felsen herabgestürzt wird; die daraufhin ausbrechende blutige Familienfehde endet erst, als die Stadtväter von Delphi den rasenden Schwiegervater und seine Anhänger töten und ihr Vermögen einziehen lassen. Und da sind zwei Freunde, die zu Todfeinden werden, als der eine das Vertrauen des anderen ausnutzt und dessen Lieblingsknaben notzüchtigt, worauf dieser die Frau seines Freundes zum Ehebruch verführt; Mord und Totschlag folgen und bringen die Stadt an den Rand des Bürgerkrieges. »Solche Privatfeindschaften«, mahnt Plutarch eindringlich, »verbreiten sich wie Krankheiten; der Staatsmann darf sie also nicht leichtnehmen, sondern muß beizeiten zugreifen und das Übel auf jede erdenkliche Weise unterdrücken.« Diese Sorgen beweisen, daß die antiken Notabeln ihren mittelalterlichen Nachfahren weit mehr als den Staatsbeamten der Neuzeit glichen. Wie jene waren auch sie latent bereit, ihre Städte zu Turnierfeldern der Macht und der Rache zu machen, von denen in Genua, Bologna, Siena und anderswo die Geschlechtertürme zeugen; daß es sie in den Städten des Imperiums nicht gab, lag allein an der starken Hand des römischen Herren, der private Fehden nicht duldete und jeden aus der Stadt warf, der Händel austragen wollte.

Solche Geschichten zeigen, daß das politische und gesellschaftliche Leben in der Stadt viel intensiver als in den frühen Dorf- oder Stammesgemeinschaften war: In den engen Gassen der Stadt wurde ständig über alles und jedes, vor allem aber über Politik und Religion räsoniert und palavert. So war es im demokratischen Athen, so war es Hunderte Jahre später in Konstantinopel. Diese Stadt, jammerte im Juni 383 der indignierte Bischof Gregor von Nyssa, sei voll von Banausen, Händlern, Kleinkrämern, Hausdienern und entlaufenen Sklaven, die an jeder Hausecke theologische Lehren vortrügen: »Gehe ich in einen Laden und frage, wieviel ich zu zahlen habe, dann bekomme ich zur Antwort einen philosophischen Vortrag über den gezeugten oder nicht gezeugten Sohn des Vaters. Erkundige ich mich in einer Bäckerei nach dem Brotpreis, so antwortet mir der Bäcker: Der Vater ist ohne Zweifel größer als der Sohn. Und frage ich in den Thermen, ob ich ein Bad bekommen kann, dann versucht mir der Bademeister zu beweisen, daß der Sohn ohne Zweifel aus dem Nichts hervorgegangen sei.«[176] Jeder, der sich in diese oder andere Kontroversen stürzte, verglich unwillkürlich die eigenen Fähigkeiten mit denen der anderen oder wetteiferte mit- und gegeneinander. Dabei lernte man unaufhörlich und nahm die Grenzen wahr, die die eigene von anderen Lebensformen trennte. Denn auf der Welt, soweit man sie erforscht hatte, waren es nur die Bewohner des Imperiums, die in Städten lebten – auch dort, wo sich seit Augustus die Herrschaft Roms gefährlich weit über das Mittelmeerbecken hinaus ausgedehnt hatte.

Die öffentlichen Pflichten der Eliten verlangten in jeder Sekunde ihrer privaten Existenz die Beachtung bestimmter Verhaltensmuster. Denn ihre Macht, sollte sie Bestand haben, mußte täglich neu erworben und öffentlich zur Schau gestellt werden. Wer sich in die Politik stürzte, tat es ganz und gar. Vor allem hatte der große Mann in den Augen des kleinen einem bestimmten Bild von Rechtschaffenheit zu entsprechen. Noch Plutarch hat es seinen jungen Schülern, die als Politiker groß werden wollten, unverblümt in ihre Merkhefte diktiert und ihnen gesagt, daß sie sich als erstes daran gewöhnen müßten, wie auf einer offenen Bühne zu leben, wo künftig jedermann ihr Leben mit mißtrauischen Augen betrachten werde: »Bei Staatsmännern werden nicht bloß das öffentliche Wort und die Tat zur Rechenschaft gezogen, sondern ihre Tafel, ihr Bett, ihr Ehestand, ihre Freuden und Geschäfte sind der Neugierde des Volkes ausgesetzt. Pompeius Magnus wurde von seinen Feinden so scharf beobachtet, daß man ihn verlästerte, nur weil er sich den Kopf mit einem Finger kratzte.«[177] Am besten schreibe sich jeder, endet Plutarch, die Geschichte vom braven Volkstribunen Livius Drusus ins Stammbuch; dieser hätte einem Baumeister, der sich erboten habe, für fünf Talente sein nach allen Seiten hin offenes Haus in ein geschlossenes umzubauen, milde erklärt: »Ich will dir zehn Talente geben, wenn du mein ganzes Haus so durchsichtig machst, daß alle Bürger sehen können, wie ich lebe.«

Drusus kannte seine Nachbarn, und er wußte, sie würden Tag und Nacht die Nasen an seine und die Fenster seiner Standesgenossen pressen und sich zum Richter seines privaten Verhaltens machen. Also galt es als erstes, eine Disziplin des Benehmens und des Sprechens einzustudieren und jede Geste, jede Blickwendung, ja jeden Atemzug sorgfältig zu kontrollieren. Jede übermäßige Beschäftigung mit dem eigenen Körper war verpönt. Denn wer dessen Wünschen nachgab, zuviel aß und trank oder allzu häufig flüchtige Liebesaffären suchte, war zügellos wie das gemeine Volk und damit zur Leitung der Stadt unfähig. Niemand durfte von der genauen Beobachtung und der Kritik ausgenommen werden, nicht einmal der Kaiser oder Senator. Alle waren Rechenschaft schuldig, und alle gaben sie. Augustus machte die Schande seiner Tochter Julia öffentlich und legte dem Senat brieflich das Vorgefallene dar,[178] der Senator Arruntius Stella ließ im öffentlich vorgetragenen Hochzeitsgedicht sagen, daß seine zügellose Liebe zu seiner langjährigen Geliebten Violentilla sich nun endlich »den Gesetzen gefügt hat und sich den Zaum hat anlegen lassen«.[179] Für den Vornehmen gab es kein Privatleben, und die Zensur der öffentlichen Meinung war rauh und unerbittlich und keineswegs nur eine Sache von Spaßvögeln, die ihrem Ruf alle Ehre machen mußten. In jedem Augenblick ging es um die Wahrung des Führungsanspruches einer Elite, die allein die Loyalität der breiten Volksmassen sichern konnte.

Die christliche Definition des Öffentlichen

Die Niederlegung aller Schranken zwischen dem privaten und dem öffentlichen Raum erhielt in den wachsenden christlichen Gemeinden eine neue Dimension. In ihrer sozial und politisch gefährdeten Welt waltete die Sorge um den Bestand der Gemeinde als oberstes Gebot. Um es zu erfüllen, predigte der Klerus die vollständige Offenheit des Individuums vor Gott und dem Bischof und definierte sie als den natürlichen Zustand des Menschen. So war es nicht der Staat, sondern die religiöse Gemeinschaft, die sich als erste Institution des Privaten ganz und gar bemächtigte; als Gegenleistung bot sie die Erfüllung des leuchtenden Wunschbildes der Solidarität aller – ob arm oder reich, König oder Bettler. Ihr überzeugender Ausdruck wurde die Praxis des Almosenspendens, die der Pflicht der alten Eliten zum Unterhalt ihrer Stadt ein neues Modell, das der Solidarität der Besitzenden mit den Habenichtsen, entgegenstellte.

Damit wurde zugleich ein neuer öffentlicher Raum geboren, der die Stadt in dieser Funktion früher oder später entbehrlich machte und das Leben des einzelnen und der Familie neuen Regeln unterwarf. Dazu zählte, daß die Grenzen innerhalb der Gesellschaft nunmehr von der Sünde gezogen wurden, denn die vom Bischof verhängte öffentliche Buße – bis hin zum Akt der Verstoßung des schuldig Gewordenen – bedrohte den kleinen wie den großen Mann. Dazu zählte auch, daß hoch und niedrig nach neuen Kriterien eingeteilt wurden: Mit dem Leben davongekommene Märtyrer, heilige Männer oder Frauen, Bischöfe und Priester und ehelose Frauen rangierten vor den verheirateten Laien. Dazu zählte schließlich, daß nicht mehr das Bürgerrecht, sondern die Armut die Tür zu den Wohltaten der Mächtigen öffnete: »Alle Armen nannten Marcellus ihren Schutzherrn, und sein Haus wurde das Haus der Pilger und Armen genannt.«[180] Ein neues Gesetz der Begründung von öffentlicher Macht war damit verabschiedet: Die Vornehmen verschafften sich Ansehen und Würde durch ihre Sorge um die Armen – unterschiedslos diesseits und jenseits der Stadtgrenzen, gleichgültig, ob diese Bürger oder Fremde waren. In den Jahren des 4. Jahrhunderts beanspruchten auch die Mönche ihren Platz in der von Gott gesegneten kirchlichen Hierarchie: Gemeinsam mit dem anonymen Heer der Armen bildeten sie eine neue, universale Klasse, die in der Stadt ebenso wie auf dem Dorf zu Hause war und hier wie dort auf die Barmherzigkeit Gottes und der Menschen hoffte.

Die Allmacht des Kaisers und das Selbstbewußtsein des Bürgers

»Ein Leben in Frieden und Eintracht«, urteilte am Ende des 1. Jahrhunderts n. Chr. Plutarch über die Zustände der Zeit. Es ist keine frohe und schon gar keine dankbare Stimme, die wir hören. Denn sie fährt fort: »Einen anderen Kampfpreis hat das Schicksal uns nicht mehr vergönnt.«[181] Die griechische Intelligenz der Zeit scheint sich in diesem Urteil einig gewesen zu sein. Denn in der Sache gleich, im Ton nur schärfer als Plutarch urteilte Dion Chrysostomos, Freund des Trajan (Kaiser von 98 bis 117 n. Chr.) und weithin bekannter Redner aus dem bithynischen Prusa: »Den Vorfahren war es noch möglich, ihre Tüchtigkeit auf vielen anderen Gebieten zu beweisen: Sie konnten eine führende Stellung unter den anderen einnehmen, den Bedrängten helfen, Bundesgenossen erwerben, Städte gründen, Kriege gewinnen. Ihr aber könnt nichts mehr von alldem tun. Nach meiner Meinung bleibt euch nur übrig, euch selbst zu leiten, eure Stadt zu verwalten, diesen oder jenen zu ehren und ihm Beifall zu klatschen, im Rat zu sitzen, das Recht zu pflegen, den Göttern zu opfern und Feste zu feiern.« So wird ihm denn auch der Streit der Städte, in dem es früher um die Macht in Griechenland ging, zum grotesken Spiel um große Theater und schöne Springbrunnen: »Wer heutzutage die Zänkereien und Anlässe zur Feindschaft sieht, wird sich schämen, denn es sind die Streitereien von Sklaven, die sich mit ihresgleichen um Ansehen und erste Plätze zanken.«[182] Man muß weit zurückblicken, um diesen Ausbruch eines Mannes zu verstehen, der zu den Ersten des Weltreiches zählte und alle Ehrungen und Reichtümer genoß, die es ihm mit vollen Händen reichte.

Seit es Städte im Mittelmeerraum gab, nahm der Bürger an den Kulten, am Krieg und an der Politik teil. Wie er es tat und mit welchem Erfolg, entschied über seinen sozialen Rang. Das Weltreich hat dieses Gesetz nicht gebrochen, wohl aber seine einzelnen Regeln neu gewichtet. In den Großstädten traf es zuerst die Kult- und Opfergemeinschaft. Sie verlor angesichts von monströsen Altären und herrschaftlichen Spektakeln, welche um ihre Reputation besorgte Kaiser und Statthalter inszenierten, ihre soziale Funktion. Das Zeremoniell des Opfers, das die Bürger zum gemeinsamen Mahl vor dem Tempel einlud, stellte keine Solidarität zwischen Arm und Reich mehr her oder grenzte Fremde und Bürger voneinander ab. Es wurde entweder Teil des privaten Lebens oder ging unter in staatlichen Aktionen großen Ausmaßes, welche die Loyalität der Untertanen gegenüber Kaiser und Reich demonstrieren sollten. Wer vor den neu errichteten Tempeln römischer Kaiser oder der vergöttlichten Roma niederkniete, ehrte Andachtsbilder der Macht, aber keine Götter, die er liebte und von denen er Zuneigung und Hilfe erwartete.

Und vor allem: Der Raum der Politik gefror. Änderungen ließ der Sieger nicht mehr zu. Organisation und Verwaltung fielen ausschließlich in die Hände lokaler Notabeln, die, getragen vom Wohlwollen der römischen Gouverneure, der Legitimation ihrer Macht durch die Wahl der Bürger sicher sein konnten. Allzuviel Demokratie gefährdete nur die innere Festigkeit der sozialen und politischen Ordnung – also ließ Rom sie gar nicht erst zu. Die Statthalter überwachten denn auch peinlich genau, daß die Unterschiede der Stände nicht in Frage gestellt wurden: »Sind diese verwischt«, ermahnt Plinius den Statthalter der Baetica, »dann ist nichts ungleicher als gerade diese Gleichheit«, und daher sei es die erste Aufgabe des römischen Herren, »die Honoratioren an sich heranzuziehen und die Zustimmung der Geringeren zu gewinnen, ohne damit die Wertschätzung der Großen zu verspielen«.[183] Die Folgen dieser Politik waren nicht gewollt, aber absehbar: Die Volksversammlungen tagten nicht mehr, die städtischen Institutionen droschen leeres Stroh, und die Gerichte verloren ihre wichtigen Fälle an die Statthalter.

Hinzu kam eine Entfremdung der städtischen Eliten von ihren Bürgern, die sich aus der schieren Existenz des Imperiums ergab, das treue Dienste um Rom mit dem Bürgerrecht belohnte: Die einen wollten mehr sein als die Herren in Athen, Malaga oder Köln; sie griffen nach der glanzvollen Karriere eines Offiziers oder kaiserlichen Beamten, träumten vom Senat und der Nähe zum Zentrum der Macht. Die anderen blieben in der Heimat, traten aber ihren Mitbürgern nicht mehr nur als sozial Überlegene gegenüber, sondern als Teil der Siegermacht, deren Interessen verpflichtender wurden als die Tradition der Heimatstadt.

So zog sich auch der kleine Mann gerne dorthin zurück, wo er neue soziale Bindungen finden konnte und niemand seine private Geselligkeit störte: in die Vereine *(collegia)*. Ihre Gründung war nicht einfach, da der Senat oder der Kaiser zustimmen mußten und die Mitglieder nicht autorisierter Kollegien als potentielle Majestätsverbrecher Kopf und Kragen riskierten. Geradezu erwünscht waren allerdings Korporationen, deren Ziele staatlichen Bedürfnissen entgegenkamen oder die Mitglieder zu Aufgaben verpflichteten, die der Staat selbst nicht leisten konnte. Dazu zählten die Feuerwehrleute und die Handels- und Transportarbeiter, die die Versorgung Roms und der übrigen Hauptstädte sicherten und damit das Ihre taten, um die latent unruhigen Ballungszentren bei Laune zu halten.

Neben diesen der Stadt und dem Kaiser nützlichen Zünften existierte eine Unzahl von Vereinen der kleine Leute *(collegia tenuiorum)*. Ihnen gestattete ein um 50 n. Chr. ergangener Senatsbeschluß die Gründung, wenn als Ziel der Vereinigung die Sicherung eines angemessenen Begräbnisses der Mitglieder eingetragen wurde.[184] Dahinter ließ sich vieles verbergen; letztlich ging es immer um die Schaffung eines gesellschaftlichen Mittelpunktes, eines Ortes also, an dem man sich unbeschwert mit seinesgleichen amüsierte, über Seligkeit und Not des Alltags palavern konnte, die Kinder unter die Haube brachte und die Toten auf ihrem letzten Gang vor die Tore der Stadt begleitete, um an ihrem Grab den Göttern zu opfern und gemeinsam zu essen. Beiträge, private Spenden reicher Bürger oder Erbschaften ermöglichten darüber hinaus die Unterstützung der in Not geratenen Mitglieder. Den Umtriebigen gewährte die aktive Teilnahme am Vereinsleben zudem die Chance, im kleinen Rahmen das Spiel des großen Mannes zu spielen und Ansehen zu gewinnen.

Damit entwickelten sich Hierarchie und Organisation, damit näherte sich das Vereinsleben in seinen äußeren Erscheinungsformen der Tätigkeit städtischer Würdenträger an. Spätestens jetzt wird deutlich, daß die Kollegien einen gewissen Ersatz für die verlorene politische Mitsprache bildeten. Wer unterhalb der Notabeln durch Betriebsamkeit und Initiative sein Sozialprestige mehren wollte, wurde Vereinsvorsitzender. So nahmen in der Rangordnung der Stadt die Vereine nach den Dekurionen und den Priestern des Kaiserkults den dritten Platz ein und genossen das Wohlwollen der kaiserlichen Administration, wenn sie ihre politische Harmlosigkeit erst einmal bewiesen hatten. Denn wer anerkannt wird, schwimmt nicht gegen den Strom. Kontrollierbare Loyalität hieß das Zauberwort, nach dem Rom seine Herrschaftspolitik ausrichtete. Ihr dienten nun auch die Vereine der kleinen Leute, nachdem die für den Kaiserkult zuständigen Kollegien der Augustales vor allem die reich gewordenen Freigelassenen in den Städten eingebunden und ihren nach sozialer Respektabilität strebenden Führern klar begrenzte Bahnen der Bewährung geöffnet hatten.

Theater und Stadien blieben die einzigen Orte, um den Mächtigen zuzustimmen oder ihnen die Faust zu zeigen. Denn das dort versammelte Publikum verkörperte die Stadt. Reihe für Reihe saßen dort alle sozialen Schichten, und die Inschriften, die sie in die Bänke ritzten, sprechen von Ordnung und Privilegien: So waren im

Amphitheater von Nîmes 40 Ehrensitze für die Vereinigung der Rhône- und Saôneschiffer reserviert, die auch den Öl- und Weinhandel kontrollierten, während im Theater des karischen Aphrodisias neben den Anhängern der Blauen und der Grünen Zirkuspartei die Metzger, Gerber, Goldschmiede und Gärtner eigene Sitze beanspruchten.[185] Brüllten sie gemeinsam, waren sie ein ernster Gegner. Schon ihr Schweigen bei der Ankunft des Statthalters brachte diesen zum Zittern, denn in den Augen des fernen, aber wachsamen Rom hatte er seine Untertanen nicht glücklich, sondern aufsässig gemacht und damit seine Aufgabe, die Provinz ruhig zu halten, verfehlt. Beifall und Mißfallen galten jedoch nicht der Politik – die machten andere. Was Juvenal der römischen Plebs vorwarf, traf alle: »Das Volk, welches früher den Oberbefehl, die Fasces, die Legionen, kurz alles verlieh, hält sich jetzt zurück und wünscht sich nur noch zwei Dinge: Brot und Spiele.«[186] Der Hohn des Satirikers zielte auf einfache Menschen. Aber sie hatten nach Berufsgruppen und Vereinen geordnet im Theater Platz genommen und damit auf ihre Weise kundgetan, daß sie dazugehörten und selbstbewußter Teil der Stadt waren.

Die barbarische Gegenwelt

»Fremde, wer seid ihr?«

Zu allen Zeiten war der Fremde eher Feind als Freund. Denn allzuoft kam er als Eindringling, häufig gar als Räuber. »Fremde, wer seid ihr?«, raunzte der einäugige Kyklop Polyphem, als er den Helden Odysseus und eine Handvoll Männer in seiner Höhle überraschte. »Woher kommt ihr die feuchten Pfade gefahren? eines Geschäftes wegen? oder schweift ihr nur so hin über die Salzflut wie Seeräuber, die da umher ziehen und ihr Leben wagen, um Anderen Böses zu bringen?«[187] Odysseus erklärte, flehte schließlich um Gnade: Umsonst, er war mit seinen Gefährten einem Menschenfresser in die Hände gefallen.

Aber selbst wer als Fremder freundlich aufgenommen wurde, hatte es schwer. Er sprach unverständlich, war Barbar, da die Laute, die er ausstieß, wie das Lallen von Kindern, wie »bar-barbar« klangen und seine Lebensart der eigenen fernlag. Denn jeder Grieche war sich gewiß, einer einzigartigen Kultur anzugehören; alle verband nach den Worten Herodots »die Gemeinsamkeit der Heiligtümer, der Opferfeste und Lebensweise«.[188] Haß oder gar Rassismus folgte daraus zunächst nicht. Selbst dann nicht, als Fremde mit Krieg drohten und Land, Städte und Frauen der Griechen begehrten. So rührte Homer seine Zuhörer im 8. Jahrhundert v. Chr. noch mit der Einsicht, daß nicht Sieg oder Niederlage über den Wert eines Menschen entschieden. Denn er sang mit der gleichen Inbrunst von den Taten der Besiegten wie von den Leiden der Sieger. Hektor galt ihm so groß wie Achill, und die Karer mit der stammelnden Sprache der Barbaren erschienen ihm kühn und gesittet wie alle Helden des Ringens um Troja.

Lange blieb dieser Gedanke, daß dem überwundenen Fremden im Urteil seines Gegners Gerechtigkeit widerfahren muß, kanonisch. Noch um 420 v. Chr. schrieb Herodot seine Geschichte des griechischen Sieges über die Perser, um »die großen und wunderbaren Taten der Griechen und der Barbaren« zu schildern, und 50 Jahre früher hatte Aischylos die Athener an den Hof des unterlegenen persischen Großkönigs geführt, um im dortigen Jammer das ganze Ausmaß des griechischen Sieges von Salamis und seine Folgen auf die Bühne zu bringen. Beide, Aischylos und Herodot, wußten, daß dem Menschen die Götter als undurchschaubare Macht gegenüberstanden und ihn nach Belieben zum Spielball höherer Fügung machen konnten. Beide kannten die Selbstgefälligkeit des Siegers nicht, beide überfiel selbst im Augenblick des Triumphes nur die Einsicht in die Vergänglichkeit menschlicher Taten: »Ich weiß«, schrieb Herodot, »daß Größe und Herrlichkeit nicht beständig sind; so will ich denn der Schicksale beider Völker in gleicher Weise gedenken.«[189]

Jahrzehnte später sah alles ganz anders aus. Die Kriege gegen die Perser machten einen Gegensatz bewußt, der den Griechen die überraschende Niederlage des doch so allmächtigen Weltreiches überzeugend erklären konnte: hier Freiheit, dort Despotie. Mit der Peitsche, so erzählte man gerne an athenischen Stammtischen, hätten die persischen Offiziere ihre Soldaten in den Kampf gezwungen, und wer das persische Hofzeremoniell studiert hatte, fügte verächtlich hinzu, der Großkönig fordere die Proskynese, einen Fußfall, den Menschen allenfalls den Göttern schuldeten. Die historische Erfahrung und der Vergleich der politischen Ordnung hoben den Gegensatz zwischen Grieche und Barbar in eine neue Dimension und deklassierten die gesamte Menschheit außerhalb Griechenlands: Frei und gleich, triumphierten die Griechen, seien nur sie, denn nur bei ihnen gälten Gesetze, nur sie kannten die Pflicht der Regierenden, Rechenschaft abzulegen über alles, was sie tun. Unterschiede zwischen Perser oder Thraker, zwischen Skythe oder Ägypter wurden jetzt nicht mehr gemacht. Barbaren waren sie alle, und alle verhielten sich gleich: »Er ist Sklave, aber wir sind frei!«[190]

Was die Erfahrung lehrte, konnte der Natur nicht widersprechen. Auch nach ihrem Willen, formulierte es Platon provokativ, seien die Griechen ein eigenes Geschlecht, und es entarte, je mehr es sich mit Barbaren mische. Jeder Krieg zwischen ihnen sei daher ein unnatürlicher Bruderzwist *(stasis)*, und er dürfe nur unter größter Schonung der Besiegten geführt werden; der Krieg gegen die Barbaren hingegen sei von Natur aus gerecht und sollte mit aller Härte geführt werden.[191] Die Griechen, so lautete die logische Schlußfolgerung, müßten daher ihre Feindschaften wie Krankheiten kurieren und sich gegen die Barbaren wenden, mit denen sie doch »von Natur aus« *(physei)* im Krieg lägen. Auf diesen Sätzen liegt auch die Vorahnung eines großen Krieges im Osten, die tiefe Schatten warf: »Glaube mir«, schrieb der fast hundertjährige Isokrates 338 v. Chr. an den makedonischen König Philipp, »dein Ruhm wird erst dann unübertrefflich sein, wenn du die Barbaren gezwungen hast, den Hellenen als Heloten zu dienen.«[192]

Aristoteles (384–322 v. Chr.) verschärfte den Gedanken noch: Die Natur verdamme die Barbaren nicht nur zur Minderwertigkeit, sondern auch zur Sklaverei. Das Warum aufzuspüren war ihm und anderen unter der Sonne des Mittelmeeres nicht schwergefallen: Die geographische Mittellage, welche die Griechen zwischen den Völkern des kalten Nordens und den Großreichen Asiens beanspruchten, sei dafür verantwortlich. Die einen hätten im Norden wohl den Mut, nicht aber die Fähigkeit zum Denken gelernt, die anderen im Osten wohl das Denken, nicht aber den Mut. Das Geschlecht der Griechen hingegen, in der Mitte zwischen beiden gelegen, vereinige auch die Vorzüge beider und sei mutig und zugleich klug. Daher sei es auch allein frei und »würde die Herrschaft über alle Völker zu gewinnen imstande sein, wenn es zu einem einzigen Staat verbunden wäre«.[193] Da ist sie, die Vision von der Einheit der Besten, ausgezeichnet durch Freiheit und staatliche Ordnung, berufen zur Herrschaft und von Natur aus erhoben über alle anderen: »Von Natur aus sind Barbar und Sklave dasselbe«, so daß jeder Krieg gegen sie gerecht sei, da er gegen Menschen geführt werde, »welche durch die Natur zum Regiertwerden bestimmt sind«.[194]

Alles dies war als Aufruf zur Expansion les- und interpretierbar. Der alte, immer unerfüllt gebliebene Traum vom Ende der innergriechischen Fehden mutierte zur Voraussetzung eines gerechten und von der Natur geforderten Kampfes gegen den persischen Großkönig. Dort, wo diese politische Dimension – Friede den Griechen und Krieg den Barbaren des Ostens – fehlte, wurde die Sicht der Philosophen differenzierter. Ohnehin war die Einsicht der Sophisten schwer zu widerlegen, die Natur zeige eine andere Wirklichkeit als die, die sich die Menschen durch Gesetz und Konventionen gäben. So seien Griechen, Barbaren und Sklaven von Natur aus gleich, und nur die von Menschen geschaffene soziale und politische Ordnung trenne zwischen Herr und Sklave.[195] Die Historiker kamen zu demselben Schluß und taten das Ihre, um den Glauben an eine naturhafte Teilung der Welt zu erschüttern. In der griechischen Frühgeschichte diagnostizierte Thukydides (gest. um 400 v. Chr.) Sitten und Verhaltensweisen, die seine Zeit als »barbarisch« klassifizierte: »Es ließe sich an vielen Beispielen zeigen, wie das alte Hellenentum nach der gleichen Sitte lebte wie die heutigen Barbaren.«[196] Daher konnte es nur die historische Entwicklung der griechischen Stadtkultur gewesen sein, die die Griechen zu ihrer einmaligen Existenz führte.

Einig war man sich allerdings in einem zentralen Punkt: Den Barbaren fehlte die Bildung, die einen Menschen erst zum Menschen macht. Als den Philosophen Aristipp, erzählte eine auch in Rom gern gehörte Anekdote, ein Schiffbruch unsanft an den Strand von Rhodos warf, habe er in den Sand gezeichnete geometrische Figuren entdeckt: »Laßt uns glücklich sein«, rief er, »ich sehe Spuren von Menschen.«[197] Für ihn definierte die Bildung die Grenze zwischen Mensch und Barbar. Sie aber war überwindbar, denn sie gründete auf einen Defekt, der heilbar war, wenn die Griechen nur bereit waren, ihrer Wißbegierde keine Zügel anzulegen und jedermann an ihren Einsichten teilhaben zu lassen. Grieche war dann jeder Gebildete, gleich wo er herkam, der Rest war und blieb roher Barbar.

Die Erfolge Alexanders schienen jeder Position Recht zu geben. Nach zehn Jahren Krieg und Eroberung besaß die griechische Lebensform die erträumte Weltgeltung, wuchs das östliche Mittelmeer mit seinen Randgebieten für 1000 Jahre zu einem einheitlichen Kulturraum zusammen. Die Herren dort waren jedoch bald keine Griechen mehr: Seit 200 v. Chr. überquerten die Legionen Roms die Adria, drangen unaufhaltsam nach Osten vor und zerstörten den Wahn, die Natur, die Geschichte, die Bildung oder die

Götter hätten allein die Griechen ausgezeichnet. Besiegt und gedemütigt blieb ihnen nur der Stolz: Als Barbaren beschimpften die Nachfahren des Isokrates die, vor denen sie kapitulierten, und das Herrschaftssystem, dem sie sich beugen mußten, nannten sie primitiv. Da half es dem römischen Eroberer nichts, daß seine Söhne Griechisch paukten und vor den Werken der griechischen Gelehrten und Künstler ebenso willig niederfielen wie der besiegte Grieche vor dem Stiefel des Legionärs: Für lange Zeit galten sie als Barbaren, und kein Grieche dachte daran, ihre Sprache zu lernen.

Dabei konnte es nicht bleiben. Denn den Weg zur Verständigung erzwang bereits die Unabwendbarkeit des römischen Machtanspruches, den seit Augustus nur noch Verzweifelte und Narren bekämpften. Trotzdem wurden sich die Kontrahenten erst im 2. Jahrhundert n. Chr. einig: Von jetzt an bildeten im allgemeinen Verständnis Griechen und Römer gemeinsam den kultivierten Teil der Menschheit, dem die Welt der Barbaren gegenüberstand. Diese war bunt und vielfältig, unzugänglich und bedrückend, und sie flankierte im Süden wie im Norden das Reich der Zivilisation: »Im Lande der Araber und Sarazenen«, schrieb kurz nach 200 Bardesanes, »im oberen Libyen, bei den Mauretaniern, im Lande der Numider, an der Mündung des Ozeans, im äußeren Germanien, im oberen Sarmatien, in Spanien, in allen Ländern nördlich von Pontos, im ganzen Reich der Alanen, bei den Albaniern, in den Ländern jenseits des Oxus, da sieht niemand Maler oder Bildhauer oder Salbenhändler, da gibt es keine Geldwechsler und Dichter.«[198]

Bardesanes war ein syrischer Edelmann aus Edessa, ein Mann mit komplexer Bildung, Philosoph und Christ dazu, der in seinem Werk vom Atlantik bis nach China blickte und die Herrlichkeiten des städtischen Lebens zum Kriterium der Grenzziehung zwischen Wüste und Kultur machte. Seine Heimat lag am Nordrand des fruchtbaren Halbmondes, und ihre Bewohner lebten zwischen zwei Reichen, dem persischen und dem römischen. Ihre Perspektiven reichten denn auch vom Mittelmeer bis nach Mittelasien. Dort, von Andalusien bis nach Turkestan, in der Lichterkette alter, von Griechen, Römern und Persern kultivierter Länder, war es – gemessen an dem, was jenseits davon lag – eine Lust zu leben.

Rom und die Barbaren des Nordens

Herrendünkel und Zivilisationskritik

Wohin der Blick auch reichte: Es war ein düsteres und unwegsames Land, das sich jenseits von Rhein und Donau dehnte. »Mustere alle Völker, bei denen Roms Friede endet«, schauderte es Seneca (4 v. – 65 n. Chr.), obwohl er Land und Leute nur vom Hörensagen kannte: »die Germanen meine ich und was sich an der unteren Donau an Nomadenvölkern herumtreibt: ständiger Winter, trüber Himmel lastet auf ihnen, widerwillig ernährt sie unfruchtbarer Boden, gegen Regen schützen sie sich mit Stroh und Laub.«[199] Es sind – zumal in dieser Häufung – gewiß liebgewordene Klischees seiner Zeit, die der stoische Philosoph vorträgt, und alle, die an sie glaubten, kamen von den Küsten des Lichts oder hatten ihre Städte gesehen. Trotzdem waren sie nicht falsch: Eine Reise nach Mitteleuropa oder gar ein längerer Aufenthalt in den Garnisonen des Nordens erschien vielen Bewohnern des Mittelmeerraumes ganz zu Recht als Strafe der Götter. Sie hatte auch den Senator und Historiker Cassius Dio aus Bithynien getroffen, den der Befehl des Kaisers als Statthalter Oberpannoniens an die Donau verschlug. Glücklich heimgekehrt, nannte er ohne Umschweife das Ausmaß seines Unglücks: Die dortigen Einwohner, schrieb er, »führen von allen Menschen das erbärmlichste Leben. Denn was Boden und Klima angeht, haben sie es schlecht: Sie pflanzen keine Ölbäume und erzeugen auch keinen Wein.«[200]

Solche Menschen glichen eher Löwen und Wölfen, weil sie sich nicht beugen können, und ihnen mochte niemand trauen. Sie zu bessern bestand ohnehin wenig Hoffnung. »Denn das Wesen derer«, schrieb Seneca, »die in den kalten Gegenden wohnen, nach Norden zu, ist unzähmbar, ist ihrem Klima sehr ähnlich.« Im übrigen sei es auch gar nicht wünschenswert, das Werk der Zivilisation voranzutreiben: »Gib ihnen rationales Denken *(ratio)*, gib ihnen Disziplin *(disciplina)*«, also das, was Rom vorläufig noch seine Überlegenheit sichert, »so werden wir uns gewiß auf die alten römischen Sitten besinnen müssen.«[201]

Auch Tacitus sah in seiner 98 n. Chr. geschriebenen kleinen

Schrift »Germania« als erstes den von Regenwolken verhangenen Himmel über Germanien: »Im ganzen schaurig durch seine Urwälder oder häßlich durch seine Moore und unfreundlich im Anbau und Aussehen«, lautete bündig sein Urteil über das Land, von dem schon Caesar gesagt hatte, ein Reisender könne dort 60 Tage ohne Gepäck ostwärts unterwegs sein, ohne je ein Ende zu sehen.[202] Aber es war weit mehr als die Lebensfeindlichkeit der Natur, die Tacitus Furcht und Abscheu einflößte. »Es ist allgemein bekannt, daß die Völker Germaniens nicht in Städten leben«, dozierte er, und ihre Häuser stießen auch nicht aneinander, von einer Anordnung in Straßen und Plätze ganz zu schweigen: »Sie siedeln in einzelnen, voneinander weit abliegenden Gehöften, je nachdem wie ihnen ein Quell, ein Feld oder ein Hain gefällt.«[203] Es ist dies keine exakte, aus eigener Kennerschaft oder gar Anschauung gewonnene Beschreibung germanischer Lebensverhältnisse. Der Leser soll darüber das eine oder andere erfahren – gewiß. Weit wichtiger aber ist, daß er den Unterschied zwischen wild und zivilisiert, zwischen Nordbarbar und mediterranem Bürger begreift.

Dieser wohnt in Städten, jener kennt keine planmäßig angelegten Siedlungen, keine höhere Baukunst, keine Formen menschenwürdiger Kommunikation. Dieser lebt im Schutz von Recht und Ordnung an einem mit Tempeln, Theatern und Foren geschmückten Ort, jener vegetiert in kümmerlichen Verhältnissen, haust in Hütten oder mit Mist gedeckten Erdlöchern und vagabundiert von hier nach dort. Strabon (63 v. – 19 n. Chr.) sieht ihn vor sich: »Gemeinsam ist diesen Stämmen [gemeint sind die im Flußgebiet des Mains siedelnden Sueben] die Neigung zum Ortswechsel, was sich aus ihrer einfachen Lebensweise erklärt: Sie betreiben weder Akkerbau noch Vorratswirtschaft, sondern wohnen in Hütten und leben von der Hand in den Mund, [...] und so können sie es den Nomaden gleichtun, indem sie ihr Hab und Gut auf Karren laden und mit ihren Herden dorthin ziehen, wo es ihnen beliebt.«[204]

Es ist das tiefe Mißtrauen des Seßhaften gegen den Nomaden, das Strabon die Feder führt. Aber auch der Barbar, der einer ungastlichen Natur im Schweiße seines Angesichts Feldfrüchte abrang und feste Wohnsitze baute, durfte nicht hoffen, daß ein Römer eine ihm fremde Lebenswirklichkeit und ihre Voraussetzungen zu würdigen wußte. Plinius, der im Jahre 47 n. Chr. an einem Feldzug gegen die chaukischen Friesen teilgenommen hatte, erinnerte sich nach seiner Rückkehr an die armseligen Lebensbedingungen in den dortigen baum- und strauchlosen Seemarschen und rang die Hände über Menschen, die in ihren Pfahlbauten bei Flut wie Segelschiffer, bei Ebbe wie Schiffbrüchige sitzen, weder Vieh halten noch Milch von ihren Nachbarn kaufen können, »ja nicht einmal mit wilden Tieren kämpfen, da weit und breit jedes Strauchwerk fehlt«. Wenn diese Stämme, so endet sein Bericht, in dem Glauben lebten, vom römischen Volk beherrscht zu werden bedeute Sklaverei, schulde ihnen Rom nichts außer Mitleid.[205] Zur Kultur, so lautet die hochmütige Lehre, zähle mehr als Seßhaftigkeit; wer dazugehören wolle, müsse auch gelernt haben zu gehorchen.

Dies allerdings, fährt Tacitus in seinen Überlegungen fort, wollten die Germanen um keinen Preis. So wie sie lebten, in den Tiefen der Wälder und fern jeder Stadt, hätten sie sich ihre altehrwürdigen Tugenden bewahren können. In ihrer höchsten Form entdeckte er diese Tugenden am Rand der Welt: Dort lebten die Fennen, Anwohner der Ostsee und des Nordmeeres, in abstoßender Wildheit und Armut von der Jagd, ohne Waffen, ohne Pferde, ohne Häuser. Ihre Nahrung bestehe aus Kräutern, die Kleidung aus Tierhäuten, ihr Lager sei der Erdboden. Und doch: »Sie halten dieses Leben für glücklicher, als bei der Feldarbeit zu seufzen, sich mit Häusern zu plagen, in Furcht und Erwartung um eigenes und fremdes Gut besorgt zu sein. Unbekümmert um Menschen, unbekümmert um Götter haben sie das Schwerste erreicht: völlige Wunschlosigkeit.«[206]

Diesen Menschen gehört die Freiheit, sagt Tacitus, und er meint nicht die Freiheit wilder Tiere, sondern die naturverbundener Menschen. In ihren Ländern gräbt niemand nach Gold oder Silber, so daß ihnen dieser verderbliche Luxus erspart bleibt; in deutlichem Gegensatz zu den Sitten des verkommenen Rom werden sie nicht durch opulente Gastmähler verdorben oder in der Arena verführt; ihre Nahrung ist einfach, sie begnügen sich mit einer einzigen Frau, Ehebruch gibt es kaum, und die Mütter stillen ihre Kinder selber, anstatt sie Ammen zu überlassen. Es ist die Vitalität der Unschuld, der dieses Preislied gilt. Sie schenkt Nachkommen von harter Zähigkeit und gewaltiger Statur: »Sie besitzen alle dasselbe Aussehen: trotzige, blaue Augen, rotblondes Haar und hünenhafte Leiber, die freilich nur zum Angriff taugen.« Im öffentlichen Leben schließlich existieren keine ausgeklügelten Standesunterschiede, und es herrschen spontane Formen der Gastlichkeit: »Einem Menschen, gleich welchem, kein Obdach zu bieten, gilt als Unrecht.«[207]

Es ist keine Idylle und schon gar kein romantisches Arkadien, was Tacitus in den Hütten Germaniens entdeckt. Es ist vielmehr eine harte Lebensschule voll instinkthafter Gewohnheiten, die zugleich die Kraftquelle des Widerstandes gegen Rom ist: Seit etwa »210 Jahren siegen wir über Germanien, und noch in jüngster Zeit haben wir mehr Triumphe über sie gefeiert als sie wirklich besiegt«.[208] Es ist aber auch die mit Abscheu und Bewunderung beschriebene Gegenwelt zu Rom. Dort erwürgen die Caesaren die Freiheit, und die Laster ersticken die alten Tugenden; hier, unter der trüben Sonne des Nordens, blühen Freiheit und Tapferkeit: Marmor gegen Holz, Gold gegen Eisen.

Tacitus liebte den erhobenen Zeigefinger. Er wollte das, was er über die Germanen in Erfahrung bringen konnte, nicht zu einer objektiven Beschreibung der Barbaren nutzen. Weit wichtiger war ihm, seinen römischen Zeitgenossen die Germanen als Spiegel ihrer für immer verlorenen Unschuld vor Augen zu halten. Am Ende verwandelte seine Prosa selbst den in Rom meistgehaßten Sieger über eine römische Armee, einen meuternden römischen Offizier, der, um König möglichst vieler Germanenstämme zu werden, drei Legionen ins Verderben lockte, in einen Hüter untergegangener Ideale, in einen kühnen und seine Heimat über alles liebenden Helden:

»Arminius, ohne Zweifel der Befreier Germaniens, der das römische Volk nicht, wie andere Könige und Anführer, in den Frühzeiten, sondern das Imperium auf dem Höhepunkt herausforderte, bei schwankendem Schlachtenglück, im Kriege unbesiegt, seines Alters siebenunddreißig Jahre, von denen er zwölf sich an der Macht hielt, von den Barbaren noch heute in Liedern besungen, unbekannt den griechischen Historikern, die nur das Eigenste bewundern, ohne gerechten Ruhm auch bei den Römern, die wir die alten Zeiten verherrlichen, von den modernen zu wissen unbegierig.«[209] In Germanien, das solche Helden gebar, mußte sich das Schicksal Roms entscheiden – da war sich Tacitus sicher. Dort war für ihn der Ort, an dem die Römer erfahren würden, woraus sie wirklich gemacht waren.

Die Lehren der historischen Erfahrung

Die Welt der Worte ist selten auch die der Taten. Und es sind keine nüchternen Kaufleute oder Militärs, die so urteilen. Diese hatten die Welt gesehen und gelernt, wie gefährlich es war, Vorgefaßtes zum Maßstab des Handelns zu machen. Ihnen war keineswegs verborgen geblieben, daß Westeuropa anders war als Afrika: Tauchten hier an den Grenzen Nomaden auf, unstet wie Staub im Wind, so wohnten dort vornehmlich seßhafte Bauern, diesseits wie jenseits der römischen Grenzen redlich bemüht, der schweren Erde Nahrung abzuringen und die Viehherden fett zu halten. Als im 4. Jahrhundert n. Chr. die Hunnen über sie herfielen, baten sie als erstes um Aufnahme in das Imperium: Auch sie waren Ackerbauern, die unter ihresgleichen überleben und nicht im Dienste eines Nomadenfürsten einem unbekannten Schicksal entgegenziehen wollten.

Bis es soweit war, kauften die römischen Garnisonen, die an Rhein und Donau in Festungen zusammengepfercht wurden, das benötigte Vieh und Getreide auch jenseits der Grenzen; der Kaufmann, der dort Geschäfte machte, handelte alles und jedes mit jedermann, und der römische General schloß Abkommen mit den germanischen Nachbarn, wann immer es opportun war. Friedenstiftende Diplomatie ist erfinderisch. So lockte die römische mit dem, was die germanischen Stämme aus eigener Kraft nicht schafften: staatliche Festigkeit. Im Jahre 47 n. Chr. erbaten die Cherusker, deren Adel sich in inneren Kämpfen aufgerieben hatte, von Rom einen König. Sie fanden Gehör und erhielten einen gewissen Italicus, einen Mann adligen Geblüts, der als cheruskische Geisel in Italien aufgewachsen und dort vorsorglich römisch und germanisch erzogen worden war. Der Kaiser ermahnte den Scheidenden, der reichlich mit Geld und einer Leibwache ausgestattet wurde, »er gehe nicht als Geisel, sondern als römischer Bürger, um einen Thron in fremdem Lande zu besteigen«.[210] Beide Seiten sahen ihren Vorteil: Die Cherusker wollten das Ende der mörderischen Fehden, die ihr Volk ins Elend gestürzt hatten, Rom hoffte auf die dauernde Loyalität eines römisch erzogenen oder beeinflußten Häuptlings, der nun von Roms Gnaden das königliche Diadem trug, das Arminius zeitlebens heiß und vergeblich begehrt hatte.

Diese und andere Entscheidungen Roms entsprangen nüchternem Kalkül und der Einsicht, daß dort, wo Waffen nichts ausrichten, die Kunst der Diplomaten noch lange nicht am Ende sein muß. Dabei ließ sich Rom weder von seiner eigenen Herrschaftsideologie blenden, noch verlor es angesichts neuer Probleme seine Handlungsfähigkeit. Die Energien, die seine Politiker auf eine genaue Erfassung einer ihnen fremden Welt verwandten, wurden durch keine Vorurteile abgelenkt. Die Art und Weise, in der Caesar seine Erkenntnisse über die Sueben – für ihn die Germanen schlechthin – gewann und formulierte, blieb richtungweisend: Es kam weniger darauf an zu wissen, was sich überhaupt in Erfahrung bringen ließ; vielmehr galt es, alles zu begreifen, was für das richtige politische Verhalten gegenüber einem derartigen Gegner nützlich war.[211]

Herrendünkel und kulturelle Überheblichkeit zeigten sich davon wenig beeindruckt. Aber sie kosteten Lehrgeld. Einer, der es zu zahlen hatte und den es das Leben kostete, war der unglückliche Varus, der mit seinen Legionen in den germanischen Wäldern umkam, weil ihn eine Revolte seiner Auxilien überrumpelte. Die römische Tradition hat das Bild dieses Mannes grob verzerrt und ihn zu einem Dummkopf degradiert, der durch eigene Schuld in die Falle tappte: »Menschen, an denen außer der Stimme und den Gliedern nichts Menschliches sei«, soll sein Urteil über die Germanen gelautet haben.[212]

Tatsächlich haben Männer dieses Kalibers nur selten die Leitlinien der praktischen Politik bestimmt. In ihr galten nur die historischen Erfahrungen und die Ansprüche eines Weltreiches. Es hatte seine Hoffnungen auf die Bezwingung Germaniens begraben müssen, als 9 n. Chr. meuternde germanische Auxiliarkohorten im Bündnis mit germanischen Stämmen drei Legionen aufrieben und mit diesem Sieg Kräfte des Widerstandes in Germanien entfesselten, die Rom nur unter gewaltigen Anstrengungen und mit großen eigenen Opfern hätte niederringen können. Tiberius (Kaiser von 14 bis 37 n. Chr.) hatte es in den Jahren 14 bis 17 n. Chr. noch einmal versucht, als auf seinen Befehl und unter dem Kommando des Thronfolgers Germanicus eine große Armee ins Herz der germanischen Gebiete vordrang, um den Makel der militärischen Demütigung im Teutoburger Wald zu tilgen. Dabei blieb es jedoch. Germanicus, der mit der Besessenheit eines Kriegers seinen Namen unsterblich machen und die Legionsadler Roms bis zur Elbe führen wollte, erhielt den Befehl zum Rückzug, als der Krieg Opfer forderte, die das Maß des Ertragbaren überstiegen und Sieg und Niederlage eins werden ließen.

Der alte Haudegen Caecina, erfahrenster General der Rheinarmee, wußte genau, worum es in jeder Minute dieses Krieges ging, und er fand auch das rechte Bild dazu: Eines Nachts, während er mit seinen Männern im Sumpf steckte und die umliegenden Höhen vom Triumphgeheul seiner Feinde widerhallten, sei ihm Quinctilius Varus erschienen, habe ihn gerufen und seine blutige Hand nach ihm ausgestreckt – ein Traumgesicht, das als Menetekel den ganzen Feldzug begleitete und auch den Kaiser im fernen Rom verfolgt haben muß.[213] Es sei nun genug der Verluste, mahnte Tiberius nach zwei Kriegsjahren den widerstrebenden Germanicus, der noch um einen Sommer bat, um den Krieg abschließen zu können, und er fügte hinzu, er selbst habe in Germanien »mehr durch kluges Verhandeln als durch Gewalt erreicht *[plura consilio quam vi perfecisse]*«; nun sei die Zeit gekommen, die Cherusker und alle anderen Rebellen ihren inneren Fehden zu überlassen.[214] So zog am 26. Mai 17 n. Chr. Germanicus nicht die Weser aufwärts, sondern als Triumphator durch Rom: Über die Cherusker, die Chatten, die Angrivarier und die anderen bis zur Elbe hin siedelnden Stämme habe er gesiegt, verkündeten die Siegesnachrichten, die seine Soldaten auf große Bilder gemalt hatten und im Triumphzug mitschleppten. Tatsächlich hatte keiner von ihnen die Elbe gesehen. Sie zu erreichen blieb ein unerfüllbarer Traum für sie und alle, die nach ihnen ihre Waffen nach Germanien trugen. Strabon, der seine Geographie um diese Zeit abgeschlossen haben muß, ließ denn auch an diesem Fluß die Welt enden, die im Westen von den Römern erschlossen wurde. Allmählich geriet er ganz in Vergessenheit.[215]

Aber auch für die Germanen war der Krieg unerträglich und der Frieden zur letzten Hoffnung geworden. Die Krieger der zum Kampf entschlossenen Häuptlinge, gewohnt nur an kurze Stammesfehden, verzweifelten an einem Kampf, der kein Ende und keine Gnade kannte: »Einen Raum von fünfzig Meilen ließ er mit Feuer und Schwert völlig verwüsten«, rühmt Tacitus seinen Helden Germanicus, um fortzufahren: »Nicht Geschlecht, nicht Alter brachte Erbarmen; weltliche Gebäude ebenso wie Heiligtümer [...] wurden dem Erdboden gleichgemacht.«[216] Gefangene wurden nicht gemacht. Man brauche keine, rief Germanicus seinen Legionären zu, allein die Vernichtung des ganzen Stammes werde dem Krieg ein Ende machen.[217] Unter diesem Druck sagten sich einige von den Führern des Widerstandes los und machten ihren Frieden mit dem unerbittlichen Gegner, der den Frontwechsel fürstlich zu belohnen versprach. Andere senkten erschöpft die Waffen: Zu oft waren ihre leicht gezimmerten Dörfer erstürmt, ihre Vorräte verbrannt und ihre Familien in die Wildnis gejagt worden, wo sie vor Hunger und durch die Unbilden der Natur rasch umkamen.

Nach 30 Kriegsjahren war Rom die Herrin Mitteleuropas. Germanien blieb frei und für viele Jahrhunderte Barbarenland. Denn alle weiteren Versuche Roms, östlich des Rheins Fuß zu fassen, brachten nur Teilerfolge. So gelang Domitian am Ober- und Mittelrhein ein Sieg über die Chatten und die Anlage fester Stützpunkte; in späteren Jahren trennte ein Grenzwall, der Limes, das eroberte und dicht besiedelte Land vom Neuwieder Becken bis in die Schwäbische Alb von den nur dünn besiedelten germanischen Gebieten. Am Ende krönte die Gründung der neuen Provinzen *Germania superior* und *inferior* ein Eroberungswerk, mit dem die römische Propaganda eilfertig den imperialen Herrschaftsanspruch über Germanien erfüllt sah: *Germania capta* hieß die offizielle Lesart. Wer immer dies in Rom geglaubt haben mag: Der Form, in die man den römischen Sendungsauftrag zu hüllen pflegte, war Genüge getan. Für die Zukunft sollte es kein germanisches Problem mehr geben. Wer jetzt nicht dazugehörte, fristete sein Dasein am Rand der Welt.

Rund zweieinhalb Jahrhunderte war Rom stark genug, alle Angriffe der Barbaren abzuwehren. Dies war nicht immer eigenes Verdienst gewesen: Es sei gut für die Römer, daß die Briten in so viele Stämme zerfallen, hatte Tacitus notiert und befriedigt festgestellt, daß sie sich nie auf eine gemeinsame Strategie hätten einigen können.[218] So war es auch an Rhein und Donau gewesen, bis der Tag kam, an dem Rom mit Völkern konfrontiert wurde, die sich im heutigen nord- und mitteldeutschen Raum sammelten und die ihnen benachbarten Stämme auf die römischen Grenzen zudrängten. Dabei gruppierten sich die kleinen Stammesverbände zu den Großstämmen der Alemannen, Franken, Markomannen und Quaden um, während neue volkreiche Stämme auf Rhein und Donau zuwanderten: Goten, Vandalen, Heruler und Burgunder, denen sich auf dem Balkan die iranischen Sarmaten zugesellten. Die einen wollten plündern, die anderen boten Waffen für Land. Manche mögen Abenteuerlust und märchenhaft ausgeschmückte Geschichten vom sonnigen und fruchtbaren Süden angetrieben haben. Alle aber kamen, um an einem Glück teilzuhaben, das ihnen doch so fremd war.

Wie fremd, fiel Ende des 4. Jahrhunderts n. Chr. dem verblüfften Ammianus Marcellinus auf, als er einen Blick auf die Alemannen warf, die die Städte von Straßburg bis Mainz erobert hatten, aber nur deren Feldmark besiedelten: »Die Germanen mieden die Städte wie mit Netzen umspannte Gräber«, notierte er, und er meinte damit, daß sie die Städte fürchteten wie die Lebenden die toten Verbrecher, die durch auf den Friedhöfen gespannte Netze daran gehindert werden sollten, ihre Gräber zu verlassen.[219] Die Germanen ihrerseits geizten nicht mit Spott und Verachtung für eine Lebensform, die Menschen hinter Mauern einsperrt und sie in Häuser pfercht, wo sie wie Vögel leben, die in Nestern in der Höhe hausen und »die Erde, die sie ernährte, verlassen hätten und sich statt dessen mehr auf die leblosen Mauern ihrer Häuser und Städte verließen als auf sich selbst«.[220] So haben sich die fränkischen Sieger, die seit dem Ende des 5. nachchristlichen Jahrhunderts im Trierer Land ansässig wurden, wenig um die einst prunkvolle Kaiserresidenz gekümmert: Sie siedelten auf dem Areal innerhalb der Mauern ebenso verstreut wie außerhalb. Die Stadthäuser verfielen, ihr Schutt lagerte sich allmählich meterhoch, und die Bewohner suchten ihre Wege über das Trümmerfeld ohne Rücksicht auf das alte römische Straßennetz. Nur einige besondere Gebäude boten auch den neuen Herren ihre Dienste an: Der kaiserliche Audienzsaal (Basilika) als königliche Pfalz, die Magazine als Klöster, die Thermen als Burgen, die christliche Basilika als Bischofssitz.

In den mehr als 300 Jahren, die seit Augustus vergangen waren, war man sich nicht nähergekommen. Noch immer bedeutete für die römisch gewordene Welt die städtische Ordnung die einzige Lebensform, die politische Gemeinschaft pflegte und Rationalität, Recht und Moral eine Heimstätte bot. Und noch immer hieß jedermann die barbarische eine fremde und abscheuliche Gegenwelt, auf deren Bewohner die alten Schablonen paßten: wild, unterwürfig im Unglück, maßlos im Siegesrausch und treulos. Es half ihnen nichts, daß sie am Ende die Sieger waren und über die Städter triumphierten. »Römer, Daker, Sarmate, Vandale, Hunne [...], alle wandeln auf ein und derselben Erde, über allen wölbt sich ein einziger Himmel«, bekannte sanft Ende des 4. Jahrhunderts n. Chr. Prudentius, hoher Staatsbeamter, Dichter und – vor allem – Christ. Dann aber, für einen Moment, verlor er doch die Beherrschung und hieb mit der Faust auf den Tisch: »Römisches Wesen unterscheidet sich von barbarischem so, wie ein zweifüßiges Wesen von einem vierfüßigen geschieden ist, wie der, der Sprache besitzt, vom Sprachlosen.«[221]

»In allen ist Christus«: Christen und Barbaren

Die Perspektive des Missionars und Städters

»Wo bleibt das dritte Geschlecht?« schrie das Publikum im Circus, wenn es Christenblut sehen wollte.[222] Die Verfolgten selbst hatten sich so genannt, um die Selbständigkeit ihres Glaubens gegenüber Juden und Heiden zu betonen. Für die kleinen und die großen

Leute, die das Rund der Arena füllten, kam der Begriff gerade recht: Konnten sie damit doch denen ihre Verachtung zeigen, die ein vermeintlich göttliches Gebot aus ihrer Mitte und an den Rand der Gesellschaft geführt hatte.

Wer dort angekommen war, dachte viel über sich und wenig über andere nach. Wer trotzdem über die Grenzen des Reiches hinausblickte, sah keine Feinde, sondern nur Brüder. Denn die Lehren des gekreuzigten Gottessohnes richteten sich an alle Menschen, und seine Missionare verweigerten niemandem die Heilsbotschaft, mochte er Beschnittener oder Unbeschnittener, Barbar oder Reichsbewohner, Herr oder Knecht sein. »Gehet hin in alle Welt«, hatte ihnen Jesus befohlen, und sie verstanden ihn im Licht von Psalm 18,5: »In jedes Land ging aus ihr Schall und an die Grenzen des Erdkreises ihre Worte.« Dort, am Ende der Welt, erfüllte sich auch die Mahnung des Kolosserbriefes: »Da ist nicht Grieche, nicht Jude, Barbar, Skythe, Knecht oder Freier, sondern alles und in allen ist Christus« (3,11). Die christlichen Literaten machten diesen Satz zum Leitmotiv, wenn sie die Taten und Leiden der Apostel priesen, die wie der heilige Thomas die Wüsten und Einöden bezwangen, um in den entlegensten Weltgegenden selbst Menschenfressern das Wort Gottes zu predigen. Der Siegeszug des neuen Glaubens, so sollte jedermann daraus lernen, kannte keine Grenzen. Wo immer Menschen lebten, hatten sie die Freiheit, dem Gebot Gottes mehr zu folgen als dem Gesetz des Menschen.

Jetzt endlich schien dem Wort »Fremder« seine verletzende Schärfe für immer genommen. Aber es kam anders. Als der Barbar näherrückte und die Hilferufe des Kaisers drängender wurden, gerieten die Maßstäbe der allumfassenden Nächstenliebe ins Wanken. Denn ihre kompromißlose Anwendung drohte aufs Spiel zu setzen, was auch die Christen nach Gott am meisten liebten: eine irdische Existenz im Frieden der Städte. Gewiß: Die Heilsbotschaft hatte sie gelehrt, daß das Leben des einzelnen unsterblich und die Welt vergänglich sei, die der irdische Pilger in ständiger Sorge um die Reinheit seiner unsterblichen Seele zu durchwandern habe. Politik, das ergab sich daraus zwingend, versprach dem Individuum nur die Lockungen der Macht und des Reichtums und damit nichts, was Bestand hatte. Aber war es wirklich so? Hatte nicht der

Friede des Augustus die Verkündigung des wahren Glaubens erst möglich gemacht? Und wenn es so war, waren dann nicht das Imperium und seine Kaiser von Gott geliebte Werkzeuge seines Willens? »Unsere Religion«, schrieb denn auch der Bischof Melito von Sardes an seinen Kaiser Mark Aurel, »reifte während der ruhmreichen Regierung eures Vorgängers Augustus unter euren Völkern zur Blüte und brachte vor allem eurer Regierung Glück und Segen. Von da an erhob sich nämlich die römische Macht zu Größe und Glanz.«[223] Wer so dachte, war bereits römischer geworden, als er sich vielleicht eingestehen mochte. Und er war nur allzu bereit, die Hand zu ergreifen, die ihm der Kaiser zu Beginn des 4. Jahrhunderts entgegenstreckte.

Die Ankunft des Barbaren

Als Konstantin (Alleinherrscher von 324 bis 337 n. Chr.) das Bündnis mit den so lange Verfemten schloß, war der Krieg längst aus den Geschichtsbüchern in die Wirklichkeit zurückgekehrt. Seit Jahrzehnten berannten Germanen und Perser die Grenzen und drohten die überkommene Ordnung der Welt aus den Angeln zu heben. Der Kampf, der gegen sie geführt werden mußte, nahm daher im Bewußtsein jedes Römers den Charakter eines Glaubenskrieges an. Wehrte man sich doch gegen aggressive Barbaren, die das Imperium überfielen, um seinen Bewohnern alles zu rauben, was ihnen die römische Zivilisation gegeben hatte: Friede, Wohlstand und städtische Lebensordnung. Gekämpft wurde jetzt im Westen, Norden und Osten, Niederlagen folgten auf Siege, Hoffnung schlug um in Verzweiflung, als die an den Rathäusern ausgehängten Verlustlisten immer länger wurden. Schließlich nistete sich in den vermeintlich unerschütterlichen Glauben an die universale und ewige Dimension eines von den Göttern geliebten Weltreiches der Gedanke ein, doch nur auf einer bedrohten Insel im barbarischen Meer zu wohnen.

Sie zu verteidigen wurde nun auch Christenpflicht. Niemand brauchte mehr zu zweifeln, ob der Krieg gerecht oder ungerecht war. Wer jetzt nicht die Waffe aufnahm und Partei ergriff, tat unrecht und wurde selbst zum Barbaren. Das fromme Bekenntnis des Kolosserbriefes erschien nun vielen naiv und gefährlich. Die Kirche, so lautete die neue Lehre, existiere nur innerhalb des römischen Staates: »Nur dort gibt es die heiligen Priester und die Schamhaftigkeit der geweihten Jungfrauen, welche die Barbaren nicht kennen oder die nicht in Sicherheit wären, gäbe es sie dort.«[224]

Dies war zwar Unsinn und ein Verstoß gegen den universalen Herrschaftsanspruch Christi dazu, aber in Zeiten äußerster Bedrohung durchaus wirkungsvoll. So konnte es nur eine Frage der Zeit sein, bis auch der Christ nach dem Schwert griff, um gemeinsam mit seinem heidnischen Nachbarn die Barbaren von dem fernzuhalten, was ihnen allen heilig war. Bereits in den Markomannenkriegen (169–175 und 177–180 n. Chr.), erzählten stolze Christen, hätte Mark Aurel seinem Schreiber diktiert, die Gebete seiner christlichen Soldaten hätten dem vom Verdursten bedrohten Heer Regen und mit ihm den Sieg gebracht.[225] Gott selbst, so lernte man daraus, hatte vor aller Augen Partei ergriffen und den Seinen gezeigt, daß sie tatsächlich die beste aller Welten verteidigten. Die Bischöfe zweifelten ohnehin nicht: Auch in den Tagen der bittersten Verfolgung stiegen die Gebete ihrer Gemeinden für Kaiser und Reich unablässig zum Himmel. Am Ende ritten die Priester selbst gegen den Feind, wenn er die Grenzen durchstoßen und die letzten Bastionen staatlich organisierter Verteidigung gestürmt hatte. Denn sie vertrauten auf Gott, der die nicht verläßt, die einen gerechten und barmherzigen Krieg führen. So lobte am Ende des 5. Jahrhunderts Eugippius, der Abt von Castellum Lucullanum bei Neapel, die Taten des Mönches Severinus, der in Noricum von Ort zu Ort hastete, als dort die Front gegen die eindringenden Germanen zusammenbrach. Durch Gebete, Fasten, prophetische Warnungen und Wunder stärkte er den Widerstand der letzten verbliebenen Grenzer und ließ den übermächtigen Gegnern eine einfache Botschaft zukommen: Sollten sie ihre Angriffe wiederholen, würden sie bestraft, da Gott für seine Diener kämpfe.[226] Weder die Barbaren noch Gott hörten auf ihn.

Aber nicht alle dachten und handelten wie dieser tapfere Mönch. Bei Licht besehen konnten sie es auch gar nicht. Denn die Missionare hatten an den Grenzen des Imperiums nicht haltgemacht und viele Völker jenseits davon bekehrt. Dies allein widerlegte den Gedanken, im Schutze Roms lebe der zivilisierte, außerhalb davon der barbarische Teil der Menschheit. Noch entscheidender aber war, daß im August 410 die Krieger des Gotenkönigs Alarich Rom einnahmen, die Stadt, über die seit 100 Jahren statt Jupiters und der Dioskuren die Apostel Petrus und Paulus und unzählige christliche Märtyrer wachten – vergeblich, wie die zerbrochenen Stadttore bewiesen. Auch dies mußte in den Augen der Frommen Gottes Fügung sein: »Was Gott aber einerseits über uns, andererseits über Goten und Vandalen beschlossen hat, das zeigt die Lage. Jene wachsen täglich, wir aber welken.«[227]

Warum aber hat Gott dies gewollt? Warum sah er tatenlos zu, als germanische Horden Gallien, Spanien und Afrika überrannten und die Völker drangsalierten, die doch fast alle das katholische Glaubensbekenntnis beteten, während ihre Gegner Odin verehrten oder der Irrlehre des Arius anhingen, eines alexandrinischen Priesters, der um 318 die Göttlichkeit des Sohnes in Zweifel gezogen hatte? Wollte Gott die Sünden der Seinen strafen, wie der Herr des Alten Testaments? Oder sprach sein Zorn vom nahen Ende der Welt? Oder zeigte er den Menschen nur die Entschlossenheit seines Willens, allen seinen Geschöpfen den Weg in seine Kirche zu bahnen? »Wenn allein deswegen die Barbaren in das römische Gebiet eindringen konnten«, schrieb der verstörte Orosius, Verfasser der ersten christlichen Weltgeschichte, zu Beginn des 5. Jahrhunderts in seiner Schrift gegen die Heiden, »damit im Osten und Westen die Kirchen sich füllen mit Hunnen, Sueben, Vandalen, Burgundern und zahllosen Gläubigen anderer Nationalitäten, dann wäre die Barmherzigkeit Gottes zu loben. Denn nur auf diesem Wege, wenn auch mit Erschütterungen für uns, empfingen so viele Völkerschaften die Erkenntnis der Wahrheit. Worin besteht denn der Schaden für einen Christen, der nach dem ewigen Leben trachtet, wenn er dieser Welt zu jeder Zeit und auf jede nur mögliche Art entrissen wird?«[228]

Jeder Satz kostete seinen Schreiber Überwindung, war unter Tränen einer Einsicht abgerungen, die er am liebsten niemals ausgesprochen hätte. Nur unwesentlich leichter hatte es, wer in den Barbaren die strafende Geißel Gottes erkannte. Denn damit kam er der Erklärung überzeugter Heiden gefährlich nahe, die im Sturz des ewigen Rom das langerwartete Strafgericht der alten Götter für die auf Befehl eines christlichen Kaisers verödeten Altäre und Tempel erkannten. Zudem: Die strafende Gerechtigkeit des Gekreuzigten traf nur Schuldige und Sünder, und dies nicht erst am Jüngsten Tag, sondern schon auf Erden. Also mußte die Schuld der Bestraften benannt und die Unschuld der Henker begründet werden.

Es war der in Trier geborene und in Marseille lebende Priester Salvianus, der in seinem um 440 geschriebenen Werk »Vom Regiment Gottes« diesen Beweis führte und damit den bisher gültigen Gegensatz zwischen dem Glanz der römischen Zivilisation und der Armseligkeit der Barbaren auf den Kopf stellte. Diese, so lautete die Quintessenz seines Nachdenkens, seien besser als die christlichen Römer. Zwar seien sie Heiden oder verehrten Gott nur in der abscheulichen Form der arianischen Ketzerei, aber ihre Lebensführung und ihre Sorge um die Armen verdienten Gottes Wohlgefallen. Die Römer hingegen würden ihre moralische Verkommenheit als Lebenskultur und ihre Verachtung der Armen als Gerechtigkeit feiern. Beispiele waren schnell zur Hand: So habe der Trierer Adel nach der Zerstörung der Stadt Zirkusspiele vom Kaiser erbeten und über den Gräbern der eigenen Bürger getanzt: »Du verlangst also öffentliche Spiele, Trierer? Wo, ich frage dich, sollen sie abgehalten werden? Etwa über dem Grab und der Asche? Etwa über den Gebeinen und dem Blut der Erschlagenen? [...] Vom Brand geschwärzt ist die Stadt, und du willst eine festliche Miene aufsetzen!«[229]

Konnte Gott schon diesem moralischen Elend nicht geduldig zusehen, so erst recht nicht der Bedrängnis der Armen, die er selig gesprochen und der Fürsorge und Liebe seiner Kirche ans Herz gelegt hatte. Nichts davon, sondern nur Habgier und Unterdrückung sah Salvian: »Heimgesucht werden die Armen, die Witwen seufzen, die Waisen trampelt man nieder, daß viele, und zwar aus gutem Hause Stammende und bürgerlich Erzogene zu den Feinden fliehen [...]. Sie suchen bei den Barbaren römische Menschlichkeit, weil sie die barbarische Unmenschlichkeit bei den Römern nicht ertragen können. Und obwohl sie sich von denen, zu denen sie fliehen, durch die

Gebräuche, durch die Sprache, ja durch den Geruch der Körper und Kleider, die bei jenen barbarisch sind, unterscheiden, ziehen sie es vor, unter Barbaren andere Lebensformen hinzunehmen, statt unter Römern dem Wüten der Ungerechtigkeit ausgesetzt zu sein.«[230]

Es ist die Anklage des Bußpredigers, die wir hören, und seine Entrüstung verlieh ihm eine schneidende Beredsamkeit. Voll Leidenschaft und Anteilnahme an der Not der kleinen Leute und durchdrungen von der strafenden Allgegenwart Gottes ließ er seinen Zeitgenossen keine Hoffnung: »Was kann es Verworfeneres und Elenderes geben als uns?« Die Antwort lautete: nichts. Sie mußte so lauten, um das Unglück, das den katholischen und kultivierten Provinzen Roms durch Barbarenvölker widerfuhr, erklären zu können: »Ich wollte beweisen«, sagt Salvian am Schluß, »daß wir alle unser Unglück nicht wegen der fehlenden Fürsorge und wegen der Nachlässigkeit Gottes erlitten, sondern nach Recht und Billigkeit, nach seinem Richterspruch, als gerechten Ausgleich und gebührende Vergeltung.«[231]

Stimmen wie die des Salvian muß es viele im untergehenden Westen gegeben haben, denn die Barbareneinfälle und der Zusammenbruch der Zivilisation prägten die Themen der Literatur. Ihre Autoren waren vornehmlich Gallier, Männer des Adels und des Klerus, die sich geistig und wirtschaftlich von Rom lösten. Wer überleben wollte, richtete sich darauf ein, unter dem Regiment alanischer, gotischer oder fränkischer Häuptlinge seinen Acker zu bestellen oder seinen Geschäften nachzugehen, wenn ihm der Sieger nicht alles genommen und nur Hiob als Vorbild gelassen hatte. Die alte Barbarenverachtung allerdings blieb unausrottbar. Viele Familien des gallischen Adels, die ihre Städte brennen sahen und vor dem burgundischen oder fränkischen Herrn zähneknirschend den Rücken krümmten, hielten am alten Lebensstil fest, so gut es eben ging, und haßten den Barbaren wie eh und je. »Du meidest die Barbaren, weil man sie für schlecht hält«, schrieb Sidonius, »ich meide sie auch, wenn sie gut sind.«[232] Dieser Sidonius Apollinaris war ein Mann des Hochadels, hatte als Bischof von Clermont-Ferrand gegen die Westgoten gekämpft und dem Kaiser gedient, solange es Sinn machte. Niemand hätte ihn von seiner vornehmen Lebensart

– »wir speisten kurz, aber reichlich auf Senatorenart« – abbringen können, und nichts vermochte seinen Glauben zu erschüttern, daß allein Rom »Wohnstatt der Gesetze und Schule der Bildung« sein könne.[233]

Die europäische Wahrnehmung des Fremden unter der geistigen Vorherrschaft der Antike

Sidonius und seinesgleichen gehörte nicht die Zukunft. Unausrottbar aber blieb die Vorstellung, Barbar sei, wer die Städte meide, auf den Feldern hause, keine Gesetze kenne und Äußerlichkeiten für das Wesentliche halte. Als der hl. Bonifatius um 730 die heilige Eiche in Geismar fällte, um aus ihrem Holz eine Kirche zu bauen, erbat er sich aus England prächtige, mit goldenen Lettern geschriebene Bibelhandschriften, »damit dem fleischlichen Sinn der Heiden Verehrung für die Heilige Schrift eingeprägt werden möge«. Denn sie allein wies den Barbaren den rechten Weg: Ihre Unterwerfung unter die Missionare Christi, schrieb Enea Silvio Piccolomini Mitte des 15. Jahrhunderts an die Deutschen, habe die Barbaren von dem schlimmsten Makel, Diener der Hölle zu sein, befreit: »Ihr habt ja vordem in tiefer Finsternis gelebt, unbekannt mit dem rechten Glauben, Götzendiener ohne Hoffnung auf das Heil, Hörige des Teufels, Diener der Hölle. Jetzt seid ihr Söhne des Lichts, nachdem ihr dank dem Rat des römischen Stuhls das Evangelium angenommen habt.«[234]

Jede Deutung des Fremden setzt das Eigene und Bekannte als Bedingung des Verstehens voraus. So brachen die Europäer in die Ferne mit dem gewaltigen Gepäck ihres Wissens über die Antike auf und studierten das Neue mit den Augen Homers oder Herodots, Plinius' oder Strabons. Denn alles, was sie dort lasen, war für sie vergangene Wirklichkeit, ungetrübt überliefert, mit der richtigen wissenschaftlichen Methodik erfaßt und daher als Muster zu benutzen, mit dem das Fremde beschrieben und das Unbekannte erfahren werden konnte. »Ich begnügte mich nicht«, schrieb 1724 der Jesuitenpater und Missionar Joseph François Lafitau, klassisch gebildet und angetreten, die Notwendigkeit der Religion für die menschliche Existenz zu beweisen, »ich begnügte mich nicht allein damit, den Charakter der Wilden kennenzulernen [...]. Ich habe mich vielmehr bemüht, in ihren Gewohnheiten und Gebräuchen die Spuren des entferntesten Altertums zu suchen; ich habe mit Sorgfalt diejenigen ältesten Schriftsteller gelesen, die von den Sitten, Gesetzen und Bräuchen der ihnen einigermaßen bekannten Völker handelten; zwischen den Sitten der einen und der anderen habe ich Vergleiche angestellt.«[235]

Diese Methode prägte bereits im 13. Jahrhundert die Sicht der Männer, die in den Fernen Osten fuhren: Die Berichte der Franziskaner-Missionare und die Schilderungen Marco Polos nahmen antike Vorstellungen über die Skythen auf, um die Besonderheit der Mongolen verständlich zu machen; Marco Polo, der die Pygmäen ins Reich der Phantasie verwies, sprach jedoch eingehend von den Amazonen, die er aus antiken Nachrichten kannte. Was immer man aus dem Vergleich der antiken Zustände mit den Erscheinungen der Neuen Welt lernte, man tat es im Guten wie im Bösen: So stützte sich die Ausrottung der Indianer Jahre nach der Landung des Kolumbus auf die aristotelische Lehre, nach der Barbaren nur begrenzt mit Vernunft ausgestattet seien, so daß ihnen die Sklaverei so zuträglich sei wie den Tieren die Zähmung.[236] Wer die Geographie der Erde mit dem praktischen Ziel erforschen wollte, neue Verkehrswege zu finden, beugte sich nicht immer zu seinem Vorteil über die antiken Quellen und Karten; wie etwa 1576 Humphrey Gilbert, der den nördlichen Seeweg nach Ostasien suchte und ihn mit Hilfe der platonischen Beschreibung des sagenhaften Atlantis zu finden hoffte: »Sehen wir doch, daß Atlantis, das jetzt Amerika genannt wird, stets als eine Insel bekannt und in jenen Tagen zu umschiffen war, was durch den Zustrom von mehr Wasser nicht beeinträchtigt werden konnte.«[237]

Noch in den Jahren nach 1768, als Louis-Antoine de Bougainville im Namen Frankreichs Tahiti entdeckt hatte, verständigte sich das entzückte Europa über die dort gefundene Gesellschaft in den Metaphern der Antike. Diesmal waren es keine verachtenswerten Wilden, die Bougainville auf ihrer Insel gastfreundlich empfangen hatten, sondern die liebenswürdigen Bewohner Arkadiens, das denn auch *La Nouvelle Cythère* heißen sollte. Noch ihr dritter Besucher, Georg Forster (gest. 1794), der mit James Cook segelte, ordnete seine Eindrücke nach klassizistischem Maß: Seine Beschreibung der Landung auf Tahiti beginnt mit den Versen, mit denen Vergil seinen Helden Aeneas in das Elysium begleitete, er zitiert Homer, wenn er die Schiffe der Eingeborenen in See stechen sieht, und er bemüht die griechischen Bildhauer Phidias und Praxiteles, um die Schönheit der Krieger zu beschreiben. Ihm und allen anderen waren die antiken Bilder ganz in Fleisch und Blut übergegangen, so daß sie selbst ihre Träume bestimmten – ungeachtet aller aufkommenden Zweifel, die Forster an den Satz Kants erinnerten, »die Geschichte jener Reisen gewährte dem Leser weiter nichts als Befriedigung der Sehnsucht nach dem Goldenen Zeitalter«.[238]

Alles dies ist nur vor dem Hintergrund zu verstehen, daß vom 13. bis an die Schwelle des 19. Jahrhunderts das höhere Bildungswesen auf dem Studium der griechischen und römischen Klassiker ruhte und jede Generation ungeachtet aller Zweifel ihre Erfahrungen des Fremden von ihrer Antikenvorstellung nicht trennen wollte und konnte. Daher hat es lange gedauert, bis die Autorität der antiken Vorbilder erst verblaßte, dann stürzte. Letzten Endes siegte jedoch die eigene Autopsie: Nach Gilbert Humphrey hatten 200 Jahre lang die englischen, französischen und spanischen Schiffe die Weltmeere durchpflügt, und die Berichte ihrer Kapitäne wogen schwerer als die nun kümmerlich erscheinenden Kenntnisse der antiken Autoren. Aber auch die Philologen und Ethnographen waren nicht untätig geblieben. So hatte Fontenelle 1724 die antiken Mythen mit den inzwischen bekannt gewordenen der Indianer verglichen, dabei erstaunliche Ähnlichkeiten entdeckt und den Schluß gezogen, daß die Griechen am Anfang ihrer Geschichte nicht verständiger waren als die Wilden der Neuen Welt; ihnen hatten die spanischen Eroberer nur die Möglichkeit genommen, sich wie die Griechen zur Rationalität zu entwickeln.[239] Hinter der Maske eines von Natur und Geschichte auserwählten Volkes erschien plötzlich das Gesicht eines Barbaren.

Die Verwandlung der Mittelmeerwelt

Die neuen Herren der Stadt

Die Angst der Notabeln vor dem Bettelstab

Bei Licht besehen war das Imperium nichts weiter als ein Verband von über 2000 städtischen Gemeinden, verteilt auf ein Territorium von rund 3,5 Millionen km^2 mit etwa 60 Millionen Einwohnern. Ihre gesellschaftliche Ordnung war ungeachtet ihrer in Ost und West grundverschiedenen Geschichte im wesentlichen gleich: Die Eliten kamen aus einer reichen, zumeist grundbesitzenden Klasse; sie regierten ihre Städte unangefochten als Dekurionen und Magistrate. An Aufruhr und sozialen Umsturz dachte niemand: Vermögen und Besitz gliederten die Gesellschaft und ermöglichten den sozialen und politischen Aufstieg frei geborener Bürger; Sklaven und Freigelassene, wie vermögend und einflußreich sie auch immer gewesen sein mögen, konnten den Makel ihrer rechtlichen Minderwertigkeit nicht abstreifen. Erreichbar war der Aufstieg angesichts statischer Wirtschaftsverhältnisse jedoch nur selten, so daß die etablierten Familien die soziale und politische Macht über viele Generationen hinweg in Händen hielten.

Allerdings war es immer ein Bündnis auf Zeit gewesen, das Stadt, Adel und kaiserliches Regiment zusammenhielt. Seine Klauseln waren unmißverständlich: Der politische und finanzielle Aufwand, den das Regieren der Städte von den Vornehmen forderte, mußte durch ein bestimmtes Maß an Reichtum und Ansehen, das es gewährte, ausgeglichen werden. Der Kaiser wiederum, der die Stabilität der Notabelnherrschaft garantierte, hielt seine schützende Hand keinesweg selbstlos über die Herren der Städte. Sie waren ihm für das Wohlverhalten der breiten Massen, ihren Untertanengeist und ihre Gesetzestreue verantwortlich und garantierten ihm, was er als universaler Herrscher mit Fug und Recht beanspruchte: Steuern und Dienstleistungen aller Art. Dafür bot er den besonders Ehrgeizigen neben der Sicherheit ihrer sozialen und politischen Stellung den Aufstieg in die Führungspositionen des Reichsregiments und damit glanzvollere Perspektiven als das Bürgermeisteramt in Trier oder dem nordafrikanischen Provinznest Scili.

Es war ein höchst effektives Bündnis, das das Weltreich mit seinen Untertanen geschlossen hatte. Es befriedigte die Interessen aller – selbst das der weltabgewandten Christen, deren Missionare am eigenen Leib erfuhren, daß allein die römische Ordnung den Weg zu allen Völkern dieser Erde wies. Seine entscheidende Bruchstelle zeigte sich erst im Schatten von Krieg und Niederlage, und sie wurde im wesentlichen durch zwei Faktoren bestimmt: Zum einen durch die heikle Balance zwischen dem Lokalpatriotismus der städtischen Eliten und den Lockungen des Reichsregiments, zum anderen durch die nicht minder heikle Balance zwischen den Lasten des städtischen Regiments und den Ehren, die es einbrachte. Beides spitzte sich auf ein Problem zu: Fand der adlige Herr ein anderes, lukrativeres Betätigungsfeld als die Stadt oder zog er ein Leben auf dem Lande dem drohenden Bankrott vor, so fiel das Imperium. Denn ohne ihn gab es keine städtische Selbstverwaltung, ohne ihn blieb das Reich ohne Steuereinnahmen.

Es hat lange gedauert, bis es dahin kam, und es gibt in diesem schleichenden Prozeß der Trennung mehrere Zäsuren. Die erste zeigt heftige Schwankungen der Balance zwischen Lokalpatriotismus und Reichskarriere seit dem 2. nachchristlichen Jahrhundert: Wer als Offizier und Beamter im Dienste des Kaisers aufstieg und gar Senator wurde, wandte sein Gesicht nach Rom. Dort gewährte ihm das kaiserliche Wohlwollen Ansehen und Reichtümer, die – kehrte der Ausgezeichnete am Ende doch in seine Heimatstadt zurück – das Gleichgewicht innerhalb der städtischen Führungsschicht verschoben: So manchen gebe es, beklagt Plutarch, »der nicht zufrieden ist mit dem Teil an Ansehen und Einfluß, den er bei seinen Mitbürgern hat, nein, er jammert, weil er noch keine römischen Patrizierschuhe trägt«.[240] Es waren die Schuhe des Senators, von denen hier geträumt wurde; wer sie trug, konnte bei seiner Rückkehr des Neides seiner alten Standesgenossen sicher sein.

Denn er hatte sich in den Jahren seiner Abwesenheit über sie erhoben. Gewiß: Sie waren alle und zu jeder Zeit vom Drang nach Höherem getrieben und unerbittliche Konkurrenten im Kampf um Macht und Einfluß gewesen; der nun Heimgekehrte jedoch sprengte die Gleichheit ihres Standes: Er hatte zu viele Schätze gesammelt und zu großen Ruhm geerntet, um noch als Gleicher unter Gleichen seinen Platz am Tisch der lokalen Größen zu finden.

Die zweite Zäsur ist dem Krieg geschuldet. Er forderte stetig mehr an Geld und Lasten, seitdem die Feinde die überdehnten Grenzen des Reiches berannten und schließlich durchbrachen. Am Ende ruinierten die wachsenden Ausgaben für Militär und Bürokratie die städtischen Oberschichten. Ihre Autorität kam nicht von Gott, sondern wollte täglich neu erworben werden. Sie spiegelte sich seit Menschengedenken in den auf ihre Kosten errichteten und unterhaltenen öffentlichen Bauten und lebte auf prunkvollen Festen und Spielen. Nun aber verlangte der Krieg einen ständig wachsenden Anteil, und seine Diener zögerten nicht, ihn notfalls mit Gewalt einzutreiben. Gespart werden konnte weder hier noch dort. Denn von den Vornehmen forderte die kaiserliche Regierung nun als Pflicht, was doch eigentlich von Herzen kommen sollte: Wohltaten bis zum Ruin des eigenen Besitzes. So wurden sie gleich zweifach zu Geiseln ihrer Städte: Der Krieg und der Kaiser zwangen sie zur Verschleuderung ihres Reichtums, um Ruhe und Ordnung in den Provinzen zu sichern, während die Tradition und der eigene Ehrgeiz die stets freigebige Hand verlangten, um geachtet zu leben und Mittelpunkt der städtischen Gesellschaft zu bleiben.

Not macht erfinderisch. Sie erinnerte die Honoratioren daran, daß die Tugenden des sozialen Aufsteigers an das Leistungsprinzip geknüpft waren und daß stets das Geld den Zugang zu den Ämtern geöffnet hatte. Warum also nicht an die Schicht der reich gewordenen Händler und Handwerker denken, auch wenn ihre Arbeit ein geschmähter Wert war? Schließlich erfuhr jedermann am eigenen Leibe, daß Schmiede, Bäcker und Kaufleute nützliche Leute waren und häufig sogar schöne Dinge herstellten oder vertrieben. Alte Vorurteile brauchten nicht gleich gänzlich aufgegeben zu werden. Denn aller Ehren wert waren eben doch nur Einkünfte und Renten aus dem Landbesitz, und der gewöhnliche Kaufmann überlistete seine Kunden, beschwatzte sie und betrog sie letzten Endes.[241]

Das Vorurteil blieb demnach bestehen, seine Beachtung im täglichen Leben aber ging zurück: »Der Mangel an Männern zur Erfüllung der öffentlichen Funktionen zwingt dazu, auch diese Leute – vorausgesetzt sie haben Besitz – aufzufordern, munizipale Würden aufzunehmen«, schrieb zu Beginn des 3. nachchristlichen Jahrhunderts der darüber wenig erbaute Jurist Callistratus.[242] Was half es: Das Geld machte schließlich doch den Mann, und der reich gewordene Gladiator, selbst der Bordellbesitzer und schließlich sogar der geschäftstüchtige Christ wurden ratsfähig, obwohl letzterer bis 311 auf dem Papier noch als Verbrecher galt. Der Kaiser stimmte zu und regelte das Nötige per Gesetz: Wer ein bestimmtes Mindestvermögen besaß, gehörte jetzt einfach dazu, trug die Lasten mit und vererbte sie nach dem Willen des Gesetzgebers auf seine Kinder. Wer das nicht wollte, sich davonstahl und die Reste seines Vermögens durch die heimliche Flucht zu retten versuchte, den jagten die Büttel des Statthalters, wobei ihnen die verbliebenen Standesgenossen häufig die Spur wiesen: Hatten sie doch nach dem Prinzip der kollektiven Haftung die Lasten des Verschwundenen mitzutragen.[243] Die alten Familien, die anfangs ihre Entlastung begrüßt haben mochten, entdeckten bald die Schattenseiten. Der Grundherr, der wie sein Vater und Großvater im Dekurionenrat Sitz und Stimme hatte, sah die alten Freunde gehen und die Hoffnung schwinden, neue zu erwerben. Denn die ihm jetzt im Rat gegenübersaßen, waren soziale Aufsteiger, ja Hasardeure, die den Platz alter Familien und würdiger Männer einnahmen. Mit ihnen verband ihn nichts, solche Leute mochten sich zum Teufel scheren – was sie nicht taten.

Den Kleinen unter den Großen blieb zumeist nichts anderes übrig, als bis zum bitteren Ende auszuharren oder auf bessere Zeiten zu hoffen. Ihre Bindung an die Heimatstadt hatte die Tradition von vielen Jahrhunderten begründet, und die gab niemand leichten Herzens auf. Aber sie war für die Großen nicht unauflöslich. Ihr Reichtum waren ihre Äcker, und die lagen weit vor den Toren der Stadt. Am Ende zogen sie es vor, auf ihren Gütern zu leben, deren Zentren sie befestigten und mit Soldaten verteidigten, die sie aus ihren Pächtern rekrutierten oder als Söldner anwarben. Dort lernten sie, adligen Lebensstil in ländlicher Atmosphäre zu entfalten. Denn die Städte lohnten ihre Mühen jetzt statt mit Ansehen und Macht nur noch mit dem Bettelstab.

Der Aufstieg der Grundherrn

Die im 4. Jahrhundert n. Chr. in allen Provinzen des Westens auf dem Land gebauten prächtigen Villen bezeugen den Optimismus einer noch einmal davongekommenen Welt ebenso wie das Erstarken einer neuen und selbstsicheren Oberschicht. Der Aufstieg der Männer, die seit Konstantin die Mächtigen des Reiches wurden, begann mit einer neuen Rekrutierungspolitik der kaiserlichen Führungskader im 3. Jahrhundert, als das bedrängte Imperium Offiziere und Beamte brauchte, welche die Verteidigung des Reiches zu organisieren und auf dem Schlachtfeld zu bewältigen verstanden. Seit 260 n. Chr. waren keine Militärtribunen und Legionskommandeure senatorischen Standes mehr im Amt: Sie hatten ihre Ämter an die Berufsoffiziere aus dem Ritterstand verloren, die zu unentbehrlichen Organisatoren der Reichsverteidigung aufstiegen. Der Senator alten Stils, der sich mit Augustus noch die Macht über die Provinzen und die großen Militärkommandos teilen durfte, behielt nur die äußere Hülle seiner einstigen Führungsrolle; er selbst war in den Abwehrkriegen an der Donau und am Euphrat gewogen und als zu leicht befunden worden.

Was ihm ungeschmälert blieb, war seine wirtschaftliche Macht. Senatoren konnten ihren Grundbesitz nach wie vor ungehemmt mehren und brauchten dabei nicht zimperlich zu sein. Das »Bauernlegen« mit allen Mitteln bis hin zur nackten Gewalt nahm zu und beschleunigte die Ausdehnung der Großgüter; selbst der Kaiser war bei diesem Geschäft dabei, wenn es um die Arrondierung seiner Domänen ging. Der karthagische Bischof Cyprian führte in der Mitte des 3. Jahrhunderts bittere Klage über einige seiner Amtskollegen, die im Dienste privater Grundherren »durch verschlagene Betrügereien Landgüter räuberisch in ihren Besitz bringen«.[244] Was hier die Sünder aus der Kirche der Heiligen trieben, war kein Einzelfall, sondern charakterisiert generell die Zustände auf dem Lande. Dort konnte sich selbst der Große nicht sicher fühlen: Aelius Aristides, weitgerühmter Redner seiner Zeit (gest. um 187), wurde auf einer Reise nach Pergamon mit der Nachricht überrascht, der Nachbar seiner im Norden der Provinz Asia gelegenen mysischen Güter habe seine Abwesenheit genutzt, sei mit einer Schar gedungener Söldner und Sklaven über sein Landgut hergefallen und halte es besetzt. Zum Glück für den Redner residierte der Statthalter gerade in Pergamon und machte dem Spuk ein schnelles Ende. Was hier dem Einflußreichen bei Nacht und Nebel widerfuhr, geschah dem kleinen Bauern am hellichten Tag, und er fand selten einen aufrechten römischen Beamten, der sich für ihn schlug. Traf es ihn, so wehrte er sich gewiß mit Petitionen, am Ende aber schickte er sich in das Unvermeidliche; künftig rackerte er als Pächter im Dienste eines wohlgeborenen Räubers auf seinem ehemals eigenen Grund und Boden und lernte alles über die Ohnmacht des Kaisers jenseits der Stadtmauern. An der Schwelle zum 4. Jahrhundert wurden daher seine Hilferufe an den kaiserlichen Hof schwächer: Zu beherrschend waren die Großgüter geworden, zu mächtig ihre Eigentümer, zu schwach das auf das allgemeine Wohl bezogene Ethos der politischen Eliten.

Mit dieser Entwicklung beginnt die Geschichte der weitgehend selbständigen Grundherrschaften der Spätantike und des Frühen Mittelalters. Sie kennzeichnet die andere Seite des Zerfalls der Fähigkeit und des Willens der Notabeln zur Regierung ihrer Städte. Die Senatoren und die neuen Mächtigen, unter ihnen die Vertreter der siegreichen Kirche, weiteten ihre ländliche Herrschaft jenseits der Städte so weit aus, daß dort das Gesetz des Staates seine Kraft verlor. Damit war der Weg für die Grundherren frei, auf ihren Landgütern souverän über Mensch und Besitz zu regieren. »Trutzburgen des Faustrechts von tatsächlicher und teilweise auch rechtlicher Exterritorialität« hat ein Rechtshistoriker ihre Güter genannt und den Nagel auf den Kopf getroffen.[245] Dies allerdings war nur die eine Seite der Macht. Die andere bestimmte das Interesse des Großen, seinen Knecht und die Pächter seiner Güter sowie die kleinen Bauern vor dem Schritt ins offene Elend zu bewahren. Er hielt seine schützende Hand über sie, wenn die Steuereintreiber aus den Städten kamen, die Requirierungskommandos der Armee oder die nach Kost, Logis und Handlangerdiensten gierigen Beamten. Nicht, daß damit der kleine Mann der Städte viel gewonnen hätte; wenn er an Flucht dachte, hatte er meist nur zu wählen zwischen Teufel und Beelzebub. Für ihn hatte Phaedrus, Freigelassener des Augustus und Fabeldichter, seine zeitlose Mär vom Esel und dem alten Hirten geschrieben: Beide, von fernem Kriegsgeschrei bedroht, denken an Flucht, bis der Esel den Alten fragt, ob der neue Herr ihm wohl die doppelte Last auf den Rücken laden werde. Als der Greis verneint, wendet sich das Grautier wieder dem Gras zu: »Was macht's mir dann aus, wem ich diene, wenn ich doch nur einen Packen trag?« Richtig, sagt Phaedrus, denn »wenn Herrscher wechseln, ändert sich dem Armen nur der Herr, ansonsten bleibt's, wie es war«.[246]

War freilich der Ausbeutung kein Ende, so schnürte der kleine Mann sein Bündel. »Wenn wir weiter Belastungen ausgesetzt sind, werden wir von den gewohnten Wohnsitzen fliehen und die kaiserliche Kasse wird davon den allergrößten Schaden davontragen«, drohten die bekümmerten Bewohner des thrakischen Dorfes Skaptopara ihrem Kaiser Gordian III. (239–244 n. Chr.), und sie fügten hinzu, ohnehin sei von der einst zahlreichen Einwohnerschaft nur noch ein kümmerlicher Rest geblieben. Was sie an den Rand des Abgrundes trieb, schilderten sie aufgeregt dem Kaiser: Ihre Ortschaft läge zwischen zwei Heerlagern und habe seit Menschengedenken von zwei warmen Quellen und einem in der Nähe gelegenen Wallfahrtsort profitiert. Nun aber kämen mehr und mehr durchziehende Soldaten und Beamte zu ihnen, forderten unentgeltliches Quartier und Unterhalt und scheuten immer weniger vor Raub und Gewalt zurück.[247] Einzig der Kaiser könne ihnen jetzt noch helfen, und wenn nicht, bliebe ihnen nur die Flucht.

Diese Drohung war nicht aus der Luft gegriffen. Denn es blieb ihnen eine Hoffnung: der große Herr in der Nachbarschaft und sein Latifundium, auf dem die kaiserliche Gewalt wenig oder nichts bewirken konnte. Davon sprachen ganz offen die Bauern aus Agabeyköy im kleinasiatischen Lydien in einer Bittschrift an den Kaiser: Steuereintreiber, klagten sie, hätten neun von ihnen gefangengenommen und Lösegeld erpreßt; die um Hilfe angerufenen kaiserlichen Beamten legten die Hände in den Schoß und antworteten nicht, so daß jetzt der Kaiser helfen müsse. Könne er dies nicht, seien sie gezwungen, die väterlichen Herde und die Gräber der Vorfahren zu verlassen; um gerettet zu werden, begäben sie sich auf das Privatland, »um dort als von den kaiserlichen Ländereien Vertriebene zu leben, auf denen wir zur Welt kamen und groß wurden, seit den Zeiten der Vorfahren arbeiteten und als Bauern dem kaiserlichen Fiscus die Treue hielten«.[248]

»Wie wundervoll ist doch die Macht des Christentums«: Der Bischof in seiner Stadt

»Wie wundervoll ist doch die Macht des Christentums«, freute sich Johannes Chrysostomos, der größte Prediger seiner Zeit, als der Bischof der Stadt Antiochia im Jahre 387 seine Bürger vor einem kaiserlichen Strafgericht retten und den Zorn des Kaisers besänftigen konnte, obwohl »der nicht seinesgleichen auf Erden hat, ein Herrscher, der mächtig genug ist, alles zu zerstören und zu verwüsten«.[249] Wer ihm die Stirn zu bieten wagte, durfte sich mit Fug und Recht zu den ersten der Stadt zählen. Knapp 100 Jahre später, am anderen Ende der Welt, im fernen Gallien, sollte ein solcher Mann der erste und einzige sein: Im Jahre 470 wurde Sidonius Apollinaris zum Bischof von Clermont-Ferrand gewählt. Er war der Sproß einer der ersten Familien des Landes und für den Staatsdienst ebenso vorzüglich ausgebildet wie für das verfeinerte Leben eines Höflings, doch nichts qualifizierte ihn für ein hohes geistliches Amt. Trotzdem stellte er sich zur Wahl. Den Grund nannte er in einem Brief an seinen Schwager: Da der Staat über keine Truppen und der Kaiser über keine Hilfsmittel verfüge, habe der Adel beschlossen, »entweder das Vaterland dranzugeben oder das Haupthaar *[patriam seu capillos]*«.[250] Sein Haar fiel, und für fünf Jahre wurden die Organisation des Krieges gegen die Westgoten und die Rettung der Heimat die einzige Leidenschaft dieses Bischofs, der alle, die zur Kapitulation rieten, aus der Stadt warf. Er war für ihre Bürger inmitten des allgemeinen Zusammenbruchs zum einzigen Halt geworden, der Rettung versprach.

Daß Männer dieses Zuschnitts seit dem 4. Jahrhundert mehr und mehr die Geschicke der Städte in ihre Hände nehmen konnten, hat Ursachen, die weit in die Vergangenheit der christlichen Kirche zurückreichen. Seit der Mitte des 2. Jahrhunderts gaben sich die Gemeinden eine Ordnung, die in ihrer endgültigen Gestalt die organisatorische Gliederung des Staates nachahmte. Insbesondere der Bischof unterschied sich immer weniger von einem römischen Staatsbeamten: Wie dieser war er für bestimmte Gegenstände und Sprengel zuständig und besaß damit nach römischem Amtsverständnis umfassende Befehlsgewalt *(imperium)*, wie dieser beanspruchte er gegenüber seiner Gemeinde das Recht auf Einspruch *(intercessio)* und die Strafgewalt *(coercitio)*, und wie dieser forderte er die volle Integrität während seiner Amtszeit. Solche Vergleiche zogen die Kirchenfürsten selber, um ihre Ausnahmestellung zu unterstreichen. Weltliche Würdenträger, betonte Johannes Chrysostomos, seit 397 auf Anordnung des Kaisers Arcadius Patriarch von Konstantinopel, werden nicht vor Gericht gestellt, bevor sie ihr Amt niedergelegt haben, da andernfalls mit der Person auch das Amt, das ihm nur für kurze Zeit gehört, entehrt würde. »Solange wir [die Bischöfe] auf diesem Stuhl sitzen, solange wir die oberhirtliche Stellung einnehmen: solange haben wir sowohl die Würde als auch die Gewalt, wenn wir dessen auch ganz unwürdig sind.«[251]

Das waren eine Sprache und ein Amtsverständnis, die jedem Römer einleuchteten. Die Kirche übte sich darin seit der Mitte des 3. Jahrhunderts und rüstete sich, es auch theologisch zu untermauern. Damals, in den Jahren der Verfolgung des Decius (Kaiser von 249 bis 251 n. Chr.), lehrte der karthagische Bischof Cyprian, daß die Seligkeit der jenseitigen Welt zwar nur dem Individuum zuteil werden könne, es aber allein die Institution Kirche sei, die dies garantiere: »Gott kann nicht zum Vater haben, wer die Kirche nicht zur Mutter hat.«[252] Die Einheit der Kirche aber sei mit der Eintracht ihrer Bischöfe identisch, denn Gott habe mit der Einsetzung des Petrus die Würde des Bischofsamtes verbindlich für alle Zeiten festgesetzt. »Seitdem verläuft im Wechsel der Zeiten und der Nachfolge im Amt die Einsetzung der Bischöfe und die Ordnung der Kirche in der Weise, daß die Kirche auf die Bischöfe gegründet und jede kirchliche Handlung durch eben diese Vorgesetzten geleitet wird.«[253]

Genau so war der römische Staat auf seine Magistrate und ihre Amtshandlungen unter dem Segen Jupiters gegründet worden.

Die Ausbildung des Bischofsamtes nach dem Muster des römischen Konsulats hatte zwei Folgen, und beide bestimmten lange Zeit die europäische Geschichte. Zum einen gewöhnte sich die christliche Elite an das Regieren. Zum anderen erkannte die heidnische Elite, die ihren Ehrgeiz bisher ausschließlich im Staatsdienst befriedigt sah, daß sie ihr Streben nach Ruhm und Anerkennung auch auf dem Stuhl des Bischofs verwirklichen konnte. Der Satz Cyprians, »der Bischof ist in der Kirche und die Kirche in dem Bischof«, wurde seit dem 4. Jahrhundert zum Leitstrahl für große Karrieren jenseits des Dienstes für Kaiser und Imperium. Der letzte Damm brach, als Konstantin den christlichen Führern das Tor zur Macht aufstieß und sie durch Gesetze und Gnadenerweise öffentlich herausstellte: Seit 318 entfaltete sich die bischöfliche Gerichtsbarkeit *(episcopalis audientia)*, die sich unter Christen längst als Schlichtungsverfahren eingebürgert hatte, auch als zivilrechtliche; 321 wurde die Freilassung von Sklaven in der Kirche in Gegenwart des Bischofs als rechtskräftig anerkannt, und seit diesem Jahr feierten die Christen den Sonntag als staatlichen Feiertag. Infolge dieser und anderer Entscheidungen des Kaisers wandte sich die Kirche der Heiligen nun für immer der Welt der Sünder zu. Vielerorts hüllten sich ihre Amtsträger in die Toga und trugen die Tracht des Bischofs mit demselben Stolz wie der Senator die roten Schuhe und den breiten Purpurstreifen an der Tunica. Die Geschichte, wer von ihnen wollte daran noch zweifeln, war seit der Stunde des Todes Jesu auf ihrer Seite, und es galt, ihre Gunst zu nutzen.

Stadtmauern und Bischof gehörten stets zusammen. Denn das Christentum war in den Städten groß geworden, und ihren Bewohnern galt die erste Sorge des Klerus. Im 5. Jahrhundert erzählten denn auch viele von Heldentaten der Bischöfe, die »mit Fellen bekleideten Königen und in Purpur gewandeten Kaisern« die Stirn boten und mit dem Kreuz in der Hand Barbarenhorden vor den Stadttoren zur Umkehr zwangen.[254] Auf die historische Wahrheit solcher Legenden kommt es nicht an. Aber sie berichten übereinstimmend von Männern, die alle gewohnt waren, auf römische Weise Macht auszuüben. Dies taten sie auch dann, wenn sie ihre

Einstellung zur Welt und ihr Äußeres völlig verwandelten. So etwa der Bischof Germanus von Auxerre, der als Sohn eines reichen und vornehmen gallischen Senators am 7. Juli 418 trotz heftigen Sträubens zum Bischof seiner Heimatstadt gewählt wurde und daraufhin seiner aus patrizischem Adel stammenden Frau Eustachia den Scheidebrief sandte, das ererbte Vermögen unter die Armen verteilte, sich selbst von Stund an in ein härenes Hemd hüllte, auf der Brust einen Beutel voller Heiligenreliquien trug und sich nachts in ein Bett von Asche legte. Diese sichtbare Bestrafung seines sündigen Fleisches trennte ihn von der Hoffart seiner Standesgenossen, nicht jedoch von ihrer Leidenschaft für die Politik. Dort agierte er wie sie: Er bat nicht, er befahl. Offenkundig lebte er in der Gewißheit, daß die Autorität seines ehemaligen weltlichen Berufes auch seinem geistlichen gebührte. Rastlos in Gallien und Britannien tätig, war er Seelsorger, Verteidiger des Glaubens und Patron seiner Heimatstadt zugleich; der Tod ereilte ihn am 31. Juli 445 in Ravenna, der Residenz des Kaisers Valentinian III., wo er um Steuererleichterungen für seine Heimat verhandelte.

Germanus war, wie fast alle seine gallischen oder spanischen Amtsbrüder, ein Herr. Niemand erwartete etwas anderes, wie Gregor von Tours (540–594 n. Chr.) unfreiwillig bezeugte, als er sich über die Anmaßung des Priesters Cato ereiferte, der als sozialer Aufsteiger behauptete, allein wegen seines vorbildlichen Lebenswandels zum Bischofsamt berufen zu sein.[255] Dies war in den Augen der Zeit entschieden zuwenig. Denn nur die großen Herren konnten erwarten, daß ihre Stimme gehört wurde, und nur sie durften hoffen, bis ins Allerheiligste des kaiserlichen Hofes vorzudringen. Eusebios, der Bischof von Caesarea (gest. 339 n. Chr.), sah sie dort beim Festbankett am 20. Jahrestag von Konstantins Herrschaftsantritt mit dem Kaiser auf demselben Polster liegen: »Leicht hätte man das für ein Bild vom Reich Christi halten oder wähnen können, es sei alles nur ein Traum und nicht Wirklichkeit.«[256] Aber nicht alle entstammten den ersten Familien ihres Landes; zu einleuchtend im christlichen Sinne war die Argumentation des geschmähten Priesters Cato, als daß den Emporkömmlingen auf Dauer der Weg nach oben hätte versperrt werden können. Der berühmteste von ihnen war Athanasius, der Patriarch von

Alexandrien (295–373), von dem der Sohn Konstantins sagen konnte, er sei aus der Gosse aufgestiegen und verlange nun Autorität, obwohl er nichts anderes sei als ein gewöhnlicher Handwerker.

Sie alle aber hatten ihre Machtbasis in den Städten, und sie alle taten für diese, was immer sie konnten: Sie vertraten ihre Interessen vor Kaiser und Statthalter, sie übernahmen öffentliche Pflichten, sie ordneten die Reihen ihrer Kämpfer, wenn es hart auf hart kam, und sie linderten die Leiden von Belagerung und Hungersnot. Vor allem aber schmückten sie im Wetteifer mit ihren Amtsbrüdern ihre Städte mit strahlenden Kathedralen – als wollten sie auf ihre Weise Freund und Feind beweisen, daß das Ende der Welt noch nicht gekommen war. All das stand ganz in der Tradition des Strebens der alten städtischen Eliten, durch öffentliche Wohltaten persönlichen Ruhm zu erlangen. Nicht jeder hielt sich dabei an das christliche Ideal der Bescheidenheit. Die spitze Feder des Historikers Ammianus notierte boshaft, was so mancher trieb, nachdem er sich den Ring des Bischofs übergestreift hatte: »Er gedeiht durch die Schenkungen der Matronen, fährt nur noch in Kutschen umher, ist prunkvoll gekleidet und läßt sich so reichliche Schmäuse herrichten, daß seine Tafel selbst ein Königsmahl in den Schatten stellt.«[257]

In einem wesentlichen Punkt allerdings setzten die geistlichen Herren andere Akzente als ihre weltlichen Konkurrenten: Sie konzentrierten ihre Fürsorge nicht auf die Bürger, sondern auf die Armen ihrer Städte. Ambrosius, 374 bis 397 Bischof von Mailand, wußte den Unterschied sehr genau zu benennen: »Das Eigentum der Kirche dient der Unterstützung der Armen. Sollen doch die Heiden einmal sagen, wieviel Gefangene die Tempel freigekauft haben, wieviel Lebensmittelspenden sie unter die Armen verteilt haben, wie vielen Flüchtlingen sie Unterhalt gewährt haben.«[258] So traten die Armen zum erstenmal in der antiken Geschichte in das warme Licht des öffentlichen Wohlwollens; zusammen mit dem Bischof, den Mönchen und den geweihten Jungfrauen zogen sie an großen Festtagen in die Kathedralen ein. Denn sie waren die besonderen Schutzbefohlenen des Gekreuzigten, hatte er doch sie und nicht die Reichen dieser Welt selig gesprochen, obwohl beide in dasselbe Taufbecken stiegen. »Das Geld in der Schüssel des Armen bewirkt mehr als im Säckel des Reichen«, ermunterte Ambrosius die mit der Armenfürsorge befaßten Kleriker. Aber er fügte mahnend hinzu, daß die Schnorrer und Betrüger sorgfältig von der Krippe fernzuhalten seien, denn »nirgends sonst gebärdet sich ja der Bettel zudringlicher«.[259]

Die Situation in den Städten hatte sich mit dem Aufstieg der Bischöfe in den Jahrzehnten nach der konstantinischen Wende gründlich, aber nicht unvorbereitet geändert. Mit den Resten der alten städtischen Eliten sorgten sie sich nun um das Wohlergehen der Städte und teilten mit ihnen die Ehren. Unterstützt wurden sie von einem hierarchisch geordneten Klerus, von frommen Jungfrauen und Witwen und nicht zuletzt von einer ständig wachsenden Schar von Mönchen, die aus der Wüste in die Städte einfielen, wenn der Bischof sie rief. Die Armen, seine besonderen Hilfsbefohlenen, verpflichtete er zur Staatstreue und zum lauten Beifall für sein Regiment. Ihre dankbar erhobenen Hände beim Empfang des täglichen Brotes und ihr Hosianna ersetzten ihm den Applaus der begeisterten Volksmenge im Circus, die früher ihre spendablen Gönner hochleben ließ. Der Kaiser sah diese Entwicklung mit Wohlgefallen. Denn der Bischof versprach ihm die Loyalität der Städte nun bis in die Elendsquartiere der Armen. Unverändert war die Pflicht des Kaisers geblieben, seine Untertanen wie bisher zu umsorgen: »Der Strom der Vergünstigungen, der von Euch in die Städte fließt, hört niemals auf«, hatte sich um die Mitte des 2. Jahrhunderts Aelius Aristides gefreut.[260] Nichts daran durfte sich ändern. So blieben die Städte bis zum bitteren Ende die über alles geliebten Kinder der mediterranen römischen Welt.

Die Spaltung in Ost und West

In dem Maß, in dem die Honoratioren der Städte unter der Last ihrer Pflichten gegenüber dem Kaiser und ihrem Heimatort erst wankten, dann fielen, übernahmen die Bischöfe die Leitung der Kommunen; vielerorts hörte man nur noch ihre Stimme oder den

Jammer der um Amt und Vermögen gebrachten Kurialen. »Einen ganzen Monat brauchte man, um alles Unglück der Leute, die im Rat sitzen, genau darzustellen«, klagte um 380 Libanios, als seine geliebte Heimat- und Weltstadt Antiochia statt auf früher 600 nur noch auf 60 Stadträte zählen konnte. Wenig später verfluchte er die Mönche – »jene Schwarzröcke, die mehr als Elefanten fressen und durch die Größe ihrer Humpen lästig fallen« –, als sie im geheimen Einvernehmen mit dem Bischof die Tempel der alten Götter plünderten und ihre Altäre stürzten.[261] Mit beiden Nachrichten demonstrierte er den Wandel: Den Abschied der alten Elite, die Spaltung der Städte und schließlich den Sieg des Bischofs und der Kirche.

Sie hatte am Ende des Jahrhunderts, an dessen Anfang Konstantin vor der Schlacht an der Milvischen Brücke (312) das Kreuz am Himmel sah, zusammen mit dem Kaiser die Heiden besiegt. Aber immer noch und immer heftiger rangen ihre geistigen Eliten um den rechten Glauben und kämpften gegen Abweichler und Ketzer; von ihnen zählte Augustinus 88 Gruppierungen, als er sich 428 daran machte, sie alle in einem Katalog zu erfassen.[262] Die Zeitgenossen konnten daraus nur einen Schluß ziehen: Frieden und Versöhnung waren in der streitenden Kirche ferner denn je, und die Eintracht der Untertanen im Glauben, auf die alle Kaiser gehofft hatten, blieb ein unerfüllbarer Traum. Es sollte noch schlimmer kommen: Als sich der Orient vom Okzident zu trennen begann, Byzanz und das Abendland eigene Wege gingen, taten die Bischöfe das Ihre, um den sich auftuenden Graben zu vertiefen. Ihr unversöhnlicher Streit um die Frage, ob der göttliche Sohn seinem Vater wesensgleich sei, nahm einen Frontverlauf, der der späteren Grenze zwischen West und Ost folgte. Die Streitenden erhielten Namen, die schon immer zur Bezeichnung zweier unterschiedlicher Welten gedient hatten: hie *orientales*, dort *occidentales*.

In diesem Kampf der Theologen um die Göttlichkeit Christi zeigte sich immer deutlicher, daß die Bischöfe des Ostens Himmel und Erde anders sahen als ihre Amtsbrüder im Abendland. Reinen Unverstand warfen sie ihnen vor, ja Dummheit, woraufhin diese den Teufel beschworen: »Im Westen«, da war sich Hieronymus sicher, »leuchtet die Sonne der Gerechtigkeit, im Osten hat Lucifer seinen Thron aufgerichtet«. Es war die Zeit der Eiferer, und sie zogen, bewußt oder unbewußt, Gräben, die schließlich niemand mehr zuschütten konnte. Einer von ihnen war Athanasius, der Bischof von Alexandria. Dies war ein Mann eher vom Stahl des Caesar als von der Sanftmut des Gekreuzigten: Als er 335 seines Amtes enthoben und von Konstantin als unbelehrbarer Unruhestifter nach Trier in die Verbannung geschickt worden war, tilgte er jeden Gedanken an Demut und Nachgeben aus seinem Tugendkatalog, sammelte Anhänger, fand Zuflucht in Rom und betrieb von dort seine Rückkehr auf seinen angestammten Bischofsstuhl. In den Jahrzehnten vor seinem endgültigen Sieg hatten sich mehrere Synoden und Kaiser mit ihm herumgeschlagen, und fünfmal war er in die Verbannung gegangen. Am Ende aber gelang es ihm, seinen Anspruch auf Rückkehr nach Alexandria zur Sache der Bischöfe des Westens zu machen, denen sich der wortgewaltige Mann erfolgreich als Vorkämpfer ihrer dogmatischen Position angedient hatte. Als die Totengräber seinen Leichnam aus dem Bischofspalast von Alexandria trugen, nannten ihn die einen den mächtigsten Mann des Reiches, da er von sich sagen konnte, auf sein Wort hin seien die für Konstantinopel bestimmten Getreideschiffe im Hafen geblieben, andere feierten ihn als größten Vorkämpfer des rechten Glaubens, und viele sahen ihn als Spalter des Reiches, denn ihm war es als erstem gelungen, die Bischöfe des Westens geschlossen gegen die des Ostens zu führen.

Auf Kirchenfürsten wie diesen paßt der Satz, mit dem Machiavelli das Zeitalter nach Konstantin beschrieben hat: »Männer, die man früher Caesar oder Pompeius genannt hatte, hießen nun Johannes oder Petrus oder Matthäus.« Ihre Gier nach Macht verband sich unauflöslich mit der Leidenschaft, den rechten Glauben überall durchzusetzen. Sie waren entschlossene Führer ihrer Städte, die an einem Tag ihre theologischen Fehden austrugen, um anderntags den kaiserlichen Hof zu belagern und ihn energisch an seine Pflichten gegenüber den Kommunen zu erinnern. Dabei zeigten sie sich in der Form untertänig, in der Sache aber unerbittlich, wußten sie doch, daß der Kaiser auf sie als die Bewahrer des städtischen Selbstregiments und der öffentlichen Ordnung angewiesen war und sie die einzige Instanz waren, auf die auch die ländlichen Großgrundbesitzer hörten.

In den Jahrzehnten des Ringens um den wahren Glauben, in dem alle Parteien die Hilfe des Kaisers erbeten hatten, wurde ihnen eine Entscheidung abverlangt, die das Reich an einem weiteren zentralen Punkt spalten sollte. Der christliche Kaiser, der seine schützende Hand über die Kirche hielt, forderte von ihr Gehorsam auch in allen Fragen des Glaubens. Dieses Recht gebührte ihm als *Pontifex maximus* seit eh und je, und so wollte er es auch mit dem neuen Gott geregelt wissen. Von diesem, so argumentierte er, habe er unmittelbar seinen Auftrag und seine Einsichten erhalten, ihm sei er für die Verwirklichung des Heilsplans verantwortlich. Daher sei er der legitime Herr der Kirche und halte den Schlüssel zur Wahrheit des Dogmas in Händen. Die Bischöfe des Ostens beugten sich: »Wir danken Gott«, erklärten 381 die Teilnehmer des Konzils, das Theodosius nach Konstantinopel befohlen hatte, denn »er hat die kaiserliche Macht Eurer Majestät eingesetzt zum gemeinsamen Frieden aller Kirchen und zur Festigung der gesunden Glaubenslehre.«[263] Die Bischöfe des Westens sahen es anders und sprachen von Anmaßung. Allen voran ihr streitbarer Vorkämpfer Ambrosius, der 386, am Palmsonntag, das Mailänder Kirchenvolk zum Widerstand aufrief: »Der Kaiser steht in der Kirche und nicht über der Kirche«, rief er, ein Satz, der, je öfter er wiederholt wurde, in den Ohren der westlichen Bischöfe wie ein Schlachtruf klang und ihre Reihen geschlossen hielt.[264] 100 Jahre später nahm ihn der Papst Gelasius wieder auf, als er – nun ganz Herr seiner Diözesen – den Kaiser Athanasius belehrte: »In Sachen des Glaubens hat der Kaiser nur zu lernen, nicht zu lehren.«[265]

Es hat lange gedauert, bis sich dieses Verständnis von der Freiheit der Kirche durchgesetzt hat. Nach langen Kämpfen war sie am Ende stark genug, eine Grenze zwischen sich, der einen, an ihren universalen Missionsauftrag gebundenen Institution Gottes, und der weltlichen Macht zu ziehen, deren Schicksal von vielen, einander ablösenden Staaten geprägt sein konnte. Diese Grenze wurde in den folgenden Jahrhunderten zur Frontlinie und hat – wie im Investiturstreit des 11. Jahrhunderts, in dem die Kirche auf ihr alleiniges Recht bei der Besetzung ihrer Ämter pochte – die Gläubigen gespalten. Durchbrochen wurde sie nie. Im griechischen Osten hingegen fanden die Gottkaiser williges Gehör, wenn sie ihre Macht über die Lehren der Kirche verkündeten. Dort ging der Patriarch, das Haupt der Reichskirche, dem Kaiser entgegen und warf sich zum Zeichen seiner Unterwerfung in den Staub. Dort blieb unbestritten, was der Bischof von Milive, Optatus, Mitte des 4. Jahrhunderts den aufgeregten Bischöfen des Westens geschrieben hatte: »Nicht ist der Staat in der Kirche, sondern die Kirche ist im Staat.«[266]

So zeichnete sich die Auflösung der Reichseinheit am Ausgang des 4. Jahrhunderts immer klarer auf der politischen Landkarte ab. Der Kampf der Theologen um die Formel von »einem Gott in drei Personen« war zwar weitgehend beigelegt worden. Aber er hatte schonungslos die Gegensätze eines lateinisch-westlichen und eines griechisch-östlichen Verständnisses von Religion offenbart und vertieft. Im Grunde konnten die theologischen Streitpunkte wechseln. Dort, wo sie sich in Ost und West berührten, kamen jeweils andere Antworten heraus, und die meisten bargen genügend politische Sprengkraft, um den Graben zwischen Orient und Okzident zu vertiefen. 700 Jahre nach der Entscheidung Konstantins, den inneren Frieden des Imperiums mit Hilfe des universalen Christengottes zu bewahren, war die Einheit für immer dahin, wurde der endgültige Trennungsstrich zwischen Ost und West gezogen. 1054 verfluchten die griechisch-orthodoxe und die römisch-katholische Christenheit einander und lösten eine Verbindung, die seit den Tagen Theodosius des Großen (gest. 395) immer brüchiger geworden war. Weitere 400 Jahre später, 1453, starb das christliche Byzanz eines gewaltsamen Todes von der Hand des türkischen Sultans. Seine Bevölkerung hatte die vom Westen angebotene Hilfe abgelehnt: »Lieber den Turban als die Tiara in unserer Stadt«, lautete die Parole, mit der man dem Westen den Rücken kehrte.

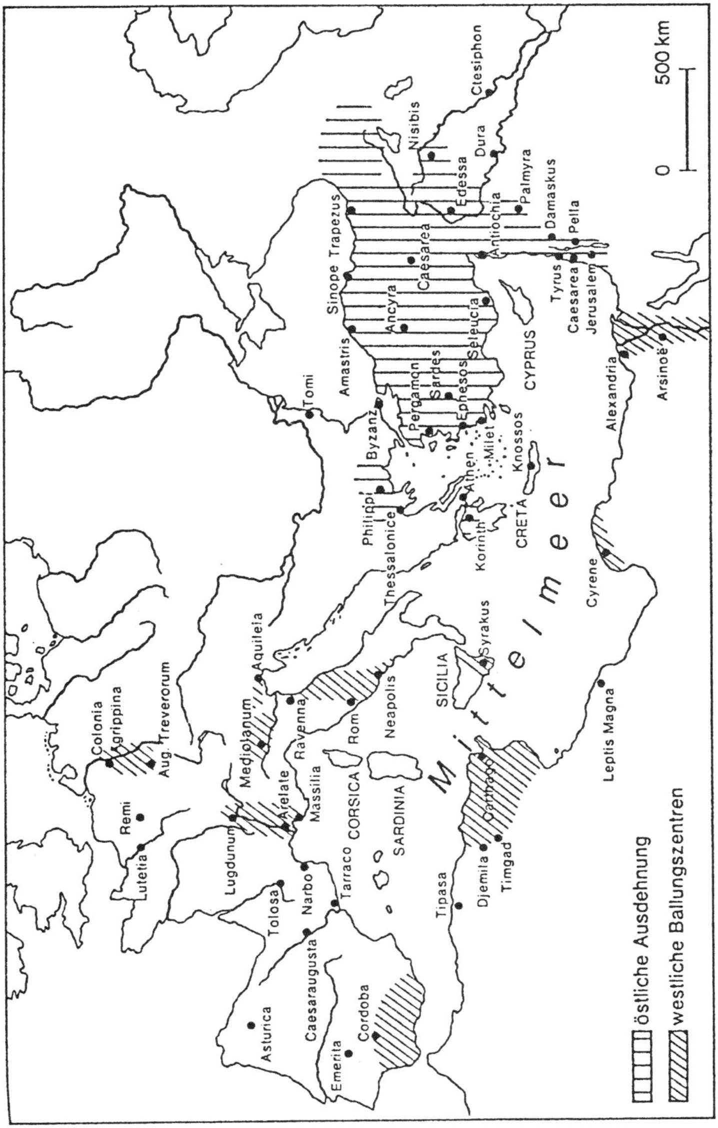

Abb. 2: Die Ausdehnung des Christentums am Ende des 3. Jahrhunderts

»Der Erdkreis stürzt ein«

Das Ende im Westen und die Isolation als Preis des Überlebens im Osten

»Herrschaft ohne Ende habe ich gegeben«, hatte Vergils Jupiter Rom versprochen.[267] Jeder, der in der Schule lesen und schreiben gelernt hatte, kannte diesen göttlichen Ratschluß und zweifelte nicht an seiner Kraft. Über 400 Jahre später aber ging eine andere Vision in Erfüllung, die apokalyptische des Horaz, geschrieben unter dem Eindruck des Bürgerkrieges nach dem Tode Caesars:

> »Weh, der Barbar steht siegreich auf Aschenhalden,
> der Hufschlag
> der Feindesrosse dröhnt laut durch die Römerstadt.«[268]

Im August des Jahres 410 war es soweit. Die Krieger des westgotischen Königs Alarich sprengten die Tore des ewigen Rom, plünderten die Stadt und verließen sie mit langen Wagenkolonnen, die mit der Beute auch die Schwester des Kaisers, Galla Placidia, fortführten. Zum ersten Male, seitdem 387 v. Chr. ein keltischer Fürst die Stadt bezwungen hatte, fiel Rom in die Hände seiner Feinde. »Der Erdkreis stürzt ein«, rief, im fernen Bethlehem über die Prophezeiungen der Propheten Israels gebeugt, der erschütterte Kirchenvater Hieronymus. Er sprach einer ganzen Welt aus dem Herzen.[269]

Daß dieser Tag kam, hat seinen wichtigsten Grund in den Veränderungen der äußeren Welt. Dem Imperium wurden seine großen Erfolge jenseits des Mittelmeerraumes zum Schicksal. Es tritt auf den ersten Blick als Krieg von Nord gegen Süd, von städtischer Kultur gegen barbarische Wildheit auf. Erst der zweite Blick erkennt es als Ertrag der Geschichte. Denn die Entscheidung des Augustus, die Legionen in breiter Front nach Mitteleuropa zu führen und sie an Rhein und Donau dauerhafte Lager aufschlagen zu lassen, hatte Rom mit zwei Problemen belastet, für die es keine Lösung fand, so sehr sich die Kaiser darum mühten: die Ziehung einer politisch und strategisch haltbaren Grenze und die Zivilisierung der Barbaren. Die Nordgrenze und die Schrecken der Wälder und

Sümpfe jenseits des Rheins und der Donau wurden zum Prüfstein für das Reich. Dort war nun der Ort, an dem Rom feststellen mußte, daß es sterblich war.

Das Los seiner Grenzstädte ließ ahnen, was allen drohte. Sie, die seit der Mitte des 3. Jahrhunderts vielfach erobert und geplündert worden waren, begannen in aller Eile ihre Zentren zu ummauern, wobei sie als Baumaterial auch die Reste ihrer alten, für immer verschwundenen Herrlichkeit verwenden mußten: Steine der öffentlichen Prunkbauten, Säulentrommeln der Tempel, Marmorplatten der Sarkophage und Altäre. In ihren eng gewordenen Gassen verlor das Leben seinen Glanz und richtete sich nach den Bedürfnissen der militärischen Garnison. Zum ersten Male in der Geschichte der Antike stellte sich der Stadtbürger die bange Frage, ob er es auf dem Lande nicht besser habe.

Der barbarische Sieger war davon ohnehin überzeugt und überließ die Städte ihrem Schicksal. Ihre Mauern und Häuser zerfielen, ganze Stadtteile versanken, und die Thermen, die einstigen Tempel antiker Geselligkeit, wurden notdürftig in Wohnungen umgebaut oder dienten als Kirchen. Die Städte der Balkanprovinzen erlagen im 7. Jahrhundert den Slawen, die bis zum Beginn der Völkerwanderung in ihrer Urheimat zwischen Weichsel und Dnjepr ein abgeschiedenes Leben geführt hatten und von der städtischen Kulturwelt des Mittelmeerraums fast völlig unbeachtet geblieben waren. Sie beendeten auf dem Balkan die antike Stadtkultur drastischer als die Germanen im Westen und trieben die griechischen Bewohner an die Küsten, auf die Inseln oder nach Süditalien und Sizilien. Hier wie im ganzen Westen verschwanden die alten weltlichen Eliten.

Byzanz hat den Untergang des Imperiums im Westen überlebt und seinen eigenen Weg in die Geschichte eingeschlagen. Im Schutz der Mutter Gottes sahen sich seine Bewohner als auserwähltes Volk, das einem Meer von Feinden trotzte. Anders als im Westen, wo die Bildung der Väter im 7. Jahrhundert schwand, lebte dort eine klassisch geprägte Elite weiter und bewahrte das ganze Mittelalter hindurch, was sich von Platon oder Euklid, von Sophokles oder Thukydides erhalten hatte. Auch hier hatte in den Städten der Bischof die alten Ratsherren verdrängt, auch hier war er in den

Jahren der Not häufig der einzige Halt seiner Mitbürger, die sich ihrer christlichen Gemeinschaft mehr zugehörig fühlten als dem fernen Staat. Diese allerdings konnte von Provinz zu Provinz verschieden sein, da die Glaubenskriege um die Wesenseinheit von Gottvater, Sohn und Heiligem Geist, um das Verhältnis der göttlichen zur menschlichen Natur Jesu, die heilsgeschichtliche Rolle der Jungfrau Maria und die Wirksamkeit der göttlichen Gnade tiefe Spuren des Hasses und der Trennung hinterlassen hatten. Wer am Ende des 5. Jahrhunderts Umschau hielt, sah in Armenien, Syrien, Ägypten und Äthiopien eigene Kirchen wachsen, die ihr Gesicht von Byzanz und seinem herrischen Patriarchen abwandten. Als sich seit 635 die Krieger Muhammads in diese Länder ergossen, fanden sie viele, die den Streit der Theologen als Verrat an ihrem Glauben verachten gelernt hatten. Sie ergaben sich mit ihren Bischöfen leichten Herzens einem Gegner, dessen Herrschaft ein Ende der religiösen Verfolgungen und dessen Religion die Toleranz versprachen.

Muhammad und der arabische Ausbruch aus der Wüste

Vieles war in den Jahren der Völkerwanderung zerstört worden. Geblieben war die Einheit des Mittelmeerraumes, getragen durch gemeinsame historische Erinnerungen und gehalten vom christlichen Glauben, so zerstritten sich seine Anhänger auch gebärden mochten. Um 700 gab es diese Welt nicht mehr: Unter der grünen Fahne ihres Propheten Muhammad hatten arabische Stämme Palästina, Syrien, Mesopotamien und den Iran überrannt; im Süden fielen Ägypten und die wichtigsten Häfen der benachbarten Cyrenaika in ihre Hände. Bis zum Ende des Jahrhunderts brach jeder Widerstand auch im Maghreb zusammen; 711 schließlich setzte der Berbergeneral Tariq nach Spanien über und öffnete dem Islam das Tor nach Europa.

Alles begann in Arabien, viele hundert Kilometer südlich der byzantinischen Grenze. Seine Wüsten und Steppen wurden seit unvordenklichen Zeiten von Beduinen durchwandert, und seine großen Oasen wurden von den Stadtbürgern Mekkas und Medinas beherrscht. Hier Seßhafte, dort Nomaden: Es waren zwei grundverschiedene Welten, die nichts zu gemeinsamem Handeln einlud und die daher lange von den Grenzen der Kulturländer ferngehalten werden konnten. Daß dies mit der Gewalt einer Explosion anders wurde, war das Verdienst eines Mannes: Muhammad. Geboren um 570 in Mekka, begann der Vierzigjährige den Glauben an Allah zu verkünden, den einzigen, unsichtbaren Gott, den Schöpfer der Welt und den Richter der Seelen, der alles menschliche Tun seinem Willen unterwirft. Vor seinem Thron konnte nur bestehen, wer ihm und keinem anderen gedient und wer nach Recht und Barmherzigkeit statt nach irdischen Gütern gestrebt hatte.

Muhammad hat die ihm vom Engel Gabriel verkündete göttliche Offenbarung, die spätere Generationen im Koran festhielten, den Bürgern seiner Heimatstadt gepredigt. Sie aber wollten davon nichts hören: Die leidenschaftlichen Visionen vom nahe bevorstehenden Gericht und die offen gezeigte Verachtung für die mekkanischen Lokalgottheiten, die Scharen zahlungswilliger Pilger anlockten, stießen die nüchtern denkenden Kaufleute ab. Der mißachtete Prophet verfluchte sie und wanderte mit der kleinen Schar seiner Getreuen 622 nach Jathrib, das nach seinem Tod den Namen Medina, Stadt des Propheten, erhielt. Dort, wo seit Menschengedenken rivalisierende Stämme Mord und Totschlag in die Stadt getragen hatten, setzte er sich durch. Er einte als politischer Führer die Zerstrittenen, gründete die durch den Glauben an Allah zusammengehaltene *Umma* (»Gemeinde« oder »Gemeinschaft«) und kehrte 630 an der Spitze seiner Krieger triumphierend nach Mekka zurück. Jetzt gewann er die Adelsfamilien der Stadt für sich, ohne deren politische und kriegerische Erfahrungen die Ausbreitung der Umma weit über die arabische Halbinsel hinaus nicht möglich gewesen wäre.

Als letzte traten der Umma auch die Stämme der Wüste bei und nahmen das Gebet mit dem Gebetsruf und die Pflicht zur Armensteuer als die wichtigsten Zeichen des Islam an. Vor allem aber schworen sie ihren ewigen Blutfehden ab und beugten sich der Forderung, künftig keine Kriege gegen Muslime (»die sich Gott völlig Ergebenden«) zu führen. Der uralte Zwist zwischen Städtern und Nomaden war geschlichtet und die neu geschaffene Gemeinschaft

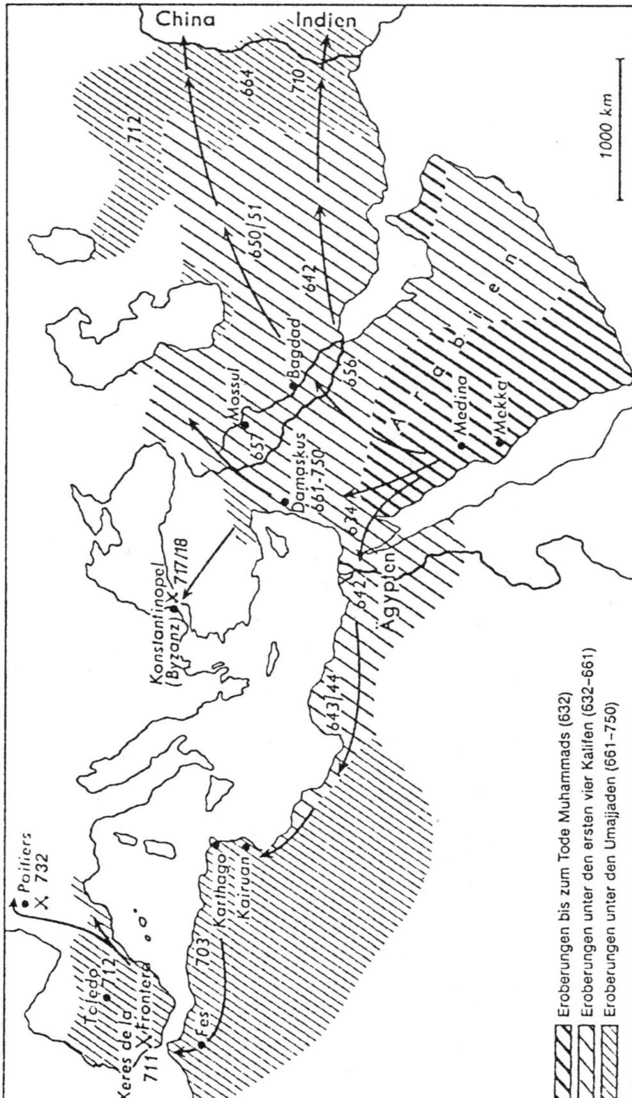

Abb. 3: Die Ausbreitung des Islam im 7. und 8. Jahrhundert

fähig, die Bürger der Städte gemeinsam mit den Beduinen Arabiens zu neuen Ufern zu führen.

Als Muhammad 632 starb, hatte er seine prophetische Sendung vollendet und den Arabern den Frieden gebracht. Nichts jedoch hinterließ er über die künftige Lenkung der Gemeinde und die Bestellung eines Nachfolgers. Eins nur war gewiß: Wer immer es wurde, zu ihm würde Gott nicht mehr sprechen. Die engsten Anhänger des Propheten improvisierten und wählten einen aus ihrer Mitte, Abu Bakr, zum Oberhaupt und erklärten ihn zum Kalifen (»Nachfolger« und »Stellvertreter«). Er erfüllte seine historische Aufgabe, als er dem von Muhammad geschmiedeten Bündnis von Stadt und Wüste ein neues, für alle Partner nützliches Ziel setzte: Krieg und Expansion, solange und wo immer es Ungläubige gab, die sich widersetzten. So verband sich der Glaube an Allah mit der Ideologie von Eroberern, und der Heilige Krieg *(Djihad)* band die Beduinen auf Dauer an den Islam.

Jetzt brachen sie aus der Wüste aus, geführt von den Eliten der Städte Mekka und Medina und in der Gewißheit des Prophetenwortes: »Auf dem Weg Gottes ist der, der für den Sieg Gottes kämpft.« Aus den vorislamischen Raubzügen einzelner Stämme war damit der gezielte Angriff der islamischen Umma auf die gesamte nichtmuslimische Welt geworden. Die byzantinischen Truppen wurden 636 in der Schlacht am Jarmuk in die Flucht geschlagen, Antiochia fiel 637, Alexandria 642, Karthago 698; bis in die Zeit der Kreuzzüge sollte kein christliches Heer mehr an die Küsten Syriens und Palästinas zurückkehren. Neue Zentren entstanden, alte sanken in die Bedeutungslosigkeit. Die erste Hauptstadt der arabischen Kalifen wurde Damaskus, damals nichts weiter als ein Posten der byzantinischen Verteidigungslinie wie viele andere auch. 762 baute der Kalif Al-Mansûr am rechten Ufer des Tigris, unweit von Ktesiphon, der verfallenen Residenz der persischen Könige, seine neue Hauptstadt Bagdad, die bald zum politischen und geistigen Mittelpunkt des Reiches der Abbasiden (750–1258) und seiner iranischen Elite aufsteigen sollte. Die Auspizien ihrer Gründung hatten Fachleute der persischen Astrologie bestimmt: Im Zentrum der doppelt ummauerten Stadt lagen die Moschee und der Palast des Kalifen; die Wohnbereiche lehnten sich an den inneren Mauerring. Nichts mehr verdankte diese Stadtanlage den großen Städten des alten Imperiums. Eine von ihnen, die im reichen Tal des Orontes gelegene alte Weltstadt Antiochia, die doch so stolz auf ihre Bauten und die nächtliche Beleuchtung ihrer Straßen gewesen war, verwandelte sich in ein waffenstarrendes Heerlager, vom dem aus die Beduinenkrieger zu ihren alljährlichen Kriegszügen aufbrachen. Auf den Stufen des leeren Palastes, der einst den Kaiser und seinen Hofstaat aufnahm, zeltete ein einsamer Eremit.

Das Schicksal Nordafrikas

Nordafrika aber, das Rom mit Städten übersät hatte, veränderte für immer sein Gesicht. Es vergingen 30 Jahre eines langen und zähen Ringens, bevor 698 das byzantinische Karthago kapitulierte und dem arabischen Sieger den Weg zur marokkanischen Atlantikküste frei machte. Das muslimische Afrika *(Ifriqiya)* mit seiner neuen Hauptstadt, dem in der Steppe gelegenen Handelsknotenpunkt Kairouan, wurde Wirklichkeit, und das römische Erbe zerfiel. Es war ebenso wie der christliche Glaube an die Existenz der Städte an der Küste und in den Fruchtebenen gebunden gewesen. Als ihre Mauern einstürzten, verwehten die Spuren Roms schnell. Der Bischof von Karthago, seit dem 3. Jahrhundert einer der wichtigsten Kirchenfürsten des Imperiums, verschwand wie sein Glaube und die römische Zivilisation nahezu geräuschlos von der afrikanischen Bühne. Trotzdem hatte sich das Gesicht der alten römischen Provinzen zunächst nicht völlig verändert. Bis in die Mitte des 11. Jahrhunderts blieb die Arabisierung auf die östlichen Regionen beschränkt. Die Katastrophe kam unerwartet. Um 1050 schickte der fatimidische Sultan von Kairo einige zehntausend arabische Nomaden nach Westen, um dort seine abtrünnigen Vasallen in Kairouan zur Raison zu bringen. Es waren die ursprünglich im arabischen Hedschas beheimateten Beduinenstämme der Banu-Hilal, die sich auf den Weg machten und denen bald andere folgen sollten. »Sie fielen«, trauerte der Historiker Ibn Chaldun um 1377, »über Ifriqiya her wie eine Wolke von Heuschrecken, alles, was sich auf ihrem Weg befand, verwüstend und zerstörend.«[270]

Es mag sein, daß Ibn Chaldun übertrieb. Sicher ist, daß bis in die Mitte des 13. Jahrhunderts das bis dahin noch reiche und dicht bevölkerte Marokko in nomadische Anarchie versank. Längst vorher war Kairouan zu einem armseligen Marktflecken für Nomaden verkommen; nur seine Moschee und seine religiöse Bedeutung konnten verhindern, daß es ganz verfiel. Am Ende hatte sich im tiefen Schatten einer allgemeinen Unsicherheit das Gleichgewicht auf dem Lande zugunsten der Nomaden verschoben. Das städtische Leben erlosch in den großen Fruchtebenen und fand Zuflucht vornehmlich an der tunesischen Küste. In diesem seit vielen Jahrhunderten urbanisierten Land besaß die städtische Kultur eine ungewöhnliche Kraft, wurde zur letzten, zäh verteidigten Bastion seßhaften Lebens, das im Schutz der befestigten Stadtmauern überdauerte.

Das Ende der Einheit des Mittelmeerraumes und der Sieg der religiösen Gemeinschaft

Die Folgen des arabischen Ausbruchs aus der Wüste sind geblieben. Sie zogen einen weiteren tiefen Graben quer durch das Mittelmeer. Denn die Siege der zum Glauben an Allah bekehrten Nomaden brachten das Elend gerade in die Gebiete, in denen die Völkerwanderung die geringsten Verheerungen angerichtet hatte. Vielerorts verwandelte der Sieger das Agrarland in Weiden: Die Seßhaftigkeit bildete sich zurück, und die Städte verkümmerten. Die Welt des Mittelmeers und des Orients, welche die Kriegszüge Alexanders, das Imperium der Römer und der Glaube an den Gekreuzigten geeint hatten, teilte sich politisch, religiös und kulturell in zwei feindliche Lager.

Im Osten verhärtete sich die Konfrontation mit dem unbezwinglichen Byzanz, das 718 den letzten großen Angriff der muslimischen Kriegsflotte zurückschlug. Die Niederlage wog schwer für die islamische Welt, da sie ihre unbedingte Siegesgewißheit ebenso wie die Hoffnung der Kalifen zerstörte, ihrem Reich sei ewige Dauer beschieden: Solange Byzanz und die Kernländer des oströmischen Reiches nicht gefallen waren, mußte mit einem plötzlichen und massiven Gegenangriff des christlichen Kaisers gerechnet werden. Die Folge war eine schleichende, aber wirksame Betonung der Unterschiede, die Muslime und Christen trennten. Dazu bedurfte es keiner Änderung der Politik der Toleranz, mit der die arabischen Sieger ihre Länder regierten; sie ruhte fest in der Überzeugung, daß Juden und Christen ihre heiligen Schriften von Allah empfangen hatten und ihre Propheten ebenso wie Jesus seine Gesandten waren. Aber die Unabwendbarkeit der islamischen Herrschaft und die Nöte des täglichen Lebens trieben viele syrische und ägyptische Christen in eine zurückgezogene Existenz oder ließen sie schließlich den Glauben an Allah annehmen, der doch für alle erkennbar seine Gunst dem arabischen Sieger schenkte. Die Verbindung zu den Kirchen des Abendlandes und des byzantinischen Reiches verkümmerte. Bereits das 680 einberufene Konzil von Konstantinopel behandelte die einst so mächtigen Patriarchate von Alexandria, Jerusalem und Antiochia nicht mehr als Teile der christlichen Welt. Diese erkannte im muslimischen Glauben ohnehin nur eine scheußliche Häresie, von Muhammad erdacht, um seine wilden Heerscharen den Tod im Kampf lieben zu lassen.

Wer im 10. Jahrhundert die Welt bereiste, konnte anhand dessen, was er sah und hörte, sofort erkennen, wenn er in einem islamischen Land angekommen war. Von Andalusien und Marokko bis nach Mittelasien und dem Pandschab traf er auf ein einheitliches politisches und geistliches System und las vom Gedicht bis zur amtlichen Verfügung alles in arabischer Sprache. Die Gläubigen rief keine Glocke, sondern der Muezzin zum Gebet in die Moschee, deren wesentliche funktionelle Elemente der Prophet für alle Zeiten verbindlich bestimmt hatte: Einen eingehegten Platz, um sich zum Gebet niederzuwerfen, die Festlegung der Gebetsrichtung nach Mekka und eine Kanzel zur Belehrung der Gläubigen. Dies ließ Raum für die Entfaltung architektonischer Pracht – vor allem dort, wo es mit christlichen Basiliken zu konkurrieren galt. So war es in Jerusalem, wo seit Konstantin die Auferstehungs- und Grabeskirche stand, über der eine von den Pfeilern eines gedeckten Umgangs getragene Kuppel schwebte; der Kalif, der an diesem Ort eine Moschee errichten wollte, konnte sich nicht mit der Wiederholung der schlichten Gebetsstätte des Propheten in Medina begnügen. So bildet das Kernstück des 692 fertiggestellten Felsendoms auf der höchsten Erhebung des Berges Moriah eine von vier Pfeilern getragene Kuppel. Die imperiale Größe des Weltreiches schließlich, das der Reisende betreten hatte, fand er überall in den Palästen, die das Zentrum von Herrschaft, Rechtsprechung und fürstlichem Leben waren.

Vergeblich aber suchte er nach dem »Bürger«. Er war in einer im Glauben an Allah geeinten islamischen Welt überflüssig. Hier zählte nur der Gläubige. Denn der Staat als ein Werkzeug göttlichen Willens bedurfte weder einer säkularen Autorität und Rechtsprechung, noch gestattete er den Gedanken an einen Bereich des Lebens jenseits des religiösen Gesetzes und seiner Hüter. So hatte die Idee der religiösen Gemeinschaft bereits in der Geburtsstunde des Islam die Idee des Staates als einer Versammlung freier Bürger, unterworfen nur dem Gesetz, verdrängt. Das Wort Gottes beanspruchte die Alleinherrschaft über das tägliche wie das staatliche Leben. Ciceros Sätze über den Bürger überlebten nur im Westen und dort für lange Zeit nur in den Stuben der Gelehrten: »Die Gesetze sind der Anker der Stellung, die wir im öffentlichen Leben einnehmen, sie sind die Grundlage der Freiheit, sie sind der Quell der Gerechtigkeit; Geist und Sinn und Zweck und Gedanke des Staates beruhen auf den Gesetzen.«[271] Von Cordoba bis Samarkand hingegen regierte die *Fatiha* (Eröffnung) der ersten Sure des Korans: »Im Namen des barmherzigen und gnädigen Gottes. Lob sei Gott, dem Herrn der Menschen in aller Welt, dem Barmherzigen und Gnädigen, der am Tag des Gerichts regiert. Dir dienen wir, und dich bitten wir um Hilfe. Führe uns den graden Weg, den Weg derer, denen du Gnade erwiesen hast.«

Tod und Auferstehung: Die Erinnerung an die Städte des Imperiums

Ein langes Leben zwischen Freiheit und Herrschaft: Die Stadt in der Antike

Es war ein langes Leben, das die Geschichte der antiken Stadt beschied. Von ihren Anfängen im 8. Jahrhundert v. Chr. irgendwo an der kleinasiatischen Küste bis zum Untergang der römischen Städte in Gallien Ende des 5. n. Chr. gingen etwa ebenso viele Jahre ins Land, wie Mittelalter und Neuzeit zusammen durchmaßen. Es war eine Welt, in der die fortschreitende Zeit wenig Bedeutung hatte und der Gedanke der Dauer beherrschend war: Das Imperium beanspruchte sie für immer, und seine Untertanen sprachen auf Grabsteinen oder in Gedichten von sich so, als ob ihr Nachleben ewig währen könne. Zu dieser Faszination des Dauerhaften gehörte ein besonderes Verständnis von Vergangenheit und Zukunft: Wer dorthin blickte, wappnete sich mit der Berufung auf das, was war. Denn die Toten und ihre Taten waren die Instanz, vor der alles Gegenwärtige und Zukünftige zu bestehen hatte. »Die goldenen Zeiten bringt er nach Latium wieder«, feierte Vergil Augustus, und dies war in den Augen jedes Römers die größte Tat, die ein Mensch vollbringen konnte.[272] Ob die Zukunft das Große und Bleibende bringen würde, wußte niemand. Wer sie planen wollte, war daher gut beraten, sich nicht von den überkommenen Traditionen zu lösen, denn jeder war immer und überall Erbe eines anderen, vergangenen Menschen oder längst festgelegter Gegebenheiten. »Scipio und andere hervorragende Männer unseres Staatswesens pflegten zu bekennen, wie mächtig ihr Geist für edle Taten entflammt werde, wenn sie die Bilder ihrer Ahnen betrachteten«, betonte der Historiker Sallust (86–34 v. Chr.), bevor er sich dem Krieg gegen den numidischen König Jugurtha (109–105 v. Chr.) zuwandte, in dem die Moral der Väter verkam.[273] So maßen in Rom die Erfahrungen der Vergangenheit die Schritte in die Zukunft aus.

Gegründet war dies alles auf eine erstaunliche Konstanz der sozialen und wirtschaftlichen Ordnung, die keine sozialen Revolutionen – vergleichbar etwa der industriellen Revolution des 19. Jahrhunderts – erschütterten. In keiner Phase ihrer langen Geschichte haben die Menschen der Antike eine völlig neue Lebensform entdecken müssen: Wer zur Zeit Konstantins des Großen lebte, hätte den Bürger des demokratischen Athen in seinen Lebensumständen wiedererkennen können, obwohl sie beide acht Jahrhunderte trennten. Der eine entschied mit seinesgleichen in der Volksversammlung über Krieg und Frieden, der andere hoffte auf die milde Hand eines Gottkaisers. Beide aber waren Bürger einer Stadt. In der römischen Kaiserzeit bedeutete dies, Teil eines sozialen Organismus zu sein, der zum einen den kaiserlichen Hof und die zur Verwaltung des Imperiums berufenen Senatoren und Ritter mit den Notabeln der Städte und den Bürger mit dem Soldaten verband und der zum anderen dem Stadtbürger die Freiheit der Selbstverwaltung, die soziale und geographische Mobilität und die Respektierung der gewachsenen Verhältnisse gewährte. Zu ihnen gehörte die Noblesse des Vornehmen ebenso wie der dankbare Beifall des kleinen Mannes.

Der Kern dieses Organismus, die Leistungen der städtischen Eliten für ihre Städte und das Reich, schmolz, als die Legionen an Rhein und Donau nicht mehr in der Lage waren, den inneren Frieden des Reiches zu schützen. Damit setzte sich ein verhängnisvoller Mahlstrom von wachsenden Leistungen und staatlichem Zwang in Gang, der Freiheit in Reglementierung, Mobilität in erbliche Bindung an Stand und Ort und die lokale Tradition in gleichmachende Ordnung verwandelte.

Es ist eine lange Geschichte, die an diesen Punkt führte. Als die Griechen im 8. Jahrhundert v. Chr. anfingen, Städte zu bauen, hatten die Menschen der Großreiche des Alten Orients bereits seit vielen Jahrhunderten in Städten gelebt. Diese aber unterstanden einem Monarchen, waren von ihm gebaut, beherbergten seine Residenz und die ihm dienende Bürokratie und unterwarfen sich seinem Wort. Die griechische Stadt war davon grundverschieden: Sie war von Anfang an eine Bürgergemeinschaft und dazu allenfalls mit den phoinikischen Städten zu vergleichen.

Die ersten griechischen Städte hat der archäologische Spaten an der Küste Kleinasiens ausgegraben, dort, wo sich Bedingungen für eine geschützte Ansiedlung boten, ohne den Zugang zum Meer zu behindern. Am Ende waren es rund 700 Städte, die sich im Mutterland und an den Küsten des Mittelmeeres ausbreiteten. Die meisten nahmen nur den Umfang einer heutigen Dorfmark ein, bei der die Felder in der Reichweite der Siedlung liegen. Die Zahl ihrer wehrfähigen Männer lag irgendwo zwischen 500 und 1500 Männern; je nach der Zahl der Sklaven und Fremden ist die gesamte Bevölkerung auf das Vier- bis Siebenfache anzusetzen. Unverzichtbar waren der innere Zusammenhalt und die Beteiligung der Bürgerschaft an der Macht: »Die Männer, nicht die Mauern, machen die Stadt aus«, sagte Aristoteles, und: »Wem es erlaubt ist, an der beratenden und richterlichen Gewalt Anteil zu haben, den nennen wir Bürger dieser Stadt.«[274]

Diese durch ihre Bürger und ihre Rechte definierten Städte waren es, die die Griechen als die höchste Form politischer Organisation anerkannten. Die Städte gingen daher auch in die Geschichte ein – sei es, daß die Griechen innerhalb städtischer Mauern alle Möglichkeiten staatlichen Zusammenlebens erprobten und diskutierten, sei es, daß sie jenseits davon Herrschaft über andere aufrichteten und nach Formen suchten, dieser Dauer zu verleihen. Die Freiheit, von der sie gerne sprachen, war ein schwer erworbenes Gut. Denn über sie entschied der Krieg gleich zweifach: Die einen hatten sich früher oder später der Übermacht eines stärkeren Nachbarn zu beugen, die anderen trugen innerhalb der Bürgerschaft aus, wer sich in der Phalanx oder auf dem Kriegsschiff so verdient gemacht hatte, daß er künftig an politischen Entscheidungen teilhaben durfte. Der Bürger lernte dabei, die Freiheit als Unterwerfung aller staatlichen Aktionen unter seinen Willen zu verstehen, dem er die Gestalt von Gesetzen gab. Herrschaft war damit im Prinzip aufgegeben: »Ein Wesenszug der Freiheit besteht darin, abwechselnd beherrscht zu werden und zu herrschen«, beschrieb Aristoteles das Verhältnis zwischen Herrschaft und Freiheit. Alles dies erbte Rom und fügte die Erfahrungen seiner eigenen Geschichte hinzu. Das Grundgesetz städtischer Existenz blieb immer gleich: Der Bürger regelte seine eigenen Angelegenheiten selbst.

Die Überlegenheit der Stadt über das Land bezeugen auch die beiden großen Religionen, die am Beginn und am Ende der römischen Kaiserzeit gegründet wurden. Obwohl Jesus selbst sein Reich der Landbevölkerung rings um den See Genezareth verkündete, predigten Paulus und alle anderen Missionare den Glauben an die Erlösungstat des Gekreuzigten ausschließlich in den Städten, so daß das Christentum um das Jahr 500 rings um das Mittelmeer zwar die einzige öffentliche Religion der römischen Welt geworden war, die Missionierung des flachen Landes aber erst jetzt begann. Auch der Islam war eine städtische Religion: Muhammad war Bürger Mekkas und seine Lehre zugeschnitten auf die Bedürfnisse von Stadtbürgern, nicht von Nomaden.

Die Stunde danach oder der Fall in die Geschichte

Das Schicksal der antiken Städte und Texte

Als am Ende des 5. Jahrhunderts im Westen das Imperium unterging und zu Beginn des 7. die islamischen Krieger zur Eroberung der Welt aufbrachen, schlug die Geburtsstunde dreier neuer, im Glauben gespaltener Welten: des orthodoxen Reiches von Byzanz, der islamischen Herrschaft der Kalifen und des katholischen Europa. In seinen Ländern bedeuteten die Städte wenig: Die Krieger der siegreichen Germanenstämme lagerten vor den Städten, bewunderten ihre mächtigen Gebäude, wußten aber nichts mit ihnen anzufangen: »Wunderbar geschmückt ist der Stein dieser Mauer, die nun das Schicksal zerschmettert hat«, staunten die angelsächsischen Könige, als sie seit der Mitte des 5. Jahrhunderts als Eroberer in die Städte des westlichen Britannien einzogen und das Werk von Riesen zu sehen glaubten.[275] Am Rhein behauptete in den alten Römerstädten nur der Bischof seinen Anspruch auf einen Sitz in der Stadt; in Trier, Köln oder Mainz residierte er seit dem 4., in Worms, Speyer und Straßburg seit dem 6. Jahrhundert. Die Könige wurden zu Vagabunden, die von Pfalz zu Pfalz zogen, um ihren Untertanen ihren Herrschaftsanspruch persönlich und sichtbar vorzutragen. Im Raum des Mittelmeeres behielten die antiken Städte ihre Führungsposition, aber nicht überall und nicht in ihrer antiken Form. In Nordafrika zerstörten die Eroberungszüge nomadischer Krieger das Städtewesen gründlich und für lange Zeit. Nur dort, wo das Städtewesen erhalten blieb, überlebten mancherorts auch einige Einrichtungen römischer Selbstverwaltung.

Wie tief das antike städtische Leben in die Vergangenheit gefallen war, hätte Dante Vergil zeigen können, wenn er ihn statt zu einer Höllenfahrt zu einem Spaziergang durch das mittelalterliche Florenz geladen hätte. Dort hatten sich Bausubstanz und Aufgaben so sehr verändert, daß sich ein antiker Besucher aus der Zeit des Augustus nicht mehr zurechtgefunden hätte. Vertraut wäre ihm noch die Vielzahl von Kirchen vorgekommen; diese kannte er zwar in der Form der Tempel, aber auch sie waren Gotteshäuser gewesen und hatten besondere Verehrung beansprucht. Hier und da würde ihm aufgefallen sein, daß ein Tempel seiner Zeit sogar noch stand, aber jetzt als Kirche dem Gekreuzigten diente, oder daß dort, wo sich früher das Haus seines Gottes erhob, jetzt ein ganz anderer Hausrecht beanspruchte. In Damaskus etwa hätte ein antiker Besucher den Betsaal der großen Moschee betreten können, die vordem christliche Basilika war und auf den Fundamenten eines römischen Jupitertempels stand. Gänzlich unbekannt wären ihm die Glockentürme gewesen, die – vor allem in Italien – zum Wahrzeichen der mittelalterlichen Stadt wurden, da dort die Glokken nicht im Turm der Kirche hingen, sondern daneben, in einem Kampanile.

Auch vieles andere, was er hätte bestaunen dürfen, wäre dem Zeitreisenden fremd gewesen. Mit der größten Verwunderung hätte er vergeblich nach dem Amphitheater Ausschau gehalten: Das gab es nicht mehr, weil das Christentum seine Leidenschaft für Kampf und Blut verachtete und fürchtete: »Da ward er an der Seele mit ärgerer Wunde geschlagen als am Leib der Gladiator, den er zu sehen wünschte«, hatte Augustinus um seinen Freund Alypius geklagt, den der Rausch des blutigen Spiels immer wieder übermannte, so inbrünstig er auch beim Anblick der Arenen das Kreuz schlagen mochte.[276] Was von ihnen jetzt noch stand, diente der Bevölkerung als Steinbruch, um ihren armseligen Behausungen etwas

Glanz zu verschaffen. Auch die Thermen waren verschwunden, die Kathedralen des Fleisches, in denen er so viele angenehme Stunden seines Lebens verbracht hatte. Ohnehin hatte sich die neue Gesellschaft, die er besichtigte, ganz neue Formen der Hygiene und der Geselligkeit ausgedacht. Und es fehlte das Lokal, das gleich neben den Thermen seine Gäste empfing.

Am schlimmsten aber war, daß er das Forum nicht mehr fand. Dies war der Ort seiner Mitsprache gewesen; sie aber war in der neuen Stadt nicht mehr gefragt, da es dort andere gemeinschaftliche Institutionen gab, die zum Streit über die Probleme des Gemeinwesens einluden. Von Streit – sinnlosem dazu, da er die Bürgerschaft spaltete – sprachen die Geschlechtertürme und die Urkunden der Stadt: »Haß, Aufstände, Kämpfe und alle Übel gediehen in diesem Jahr in der Stadt, denn Satans Samen fiel in sie«, heißt der Eintrag des Jahres 1193 für die Stadt Genua.[277] Die Neigung dazu war dem Besucher nur allzu vertraut, nicht jedoch die Möglichkeit, ihr nachzugeben, da die strenge Aufsicht des römischen Gouverneurs das zu verhindern gewußt hatte. Und schließlich die Toten: Sie hatte er am Rande der Hauptstraßen bestattet, die aus der Stadt herausführten, da das Leben mit dem Tod nichts zu tun haben wollte. Die neuen christlichen Herren dagegen bargen ihre Verstorbenen in der Stadt und machten diese damit gleichsam zur Totenstadt. Am Ende seiner Reise zurück ins Reich des Hades wurden seine Eindrücke nicht besser: Statt wie gewohnt über ausgebaute steinerne Straßen reiste er zum Eingangstor der Unterwelt über kaum kenntliche Pfade, deren Benutzung eine reine Qual war. Eins allerdings mochte er auf den letzten Metern seines Weges noch befriedigt notiert haben: Die Menschen, die ihm begegneten, hatten wenig Sympathie für Landbewohner und waren wie er gewiß, nur in der Stadt seien Kultur, Bildung, Eleganz und gute Manieren zu Hause.

Ein wesentliches Grundgesetz jedoch blieb beiden Welten: Das Streben nach Freiheit. Dies war das Thema der Geschichte des antiken Stadtbewohners, und dies wurde das Thema der Geschichte des europäischen Bürgertums und Städtewesens. Früher oder später mußte es die mittelalterlichen Stadtbürger zum Kampf gegen jede von außen aufgezwungene Herrschaft und nicht zuletzt gegen den Machtanspruch des Bischofs aufrufen. War es erst einmal soweit, öffnete es den europäischen Bürgern seit dem 12. Jahrhundert auch die Möglichkeit, das geistige Erbe der griechisch-römischen Antike wieder aufzuspüren, neu zu beleben und für die Organisation der eigenen Welt nutzbar zu machen. Es half, die Idee von der Freiheit des Bürgers im Laufe der weiteren Jahrhunderte stark genug werden zu lassen, damit sie die Stadtmauern überspringen und auch in die monarchisch regierten nationalen Flächenstaaten eindringen konnte.

Dieses Grundgesetz teilte die mittelalterliche mit der antiken Stadt. Grundsätzlich anders jedoch bewerteten beide die Arbeit und die Bedeutung von Handwerk und Handel für das Leben der Städte. In der römischen Stadt hatten Handwerker und Kaufleute keine Chance, den Charakter ihrer Städte zu bestimmen. Diese blieben immer Konsumentenstädte, deren wohlhabende Eliten ihr Geld in Grundbesitz anlegten, dort die ihnen zustehenden Grundrenten verzehrten und ihre Städte als große Gönner am Leben erhielten. In dieser Gesellschaft war kein Platz für ein Bürgertum, vergleichbar etwa dem des 18. Jahrhunderts, in dem Vermögen wenig, Bildung und Begabung hingegen sehr viel verdankt wurde. Technischen Fortschritt gab es auf dem Papier, aber kaum einer zeigte Interesse, ihn auch praktisch zu nutzen. Bauern und Handwerker arbeiteten zumeist im Familienbetrieb, und als sie die Forderungen des Staates immer weniger erfüllen konnten, nahm er ihnen die freie Wahl des Berufes und des Arbeitsplatzes. Ganz anders dagegen die geschäftige Welt der mittelalterlichen Städte: »Die Produktivität der Landwirtschaft, das handwerklich-technische Können, die Überlegenheit der Waffen und die nautischen Fähigkeiten, die den Europäern am Ende des Mittelalters den Sprung nach Übersee ermöglichten, sind weitgehend Errungenschaften des Mittelalters, zu denen das antike Erbe wenig beigetragen hat.«[278]

Alles dies war es also nicht, was die Antike Europa zu geben hatte. Was aber blieb dann über den Tag hinaus, an dem das Imperium in die Geschichte fiel und in seinen ehemaligen Westprovinzen die Erinnerung an sie zu einem dünnen Rinnsal von Texten wurde, die zu lesen die Kirche seit Augustinus nur zur Schulung der exegetischen Fähigkeiten gestattete? So wie Israel beim Auszug aus

Ägypten dessen Schätze mitgenommen habe, mahnte der Bischof von Hippo, sollten sich auch die Christen des geistigen Erbes der Heiden bemächtigen, soweit es auf ihrem langen Weg in die Zukunft von Nutzen sei. Diese Bindung schränkte ein und legte der Wißbegier strangulierende Zügel an. Wer trotzdem allzu emsig in den Büchern der Alten stöberte, dem mochte es gehen wie dem hl. Hieronymus, der träumte, er sei angeklagt, »ein Anhänger Ciceros *[Ciceronianus]*, nicht ein Anhänger Christi *[Christianus]*« zu sein.[279] Wenn solche Visionen schon den mächtigen Kirchenvater plagten, waren die Folgen für alle anderen abzusehen: Waren die lateinischen Autoren, lautete ihre bange Frage, ein das Seelenheil gefährdendes Teufelsgut oder vielleicht doch unverzichtbarer Teil der eigenen, an die römische Tradition gebundenen Existenz? Die Mönche der merowingischen und karolingischen Klöster, die fern der Welt Abschriften der alten Texte von den vergänglichen Papyrusrollen auf Pergamentcodices fertigten und die Schriften von etwa 150 der rund 800 bekannten lateinischen Autoren bewahrten, wußten darauf keine Antwort: Sie übten sich im Schreiben, nicht im Verstehen.

Die wenigen, die es wagten, riskierten viel: »Es sei euch genug mit den heidnischen Dichtern, ihr habt es nicht nötig, euch anzustecken mit der üppigen Sprachkunst des Vergil«, mahnte barsch Alkuin (730–804), Abt von St. Martin in Tours, einen seiner Mönche, der in der Schreibschule seine Begeisterung für den Dichter der Aeneis nicht hatte verbergen können.[280] Einige ließen sich dennoch nicht abschrecken. Sie stöberten auf eigene Faust, so daß so mancher lateinische Autor sein Überleben der persönlichen Leidenschaft einzelner Gelehrter verdankte. Dem Dichter Catull etwa gewährte der Bischof von Verona Asyl, weil dieser dort einst Bürger war. Aus der *Germania* des Tacitus zitierte 852 der Mönch Rudolf von Fulda, um eine frühe Kenntnis der Weser zu beweisen – offenkundig lag ein Manuskript in der Bibliothek des dortigen Benediktinerklosters und wurde auch gelesen. Zufall und bewußte Überlieferung wechselten einander ab und stießen den einen ins Vergessen, den anderen in die Unsterblichkeit.

Daß das Ende des Imperiums nicht mehr fern sein konnte, glaubten viele, als die Nachricht vom Fall Roms im Jahre 410 von Provinz zu Provinz eilte. Die Christen verzweifelten an Petrus und Paulus, da die beiden die Stadt, in der sie gestorben waren, nicht hatten schützen können. Die Heiden trauerten wie sie, sprachen aber offen von dem langerwarteten Strafgericht der alten Götter für die Unterwerfung unter den einen Gott der Christen. Gegen beide – die zweifelnden Christen und die heidnischen Ankläger – galt es Gott und seine Absichten zu verteidigen. Für ihn trat der Mann in die Schranken, der alt und weise genug geworden war, um Gottes Rätsel zu entschlüsseln: Augustinus, seit 396 Bischof der nordafrikanischen Stadt Hippo Regius. Jetzt kam alles darauf an, die Entscheidung Gottes richtig zu verstehen, zwischen Vergänglichkeit und Ewigkeit genau zu unterscheiden und das Reich der Römer neu zu deuten. Jede Räuberbande, so lautete die erste Einsicht, könne ein Imperium gründen und trage daher das Stigma Kains auf der Stirn; auch die Römer hätte allein ihre dünkelhafte Ruhmessucht bis an die Grenzen der Erde getrieben: »Ruhm liebten sie glühend, für ihn gingen sie ohne Zögern in den Tod; die übrigen Begierden drängten sie zurück aus grenzenloser Sucht nach Ruhm und nichts als Ruhm.«[281]

Jetzt zählten der römische Staat und die Kämpfe, die ihn groß gemacht hatten, nicht mehr als das alte Babylon. Eins aber blieb: die Erinnerung an ein Reich von Frieden und Gesetz, das mit Gottes Willen gegründet worden war. Daher schrieb Augustinus: »Gott aber gefiel es, durch sie den Erdkreis zu unterwerfen, ihn in eine einzige Staats- und Gesetzesgemeinschaft zu überführen und weit und breit zu befrieden.«[282] Nun aber schlage die Stunde des Abschieds, jetzt müsse Rom in den profanen Raum irdischer und vergänglicher Geschichte zurück und die Zukunft, die es so lange geleugnet hatte, wieder freigeben. In sie rage zwar der Gottesstaat hinein, seinen Bürgern aber bedeute das Streben nach weltlicher Glückseligkeit in ihrem kurzen Erdendasein ohnehin wenig. Denn am Ende aller Tage öffneten sich nur der Stadt Gottes die Tore der Ewigkeit. Bis dahin aber sei die Geschichte wieder offen und ihre

Periodisierung nach kirchen- wie nach profangeschichtlichen Gesichtspunkten möglich, solange dabei nicht vergessen würde, daß das Licht der Welt nur in Christus und nicht in einem imperialen Reich gefunden werden könne. Denn nur Gott schenkt dem Frommen ewiges Leben und der Gemeinschaft seiner Kinder ewigen Frieden.[283]

Diese Lehre trugen die Missionare Christi, neue Helden, kaum minder mächtig als die alten Krieger Roms, zu den germanischen Völkern. Sie hasteten wie einst ihr großes Vorbild Paulus durch die Lande und verbreiteten den Glauben an den gekreuzigten Gott, der in den Städten des römischen Imperiums heimisch geworden war, nun bis in die letzten Dörfer und Einöden am Rande der Welt. Keiner von ihnen verschwendete einen Gedanken an ein irdisches Reich. Alle versprachen sie ein himmlisches, das jenseits der Schwelle des Todes lag und jedem ewiges Glück verhieß, der den Geboten Gottes und seiner Kirche gehorchte.

Die Einsicht in die Vergänglichkeit Roms allerdings war unendlich schmerzlich für einen Mann, der wie kein zweiter Kirchenvater römisches Denken in der christlichen Tradition heimisch gemacht hatte und der wohl alles, bis auf seinen Glauben, dafür gegeben hätte, wenn die Welt so hätte bleiben können, wie sie war. So starb er am 28. August 430, als die Vandalen seine Heimatstadt belagerten, die sie ein Jahr später niederbrannten. Auch dies war Gottes Entscheidung. Er konnte den Römern nicht gewähren, »mit seinen heiligen Engeln im himmlischen Staate ewig zu leben«, da ihnen die Frömmigkeit fehlte. Aber er gab ihnen den Ruhm, den sie über alles begehrten, als Lohn für alle Tugenden, die sie so lange verkörpert hatten:

»Sie haben ja auf ihren persönlichen Vorteil um des Gemeinwohls, um des Staates und des Staatshaushaltes willen verzichtet, der Habgier sich verschlossen, dem Vaterland mit freimütigem Rat gedient, den Gesetzen gehorsam Vergehen und Leidenschaften gemieden. Mit all diesen Mitteln, also gewissermaßen auf dem rechten Wege, trachteten sie nach Ehre, Herrschaft und Ruhm. So wurden sie denn auch in fast allen Völkern geehrt, legten vielen Völkern die Gesetze ihrer Herrschaft auf, sind noch heute dank der literarischen Überlieferung und Geschichtsschreibung bei fast allen Völkern hochgerühmt. Sie können sich nicht über Ungerechtigkeit des höchsten und wahren Gottes beklagen. ›Sie haben ihren Lohn empfangen.‹«[284]

Das Gefühl des endgültigen Abschieds überwältigte die Menschen des Mittelmeerraumes immer wieder. Anlässe dazu hatten sie mehr als genug, da sie sich noch viele Jahrzehnte nach der Katastrophe von 410 mit Zähigkeit und Energie gegen das drohende Schicksal wehrten, Barbarenfürsten ihre Städte übergeben zu müssen. Deren viele sanken in den Abwehrkämpfen vor allem in Italien in Schutt und Asche oder wurden von ihren Bürgern verlassen. Das Schicksal der größten unter ihnen und der einstigen Metropole der Welt aber war das traurigste. Hinter ihren gewaltigen Mauern, die Aurelian errichtet hatte (270–275 n. Chr.), dürften nach den Wirren des 3. Jahrhunderts noch 800 000 Menschen gelebt haben; die Not des 5. machte daraus etwa 100 000, und die von den Gotenkriegen des 6. Jahrhunderts geschlagene Stadt beherbergte noch etwa 30 000 Menschen. Prokop, der byzantinische Berichterstatter dieser Kriege, sah in den Gassen der Stadt zu Skeletten abgemagerte Menschen, die in den Schutthaufen nach Brennesseln suchten, um den ärgsten Hunger zu stillen.

Gewiß: In friedlichen Zeiten kehrten viele Flüchtlinge voll Hoffnung wieder zurück oder neue zogen hinzu. Aber sie konnten die alte Herrlichkeit niemals wiederherstellen. Denn diese stand und fiel mit der Anwesenheit des kaiserlichen Hofes, seiner Würdenträger und der politischen Elite des Reiches. Sie alle gab es nicht mehr. Der letzte Nachfolger auf dem Thron des Augustus, Romulus, der unmündige Sohn eines ehemaligen Sekretärs des Hunnen Attila, war 476 von dem Anführer eines germanischen Söldnerhaufens aller Würden entsetzt und als Pensionär auf ein kampanisches Landgut verwiesen worden. Die Senatoren hatten ihre Ämter verloren, und die Glücklichen unter ihnen waren in den Dienst des Kaisers von Byzanz getreten oder aufs Land gezogen. Ihrer einstigen Macht konnte der Bischof von Rom mit seinen Priesterscharen keinen Ersatz bieten, sosehr er sich auch mühte, die Stadt mit Kirchen zu schmücken und als einzig legitimer Nachfolger des Petrus der Herr aller christlichen Gemeinden zu werden. In den Nöten der Völkerwanderung war dieses Ziel erreichbar, da sich die Christen der romanischen Westprovinzen um ihn als den letzten Hort römischer Tradition und Ordnung scharten. Denn war er tatsächlich der Erbe des Petrus, den Christus beauftragt hatte, »die Schlüssel des Himmels« zu bewahren und seine Herde zu weiden,[285] so mußte er die Macht haben, diese vor den germanischen Wölfen zu schützen.

Das aber gelang ihm nicht. Und es lag nicht nur daran, daß Gott und seine Paladine Petrus und Paulus es nicht wollten und die Barbaren immer stärker wurden. Denn was immer Gott entschieden haben mochte, seinen Willen setzte der Kaiser in Byzanz um, als er die germanischen Völker, die über die untere Donau in die Balkanprovinzen vorstießen, nach Westen umlenkte. Symptomatisch ist der Erfolg der byzantinischen Diplomaten 401: Sie behängten, nachdem die Goten jahrelang Griechenland verheert hatten, den ehrgeizigen König Alarich mit der Würde eines Heermeisters *(magister militum)* und schickten ihn mit dem kaiserlichen Segen ausgestattet nach Dalmatien und Italien. Der Vorgang wiederholte sich: Am Ende des Jahrhunderts waren es die südlich der Donau in Niedermösien angesiedelten Ostgoten, denen der Kaiser 488 unter ihrem König Theoderich den Weg nach Ravenna wies, wo er dem vom gleichen Kaiser zum *patricius* erhobenen germanischen General Odoaker Herrschaft und Leben nahm und sich 493 noch einmal zum König ausrufen ließ – diesmal zum König über Goten und Römer.

Der Hof in Byzanz hatte sich für diese Politik entschieden, um das eigene Überleben zu sichern. Die Idee von der Einheit des Imperiums blieb davon unberührt. Sie trieb den Kaiser Justinian (527–565) dazu, die Germanenreiche im Westen niederzuwerfen und das Imperium bis zum Atlantik wiederherzustellen. Noch einmal durften große Siege gefeiert werden, zum letzten Mal gerieten die Küsten des Mittelmeeres in eine Hand. Dann aber fiel der Vorhang, und Byzanz machte sich endgültig auf den Weg, seine eigene Gestalt, losgelöst von der Tradition des Augustus, zu finden. Die Bühne Italiens hingegen füllte sich mit den Langobarden, die seit 568 in Nord- und Mittelitalien neue Staaten ausbildeten. Als sich ihre Raubscharen unter der Führung ihres Königs Agilulf 593 Rom näherten, sprach Papst Gregor der Große, der letzte Abkomme eines alten römischen Adelsgeschlechts, in der Basilika des heiligen Petrus von den Prophezeiungen des Ezechiel. Zum Sterben bereit duckten sich die unseligen Enkel Ciceros unter den schwermütigen Worten ihres Hirten, der dem einst mächtigen Rom das Leichentuch wob: »Von unermeßlichem Schmerz, von Entvölkerung der Bürger, vom Sturm der Feinde, vom Schutt der Ruinen ist sie daniedergebeugt die einstige Herrin der Welt, so daß in ihr erfüllt zu sein scheint, was einst der Prophet Ezechiel über Samaria vorausgesagt hat: ›Stelle den Topf auf und gieße Wasser hinein und tue darin ihre Stücke zusammen.‹ [...] Wo ist der Senat, wo ist das Volk? Die Knochen sind aufgelöst, das Fleisch zerstört, aller Glanz weltlicher Würde ist in ihr ausgelöscht [...]. Alle ihre Helden, durch die sie einst fremdes Eigentum raubte, sind tot.«[286]

Die Auferstehung

Die Verschränkung von Vergangenheit und Zukunft

200 Jahre früher hatte in Bethlehem Hieronymus, Übersetzer und Kommentator einer lateinischen Bibel, eine ganz andere Botschaft gehört. Ein weitgereister Gast, der sich als Offizier und Bürger der Stadt Narbonne vorgestellt hatte, erzählte, er sei ein Freund des Gotenkönigs Athaulf gewesen, und dieser habe ihm enthüllt, wozu er, der Herrscher eines germanischen Volkes, auf der Welt sei: Ausgezogen, um den Namen der Römer auszulöschen und aus den Trümmern ihres Reiches ein eigenes zu schmieden, habe er lernen müssen, daß sein zügelloses und wildes Volk unfähig sei, den Gesetzen zu gehorchen, ohne die ein Staat kein Staat sein könne. So habe er sein Ziel neu bestimmt und trachte nun, mit seinen Kriegern Ruhm zu gewinnen, indem er das Imperium der Römer wiederherstelle und stärke. »Er wolle« – so habe der König sein Bekenntnis geschlossen – »bei der Nachwelt wenigstens als Urheber der Erneuerung Roms gelten, da er die Welt nicht verändern könne.«[287]

Der Erzähler von Bethlehem sollte recht behalten. Die Heerkönige der Goten, Vandalen, Franken und Angelsachsen sprengten zwar die staatliche Einheit des Mittelmeerraumes für immer. Als Sieger aber sagten sie sich von ihren Vorfahren los: Das christlich gewordene Reich der Römer wiederherzustellen und auf Dauer zu pflegen schien ihnen wichtiger als die Bewahrung der eigenen, im Glanz der antiken Kultur kümmerlich erscheinenden Tradition. »Was hat es für einen Wert, die Barbaren verjagt zu haben, wenn nicht nach den Gesetzen gelebt wird«, schrieb der Ostgotenkönig Theoderich an seinen Schwertträger Unigis.[288] Es war die Sprache Roms, in der der Barbar die Grenze zwischen Barbaren und Römern zog. So setzten die germanischen Könige auch keinen Schlußpunkt unter die alte Welt oder rühmten sich gar, endlich Neues geschaffen zu haben – im Gegenteil. Auch für sie lebte das römische Imperium fort bis ans Ende der Welt. Schon die fränkischen Theologen hatte der frühchristliche Gedanke überzeugt, daß der Antichrist erst dann seine Herrschaft antreten könne, wenn das Reich des Augustus unterginge. So erschien ihnen die Fortsetzung der universalen Monarchie unentbehrlich und gottgewollt. In dieser Gewißheit zogen die fränkischen und deutschen Könige, zogen die Ottonen, Salier und Staufer nach Rom und begehrten die kaiserliche Würde, die sonst nur noch der Herr von Byzanz beanspruchte. Wie die Päpste seit Petrus, wurden sie alle in der Reihe der römischen Kaiser fortgezählt: Friedrich Barbarossa war für die Chronisten der Zeit der 91. Kaiser seit Augustus.

Selbst die, welche nur an den Grenzen der alten Welt Fuß gefaßt, aber dem universalen Gott gehuldigt hatten, lauschten über viele Jahrhunderte der fernen Stimme der Alten, die sich in ihre Erinnerung drängten. Sie hatten der christliche Missionar und das Schwert Karls des Großen an Italien und den Mittelmeerraum herangeführt, so daß die großen Gebiete des nordwestlichen und mittleren Europa von der irischen See bis zur Elbe allmählich, aber unwiderruflich den Gebieten des ehemaligen Imperiums verbunden wurden. Was sie alle jeweils von Rom hören wollten, bestimmten ihre Wißbegier und die Probleme, die sie lösen mußten, um in ihrer eigenen Welt bestehen zu können. Dabei gab es Zeiten, in denen es vielen schien, in Athen oder Rom hätten Menschen gelebt, die Vorbilder einer für immer gültigen Lebensform waren. Dort, wo diese

Gewißheit Staat, Recht und Glaube erfaßte, veränderte sie die Geschichte Europas.

Der Vorgang ist singulär und bedarf der Erklärung. Zunächst: Das antike Erbe hatten die Völker, die die Verteidiger des römischen Reiches im 5. und 7. Jahrhundert besiegten, nicht völlig vernichtet. Konstantinopel kehrte zwar sein Gesicht nach Osten, aber es existierte und lebte von unmittelbarer römischer Kontinuität. Die Krieger Allahs zerstörten die Einheit des Mittelmeerraumes, aber ihr neues Reich wuchs auf dem Boden der alten Kultur, die mit den Wissenschaften des Islam konkurrierte oder ihnen diente. Die Könige der neuen Reiche Nord- und Mitteleuropas herrschten zwar über Barbaren, aber sie begehrten Autorität als römische Kaiser und Nachfolger des Augustus. Die Christen hatten nach ihrem Sieg über die Götter Roms den antiken Statuen die Köpfe abgeschlagen, um ihren Geist zu vertreiben, aber ihre Kirche blieb in Sprache und Verwaltung römisch. Und vor allem: Gott sprach in den alten Westprovinzen des Imperiums zu den Seinen ausschließlich in der Sprache Ciceros, seit Hieronymus am Ende des 4. Jahrhunderts die Bibel ins Lateinische übertragen und die Kirche Übersetzungen in die Volkssprachen verboten hatte.

So sah sich der Mensch des Mittelalters in eine Ordnung eingebunden, in der alle auf die Vereinigung mit dem unter Pilatus gekreuzigten Gottessohn hofften und den Nachfolgern des Petrus und des Augustus gehorchten. Aber so verschwommen und bruchstückhaft die Kenntnisse von der Welt der Alten auch sein mochten, ganz vergessen wurden sie nie. Ohnehin harrten die großen steinernen Bauten der Amphitheater, Thermen, Wasserleitungen und Straßen in den alten Römerstädten aus: Als Kirchen oder öffentliche Gebäude übernahmen sie neue Aufgaben oder wehrten sich zäh gegen die Spitzhacken, die meist zu schwach waren, um ihnen ganz den Garaus zu machen. Und der kleine Mann, der nicht lesen und schreiben konnte und die Welt nahm, wie sie war, hörte einmal im Jahr die Geschichte vom Herabkommen des Gottessohnes auf die Erde in jenen Tagen, als »ein Gebot vom Kaiser Augustus ausging«.

Der eigentliche Siegeszug der Antike begann jedoch im 14. Jahrhundert in Italien und erfaßte ganz Europa bis hinein in das 19.

Jahrhundert. Am Anfang stand der Aufbruch der besten Köpfe Italiens in die Klöster des Nordens, um dort die Reste der verstreuten römischen Literatur zu bergen und mit den Künsten der Philologie wiederherzustellen. Dazu trieb sie nicht die Leidenschaft des Forschers, sondern der Eifer des Weltverbesserers. Denn jedes dem Vergessen entrissene Wort, jede den armseligen Resten abgerungene Erkenntnis diente als Anklage gegen die mittelalterliche Tradition und als Rechtfertigung eines neuen Weges in die Zukunft. So feierten die Zeitgenossen alle in diesem Geist vollbrachten Totenbeschwörungen als einen Akt der Selbstfindung, über den die »aus dem Grab ans Licht« gebrachten antiken Klassiker als neue Heilige wachten. Das Bewußtsein, sie auf seiner Seite zu haben, gab Sicherheit, Mut und Opferbereitschaft. Der Vorgang wiederholte sich in den kommenden Jahrhunderten in immer neuer Gestalt. Die auferstandenen Alten griffen nach allen Bereichen der Literatur, der Kunst, der Theologie, der Philosophie und des Rechts. Vor allem aber steigerten sie ihre öffentliche Macht. Dabei boten sie ihre guten Dienste jedermann an – den regierenden Fürsten wie den Aufbegehrenden: jenen in der Pracht und dem Ethos römischer Kaiser, diesen in den Helden der römischen Republik und den Idealen der griechischen Demokratie.

Seit dem Ende des 17. Jahrhunderts schienen sie allgegenwärtig zu sein: In Versailles und Potsdam gastierten Cicero, Seneca, Mark Aurel und Vitruv, in Trianon hüllten sich die Königin Frankreichs und ihre Hofdamen in griechische Gewänder und spielten ihren Traum von Arkadien. Derweil verehrte in Rom der Deutsche Winckelmann stellvertretend für den deutschen Bildungsbürger die römischen Kopien griechischer Statuen und sah in ihnen die Sendboten eines Goldenen Zeitalters. Dort suchte er mit seinen Jüngern nicht den Staat, nicht eine die Welt bessernde normative Ethik, sondern jenes »zephirleichte reine Leben«, das wenig später Schillers Hymnus an die Götter Griechenlands als Ideal beschwor. Über das trübe Jetzt legte sich ein Schleier weltflüchtiger Hoffnungen, die von allen sozialen Beschränkungen, die das Leben peinigten, befreien sollten.

Was in Deutschland zur Flucht aus der Welt verhalf, glimmte andernorts als Lunte unter einem Pulverfaß politischer und sozialer

Mißstände. Als Winckelmann stolz darauf war, »der größte Grieche zu sein in Rom«, riefen jenseits des Atlantiks meuternde Kolonisten mit Polybios und Cicero in der Faust nach einer neuen Verfassung und erzogen ihre Kinder im Geist der römischen Republik. »In Company with Sallust, Cicero, Tacitus and Livy«, mahnte John Adams 1781 seinen Sohn Quincy, »you will learn Wisdom and Virtue [...]. You will ever remember that all the End of study is to make you a good Man and a useful Citizen.«[289] Hinter all dem steht die durch die überkommene humanistische Ausbildung tief geprägte Vorstellung, die Antike könne einen Ersatz für das verlorene christliche Weltbild oder zumindest den Orientierungspunkt bei der Suche nach einer Moral und Ethik abgeben, die nicht mehr die Gebote Gottes, sondern die eigenen Fähigkeiten bestimmen sollten. Zur gleichen Zeit verhöhnten in den Schulen Frankreichs die Helden des Livius und des Plutarch die Zensur und forderten herrisch selbst im kirchlich autorisierten Lehrplan einen zentralen Platz. Von ihnen geleitet und geschützt vor den mißtrauischen Augen staatlicher Spitzel studierten die späteren Führer der Revolution von Horaz bis Tacitus alles, was der klassische Bildungskanon hergab.

Dieses Rom, das ihnen hier begegnete, war ein ganz anderes als das, was in Versailles herrschte. Es sprach nicht von der Herrlichkeit absolutistischer Macht und lud auch nicht ein, von Arkadien zu träumen. In diesem Rom herrschten harte und fordernde Heroen, die ihr Leben der Republik und der Freiheit verschrieben und geopfert hatten. Dieses Rom verkündete seinen Jüngern einen neuen Menschen und eine neue Gesellschaft, an deren Wiege als Paten Umsturz und Revolution stehen sollten. Als es soweit war, feierte die Antike ihren letzten großen Triumph. »Heben wir unsere Herzen empor zu den republikanischen Tugenden und zu den Vorbildern der Antike«, beschwor am 25. Oktober 1793 Robespierre den Nationalkonvent und alle Franzosen. Als hätten sie es nicht bereits im Übermaß getan! Denn je tiefer die Revolution in unbekanntes, von keiner Tradition mehr berührtes Neuland vorstieß, um so heftiger klammerte sie sich an die antiken Vorbilder.

Diese versagten ihre Hilfe nicht. Sie waren da, als die Zeit gekommen war, einen von Gott gesalbten König unter das Fallbeil zu schicken, sie wiesen auf Cicero, als es galt, Modelle für eine neue republikanische Staatsordnung zu entwerfen, und vor allem sandten sie ihre Märtyrer, als der passive Untertan des Königs in einen aktiven Bürger verwandelt werden mußte, der bereit war, dem jenseits von König und Altar gegründeten Staat alles zu geben – selbst das eigen Fleisch und Blut. Am Ende spendeten sie Trost den Gescheiterten, denen, die im Gefängnis und in Erwartung des Henkers Abschied von der Revolution nahmen, die nicht mehr die ihre war.[290]

Diese und zahllose andere Beispiele zeigen: Jeder Ruf nach der Antike kam aus der Not der Zeit. Sie wies einer Revolution den Weg in das ferne Rom, die ihre Ziele in Bilder kleiden mußte, die den breiten Massen Orientierung für das Ungeheuerliche boten, das die Revolution ins Werk setzte. Auf historische Genauigkeit im Umgang mit der fernen Vergangenheit kam es dabei zuallerletzt an. Hier ging es nicht um Philologenwerk, sondern um praktische Politik, der aufgegeben war, die Fesseln der eigenen Geschichte gewaltsam abzuwerfen. So griffen die Revolutionäre Frankreichs ungeniert nach einem Bild der römischen Republik, das bereits Livius und andere antike Autoren liebevoll gefälscht hatten, um es der eigenen Zeit als leuchtendes Beispiel verlorener Größe vorzuhalten. Das, worauf der suchende Blick der Revolution fiel, war nicht die historische Wirklichkeit Roms, sondern seine Legende, und die Helden, deren Tugenden man folgen wollte, waren nur geisterhafte Gestalten der römischen Frühzeit.

Dieser kurze Rückblick in die europäische Geschichte lehrt eines: Vom Beginn des 14. bis an die Schwelle des 19. Jahrhunderts, von Petrarca bis Robespierre, schwebten in Europa antike Schutzengel über jedem Aufbruch zu neuen Ufern. Je entschlossener er getan wurde, um so entschiedener wandten sich die Akteure an griechische und römische Vorbilder. Nicht um sie nachzuahmen, nicht um deren ferne Welt wieder zum Leben zu erwecken, sondern um von ihnen gewappnet das überkommene Weltverständnis zu stürzen und das Neue wagen zu können. Kolumbus kannte die Einsicht des Aristoteles, daß die Erde eine Kugel sei, und fuhr nach Westen. Die Männer der Revolutionen lasen Plutarch und Cicero und kehrten das Unterste zuoberst. Ihre antiken Lehrer hatten sie zur Veränderung der Welt gedrängt und ihre Geisteshaltung so entscheidend geprägt, »daß es fraglich erscheint, ob sie ohne dieses leuchtende Beispiel überhaupt je gewagt hätten, sich auf das einzulassen, was dann doch beispiellos sein sollte. Sie wandten sich an die Antike nicht aus Traditionsbewußtsein, sondern, im Gegenteil, weil ihnen klar war, daß sie dort etwas entdecken würden, was die Tradition ihnen nicht überliefert hatte«.[291]

Dies ist europäisch im strengen Sinne des Wortes, d. h. es grenzt Europa gegenüber allen anderen Zivilisationen dieser Erde ab. Nur hier finden wir diesen einzigartigen Prozeß, in dem die Berufung auf klassische Vorbilder und der Aufbruch in die Zukunft miteinander verschränkt und kausal aufeinander bezogen sind.

»So nah an der Antike wie möglich«: Die materiellen Überreste

In diesen Jahrhunderten der Verschränkung von Zukunft und längst Vergangenem erhielten auch die materiellen Überreste des römischen Lebens, die allerorten im Mittelmeerraum zu finden waren, eine ganz neue Bedeutung und wurden zum Vorbild für viele Generationen von Baumeistern und Städteplanern. »*Che tenga piu al antico sia possibile* – So nah an der Antike wie möglich«, hatte der Kardinal Giovanni Battista Zen, der 1501 in Padua starb, in sein Testament geschrieben, um seinen Wunsch, in einem freistehenden Sarkophag aus Bronze bestattet zu werden, seinen Erben zu erklären. Der Satz wurde für ganze Generationen von Baumeistern zum Programm. Sie blickten jetzt auf die römischen Trümmer wie auf eine Illustration der antiken Texte, mit denen die Gebildeten zur Abkehr von der Finsternis der eigenen Zeit erzogen wurden. Als Thomas Hobbes 1615 nach Rom kam, fühlte er sich in den Ruinen der Alten heimisch: Alle ihre Steine sprachen zu ihm vom Geist einer vorbildlichen Republik, während das kirchliche Rom der Gegenwart ihm nur die Dunkelheit eines in Reliquien gehüllten Aberglaubens zeigte, der den Gläubigen den Verstand raubte.[292] Nichts in diesem Reisebericht eines jungen Engländers, in dessen Augen Rom der Ketzerei verfallen und seine barocke Architektur nur Ausdruck dieses Sündenfalls war, spricht von Ruinenromantik oder von den Freuden einer Kavaliersreise, wie sie einige Generationen später Mode wurden. Jeder Satz ist vielmehr durchtränkt von der Gewißheit, daß die Überreste des alten Rom von Leistungen zeugen, die für die Gegenwart Vorbilder sein müssen.

So regten die Bauten des Imperiums die Phantasie der Architekten, aber auch die Neugier der Allgemeinheit an. Für das erste steht der Name des Architekten Palladio (1508–1580), dessen Bauten in der Alten und Neuen Welt, vor allem aber auf den Britischen Inseln Schule machen sollten. 1578 leitete er sein Traktat »I Quattro Libri dell'Architettura« mit dem Bekenntnis ein, »daß die alten Römer wie in allen anderen Dingen so auch im Bauen bei weitem alle die übertroffen haben, die nach ihnen kamen; also nahm ich mir als Meister und Führer den Vitruv; er ist der einzige antike Schriftsteller auf dem Gebiet dieser Kunst: und ich machte mich an die Erforschung der Überreste der antiken Gebäude.«[293] Dieser Tradition folgten die Baumeister des 17., 18. und frühen 19. Jahrhunderts und errichteten Paläste, Parlamentsgebäude, Rathäuser, Stadttore, Siegesdenkmäler, Villen und Kirchen nach den Mustern römischer Monumente und Tempel; zu ihnen gehören z. B. die von Soufflot 1756 bis 1790 in Paris erbaute Kirche Ste-Geneviève, die unter Napoleon in das Pantheon verwandelt wurde, das von Thomas Jefferson 1796 vollendete Kapitol in Richmond (Virginia) oder das Jefferson Memorial in Washington.

Überhaupt Washington: Die neue Hauptstadt sollte nach dem Willen der Väter der Verfassung die Bürger erziehen, indem ihre Anlage und ihre Bauten die Tugenden der römischen Republik spiegelten. Deren Zentrum war das Kapitol gewesen, und so sollte es nun auch im Neuen Rom jenseits des Atlantiks sein: Ein Kapitol, das Raum bot für die zweigeteilte Legislative und die oberste Gerichtsbarkeit und damit die Funktion eines »der Volkssouveränität geweihten Tempels« übernehmen konnte – so Thomas Jefferson (1743–1826) an seinen Architekten Benjamin Henry Latrobe (1764–1820). Beide hatten die Antike gründlich studiert: Jefferson auf seinen ausgedehnten Reisen durch Europa, die er als amerikanischer Gesandter in Paris unternahm, sein jüngerer Zeitgenosse Latrobe als Zögling einer deutschen Schule mit klassischem Bildungskanon. Was am Ende am Potomac entstand, unterwarf gewiß die klassischen Vorbilder den Bedürfnissen eines vereinten Amerika, das eine Demokratie gebar, die mit antiken Ordnungen nur den Grundgedanken gemein hatte. Nicht ihm allein durfte der Tempel der Volkssouveränität huldigen, er mußte vielmehr »die Bestrebungen einer Nation versinnbildlichen, die weit über die Errungenschaften Athens hinausgehen«.[294] Dies aber wäre in dieser Form ohne Rom und Athen nicht möglich gewesen. »Ich betrachtete in Nîmes ganze Stunden die *Maison carrée* wie ein Liebhaber seine Geliebte«, schrieb Jefferson in sein Reisetagebuch, das ihn durch Südfrankreich begleitete.[295] Er stand vor einem Tempel, der wie viele andere augusteische Bauten dem Anspruch gerecht werden mußte, die Macht des Imperiums durch »hervorragende, das Ansehen erhöhende öffentliche Bauten« sichtbar zu machen.[296] Auch dies entsprach dem Willen eines Staates, der seinen Weg zur Weltmacht suchte.

Die allgemeine Anteilnahme der aristokratischen und bürgerlichen Gesellschaft des 18. Jahrhunderts an allem, was antik war, feierte Triumphe, als die 79 n. Chr. vom Vesuv verschütteten Städte Herculaneum und Pompeji ans Tageslicht zurückkehrten und vom Leben und Tod ihrer Bürger berichteten. »Es ist soviel Unheil in der Welt geschehen«, schrieb Goethe, »aber wenig, das den Nachkommen soviel Freude gemacht hätte. Ich weiß nicht leicht etwas Interessanteres.«[297] Was wunder, daß die in den 1740er Jahren begonnenen und seit 1764 systematisch betriebenen Ausgrabungen auf eine geradezu gierige Aufnahmebereitschaft stießen, gab es doch ganze Stadtviertel, Straßenzüge, öffentliche Gebäude, Tempel, Thermen, Villen und mit ihnen ungeahnte Kunstschätze zu bestaunen. Fürsten und Könige wie der österreichische Kaiser Joseph II. griffen selbst zur Schaufel, um ein abends zuvor heimlich wieder mit Asche und Schutt bedecktes Haus zum zweiten Male auszugraben und dort unter dem Beifall bezahlter Claqueure Kunstwerke und Münzen ans Tageslicht zu bringen, die schon der Mond der vergangenen Nacht beschienen hatte. Ernste Männer, wie der eigens aus Rom herbeigeeilte Winckelmann, waren dabei als Spielverderber unerwünscht und bedurften besonderer Empfehlungsbriefe, um überhaupt in die Nähe der Ausgrabungen zu gelangen.

Aber nicht die gefoppten Großen oder die ernsten Gelehrten waren die Helden dieser Geschichte. Sie finden sich unter den Scharen von entzückten Besuchern Pompejis, die in den folgenden Jahrzehnten die ausgetretenen Fußwege durcheilten, die Läden kleiner Handwerker und die Vorgärten reicher Bürger betraten und an den verblichenen Häuserwänden alle möglichen Botschaften lasen: Wahlaufrufe, Werbesprüche, Liebesschwüre und Verwünschungen. Andere bestaunten die Kanalisation, Heizungsrohre, Wassertürme und alles, was sich zu einem bewegenden *Memento mori* verdichtete: Der von der Asche erstickte Haushalt, die angebrochene Mahlzeit eines Priesters, die in der festen Asche zurückgebliebenen Umrisse der vom Tod ereilten Menschen. Alles zusammen verdichtete sich zu einer dramatischen Erzählung, an deren Ende viele die vergeblichen Gebete der Frommen um Rettung vor den Schreinen der Hausgötter und in den Tempeln zu hören glaubten.

Es war, als sei aus der römischen Kaiserzeit ein Familienfoto der damaligen städtischen Gesellschaft aufgetaucht: Auf ihm erschien »gewissermaßen ein Modell, ein Abguß des ganzen Kaiserreiches. Es war ein Tand, ein Spielzeug, ein Guckkasten, in welchem die Götter zu ihrem Vergnügen ein Reflexbild des größten Reiches auf Erden getan hatten.«[298] Der Blick in den Guckkasten löste die vielfältigsten Empfindungen aus, verband sich doch dort der jähe Tod einer ganzen Stadt mit dem Glauben an die Ewigkeit der antiken Kultur. Die seit der Renaissance immer neu genährte Vorstellung, die abendländische Kunst setze im Grunde nur fort, was die römische begonnen hat, schien durch die gemachten Funde noch einmal seine augenfällige Bestätigung zu finden, um im selben Augenblick mit dem Stigma der Sterblichkeit versehen zu werden.

Natürlich gab es auch andere, nüchterne Gedanken beim Anblick der durchgesiebten Schutthaufen. Ganze Heerscharen von selbsternannten Archäologen, Wichtigtuern, Abenteurern und Räubern suchten nach Schätzen und wurden allzu häufig fündig: Originale Altertümer, seien es Skulpturen, Statuen, Gemmen oder Münzen, wanderten als erhabener Nippes in die Salons der Vornehmen, um dort vom Rang und Kunstsinn des Besitzers zu zeugen. Alles zusammen löste eine neue Epoche des *style antique* aus, den spätere Zeiten Klassizismus nannten. Damit aber war es nicht genug. Im 19. Jahrhundert kamen die Romantiker an den Vesuv, um andächtig vor seiner unheimlichen Kraft zu verharren und Tränen vor seinen Opfern zu vergießen. Einer von ihnen war Théophile Gautier (1811–1872), der Heide sein wollte »wie Alkibiades und Phidias« und in seinem Roman »Arria Marcella« (1852) die Steine Pompejis und seine Toten beweinen ließ: »Der Tod einer Geliebten oder eines Freundes hätte ihn nicht tiefer erschüttern können, und als Max und Fabio sich abwandten, fiel eine um zweitausend Jahre verspätete Träne auf den Fleck, an dem diese Frau, nach der er sich mit einer rückwirkenden Leidenschaft sehnte, von der heißen Asche des Vulkans überwältigt worden war.«

Es ist eine besondere Variante der Erinnerung an die ferne Kultur der Alten, der wir im 18. Jahrhundert begegnen. Während die Literaten des 14. und 15. fieberhaft nach den hinter Klostermauern verborgenen Handschriften gesucht hatten, während die Humanisten des 16. und 17. Jahrhunderts die gefundenen Texte reinigten und übersetzten, stürzte sich das 18. nicht minder entschlossen auf die materiellen Überreste, zeichnete und vermaß sie, stopfte sie in Kunstbände, präsentierte sie schließlich stolz in privaten und öffentlichen Sammlungen, um die man Tempel im Baustil des verehrten Vorbilds errichtete. Die Reisenden führten jetzt Zeichenstifte und Meßlatten mit sich, um zu Hause genaue Rechenschaft über das neu Gefundene ablegen zu können. 1758 veröffentlichte der Architekt Julian David Le Roy seine »Ruines des plus beaux monuments de la Grèce«, die er in den Jahren davor eilig gemessen und gezeichnet hatte; 1762 folgten seine genauer arbeitenden Konkurrenten Nicholas Revett und James Stuart mit dem ersten Band ihrer »Antiquities of Athens«.

Alle drei wollten den Vorrang Athens in der Kunst der Antike beweisen und lösten damit einen grimmig ausgetragenen Streit aus, der lange dauern sollte und selbst Rom und Paris für ein Jahrzehnt in den Sog der Griechenbegeisterung riß. Dagegen stach Giovanni Battista Piranesi seine Visionen von der Größe Roms in Kupfer: 1756 gab er vier Folianten »Antichità Romane« heraus, in denen er die römische Baukunst als den höchsten Ausdruck architektonischer Monumentalität sichtbar machen wollte; seine 135 großformatigen Blätter verbreiteten in den folgenden Jahrzehnten sein Bild des antiken Roms über ganz Europa. Piranesi war 1740 in Begleitung des venezianischen Botschafters am Heiligen Stuhl nach Rom gekommen und blickte überwältigt auf das, was er sah: »Es wird mir nicht gelingen, die Wonne zu beschreiben, die ich empfand, als ich die Vollkommenheit der Architektur aus der Nähe betrachtete«, schrieb er in Erinnerung an seine erste Begegnung mit der römischen Antike. Im Angesicht ihrer Monumente verblaßten alle Erzählungen von den Heldentaten eines Brutus oder Scaevola, mit denen sein Bruder Angelo, ein Kartäusermönch, die Phantasie des Kindes geweckt hatte. Am Ende seines Lebens kehrte er zu ihnen zurück: Auf dem Totenbett, am 9. November 1778, bat er um die Römische Geschichte des Livius; eine Bibel lehnte er ab.[299] Jahre zuvor, 1761, hatte er in »Della magnificenza ed archittetura de' Romani« die griechische Architektur verworfen: Deren Prinzipien seien auf Täuschung und schönen Schein bedacht, die römischen hingegen orientierten sich am Nutzen und der Größe.

Der letzte, den die römischen Trümmer inspirierten, war Napoleon. Sein Ziel, Frankreich in einen zentralistischen Kaiserstaat zu verwandeln und Europa als *Grand Empire* zu einigen, rief das kaiserliche Rom als Pate an die Wiege der neuen Ordnung. Gleich mehrfach stellte sich der neu geschaffene zentralistische Kaiserstaat als legitimer Nachfolger des römischen Kaiserreiches vor: Im Inneren waren es die Verwaltung der Präfekten, der Senat als beratendes Organ des Kaisers und vor allem das Recht, das der »neue Justinian« im *Code civil* von 1804 schuf und das die zu gründende »europäische Familie« einigen sollte. Nach außen umgaben den imperialen Machtanspruch Assoziationen an das Mittelmeer als *mare nostrum* der Römer, und der Kaiser, der aufgebrochen war, das neue Weltreich zu schaffen, hüllte sich in die Erinnerungen an Augustus: Auch dieser hatte seine Herrschaft der Armee verdankt, auch er hatte seinem Reich Gerechtigkeit, Ordnung und Dauer gegeben. Dort zählten nationale Traditionen und Gefühle wenig; sie hatten sich seinem Einheitsgedanken unterzuordnen.

Beides, Herrschaft und Empire, verlangten noch einmal nach Vitruv und nach *egregiae auctoritates*, »das Ansehen erhöhende Bauten«, Bilder und Zeremonien, die als die Summe und Vollendung von Frankreichs Größe gelesen werden konnten. Prachtstraßen und Foren, Thermen und Tempel, Säulen und Triumphbögen erschienen als der adäquate Ausdruck der Macht des Empire und seines Schöpfers. Ihr huldigten vor allem der *Arc de Triomphe du Carrousel*, dessen Architekten dem Vorbild des Triumphbogens des Septimius Severus nacheiferten, und die Säule der Großen Armee auf dem Vendôme-Platz. Sie schrieb wie die Säule Trajans in Rom Geschichte auf ihre Schraubenwindungen, und während das Vorbild Siege über Germanen und Daker rühmte, feierte die Kopie die Erfolge der Großen Armee, die ihre Legionsadler weit nach Osten getragen hatte. Gekrönt wurde sie von der Statue des Kaisers, dessen Haupt mit dem Lorbeer des Sieges geschmückt war und dessen Hand den Globus mit der Victoria, der Göttin des Sieges, trug. So war er erhoben über die Sterblichen und heischte Verehrung wie die nach ihrem Tod in den Götterhimmel aufgestiegenen römischen Kaiser. So malte Dominique Ingres einen thronenden Napoleon, der ein neuer Augustus war, dem olympischen Zeus des Phidias glich und den frühmittelalterlichen Herrscher- und Gottesbildern nachempfunden war. Die ferne Vergangenheit Europas sollte noch einmal den Weg in eine glückliche imperiale Zukunft weisen.

Seitdem haben die Architekten in aller Welt die Antike immer wieder aufgesucht und ihre Bauten nach den dort vorgefundenen Mustern errichtet oder ausgeschmückt. Aber sie verkam zur Requisitenkammer, zur beliebigen Fassade für alles mögliche. 1814 hatte der bayerische König eine Ruhmeshalle zum Andenken großer Deutscher »in reinstem antiken Geschmacke« ausgelobt und 1843 zusammen mit 30000 seiner Untertanen auch eingeweiht. Seitdem steht auf einer von Eichen bestandenen Berghöhe oberhalb der Donau bei Regensburg ein dorischer Tempel. Sein Inneres ist als ionischer Festsaal ausgebaut, der die Marmorbüsten ausgewählter Deutscher seit Hermann dem Cherusker beherbergt und von einem eisernen Dachstuhl überspannt wird. Die Antike, weit ins bayerische Land blickend, hat ihren Geist verloren. Denn die alte Sehnsucht nach dem Land der Griechen verschmilzt mit dem deutschnationalen Überschwang der Zeit und setzt zu einer devoten Verbeugung vor moderner Konstruktionstechnik an: Die Kraft des antiken Herkules ist für nichts mehr gut als für Muskelspiele der Mächtigen und ihrer Architekten. Der letzte von ihnen war Mussolini. Er veränderte das Erscheinungsbild Roms zur Zeit der Renaissance und des Barock einschneidender als alle Vorgänger, um als zweiter Augustus die Bauten der römischen Kaiser wieder ans Licht zu bringen. So fielen Teile der mittelalterlichen Stadt, um durch die *via dei Fori Imperiali* die Piazza Venezia mit der gewaltigen Fassade des Kolosseums zu verbinden: links und rechts der Straße die Ruinen der Kaiserforen, die Maxentius-Basilika und der Venus- und Romatempel. So viel antikes Rom ward seit Theoderich nicht mehr gesehen – aber es diente jetzt als ideologische Kulisse dem neuen faschistischen Italien, dessen Duce der Furche des Romulus mit dem Traktor folgte, um die uralte Stadtgrenze der Stadt Rom neu zu markieren. Am Ende steht die Groteske: In Atlantic City, unweit der Trump Plaza, ragt eine Tempelfront mit strahlend weißen Säulen und klassischem Giebelfeld. Wer sie umrunden will, stößt an Streben, die eine Attrappe halten, hinter der sich nichts befindet.

Der römische Pate verläßt die Wiege Europas

Es gab eine Zeit in Europa, in der die Antike die Lehrmeisterin für schlechthin alles war. Ihr Regiment war sanft, aber sie duldete keinen Nebenbuhler und beanspruchte ihre Rolle für viele Jahrhunderte. Sie dauerten, solange sich der Himmel über der Vergangenheit und nicht über der Zukunft spannte. Als dies anders wurde und die neue Zeit ihren eigenen Gesetzen zu gehorchen begann, stellte sich auch die Frage neu, was der Mensch sei, wofür er lebe und welche Möglichkeiten des Zusammenlebens ihm die Zukunft öffne. Im Ansturm dieser Frage zerbrach als erstes die seit der Antike herrschende Gewißheit, daß der Mensch, seine vergangene und jede zukünftige Geschichte grundsätzlich gleichartig seien und die Geschichte daher als Lehrmeisterin des Lebens befragt werden könne. »Betrachte einmal die Zeiten des Vespasian«, versicherte Mark Aurel seinen Lesern, »und du wirst alles finden wie heute.«[300] Nichts davon konnte jetzt noch gelten.

Vorboten des Abfalls vom Glauben an die grundsätzliche Gleichartigkeit geschichtlicher Abläufe waren bereits in den Jahrzehnten der Aufklärung aufgetaucht. Deren Bannerträger wußten sehr wohl um ihre Einzigartigkeit im bisherigen Gang der Weltgeschichte. Endgültig stürzte die alte Gewißheit, als im 19. Jahrhundert die gesellschaftlichen Umbrüche fortschritten und die Schlote der neuen Industrielandschaften Vergleiche mit früheren sozialen Ordnungen nicht mehr zuließen und selbst die Kategorien von Raum und Zeit veränderten. Am Ende verfiel sie gar der öffentlichen Mißachtung, als in den Kriegen dieses Jahrhunderts dem Menschen ein Anschauungsunterricht sondergleichen über die Abgründe erteilt wurde, in die er zu stürzen vermag. Dort liegen auch die alten Ideale des deutschen Gymnasiums begraben: Als es unter den Diktaturen hart auf hart ging und das nackte Dasein auf dem Spiel stand, zeigte sich erbarmungswürdig schnell, daß sie der verzweifelten Kreatur weder Halt noch Trost geben konnten. Dort ruht auch die von der überkommenen humanistischen Ausbildung tief geprägte Vorstellung, die Antike könne einen Ersatz für das verlorene christliche Weltbild bieten.

Die Verantwortlichen für die Pensionierung der Antike als Lehrmeisterin sind leicht auszumachen: Es waren zum einen die umstürzenden Veränderungen der Welt, welche der industriellen Revolution folgten; sie versteinerten wie das Haupt der Medusa das Leben in den Schriften der Alten und raubten ihren Lehren die Zuhörer. Zum anderen waren es die Historiker, die unerbittlich wie der Erzengel Michael, der einst Adam und Eva die Pforte des Paradieses verschloß, nun den Heroen Roms den Weg in die Gegenwart verstellten und sie in ihre ferne Welt zurückkehren hießen. Verehrern wurde jetzt jeder Gedanke an Nachahmung verboten. »Die alte Geschichte«, empörte sich Barthold Georg Niebuhr, die erste Inkarnation des Erzengels, »ist in den verflossenen Jahren mehr denn einmal als Roman mißbraucht worden, um Anspielungen auf die gegenwärtigen Schicksale Europas vorzubringen: Eure königliche Majestät werden mir, wie ich hoffe, die Gerechtigkeit widerfahren lassen, überzeugt zu sein, daß ich mich nicht einmal versucht finden könnte, zu einem unsinnigen Betragen, welches ich verachte.«[301]

Niebuhr, der kurz vor dem Zusammenbruch 1806 in preußische Dienste getreten war und 1810 zum Historiographen bei Hof avancierte, begann im Wintersemester 1810/11 seine Lehrtätigkeit an der neu gegründeten Berliner Universität mit Vorlesungen zur Römischen Frühgeschichte. Als er seinem König im Juli 1811 schrieb, dachte er an seine eigene Zeit und den Schindluder, den sie mit der Beschwörung der Vergangenheit getrieben hatte. Seine Gegner waren diejenigen unter den Revolutionären Frankreichs, die wie einst der römische Volkstribun Tiberius Gracchus einer Neuverteilung von Grund und Boden das Wort redeten und mit dem Schlachtruf »loi agraire« *(lex agraria)* in den Kampf gezogen waren. Um ihnen das Handwerk zu legen, da war sich Niebuhr sicher, bedurfte es der Rekonstruktion dessen, was einst wirklich gewesen. Niebuhr hatte Erfolg, sachlich und vor allem methodisch, und er fand Nachfolger, die wie Theodor Mommsen noch weit überzeugender als er die Geheimnisse der Alten entschlüsselten. Was sich dann in den folgenden Jahrzehnten abspielte, entbehrte nicht der Tragik: Je höher die Gelehrten aller europäischen Länder mit einem immer feiner werdenden methodischen Rüstzeug den Berg der Erkenntnis über die Welt der Griechen und Römer türmten, um so tiefer fielen diese in die Vergangenheit. Dort wurde ihnen der Mantel der Heiligkeit abgenommen, dort mußten sie ihre Blößen zeigen, Armut und Not, Machtgier und Krieg, Unterdrückung und Sklaverei bekennen und von Gemeinheit und Größe sprechen – kurz: Unter den erbarmungslos kritischen Augen der Historiker verwandelten sie sich in Menschen aus Fleisch und Blut und verloren bereits wenige Jahre nach ihrem letzten Triumph in Revolution und Klassik ihren unsterblichen Glanz.

Dieser Vorgang war in seinem Ergebnis europäisch und hatte allenthalben die gleiche Konsequenz: An die Stelle einer als Teil des eigenen Lebens anerkannten Antike trat die historisch erforschte. Sie ist »als Einheit und Ideal dahin«, lautete bündig die im Jahre 1900 auf einer deutschen Schulkonferenz gezogene Bilanz, und ihr Sachwalter, der klassische Philologe Wilamowitz, fügte hinzu: »Die Wissenschaft selbst hat diesen Glauben zerstört, wir dürfen sagen im Hinblick auf die Kunst ebensowohl wie auf die Wirklichkeit. An die Stelle der ästhetischen ist die geschichtliche Betrachtung getreten.«[302] Sie aber läßt zeitlose Ideale nicht zu. »Wenn wir uns dem Altertum gegenüberstellen, so gewinnen wir die Empfindung, als ob wir erst eigentlich zu Menschen würden«, hatten Goethe und mit ihm ganze Jahrhunderte geglaubt.[303] Dies ist nun vorbei.

Darüber täuschen sich und andere nur die Statistiker, gewöhnt, alles zu zählen und in ihre eigene Ordnung zu bringen. Im letzten Jahrzehnt, rechnen sie aus, schmückten die Intendanten im deutschsprachigen Raum ihre Spielpläne mit über 250 Aufführungen antiker Dramen und fanden dafür etwa 1,5 Millionen Besucher. Nimmt man die übrigen europäischen Länder und die USA hinzu, so hören – Fernsehen und Film nicht mitgerechnet – jährlich 750000 Menschen vom meist traurigen Schicksal antiker Männer und Frauen. Viele von ihnen sind Teil des großen Trecks, der allsommerlich aufbricht, um in Athen, Rom oder anderswo die Reste der Alten Welt zu bestaunen. Und mancher hat auf der Rückreise einen kleinen Schatz im Gepäck: eine Scherbe, eine Münze, ein Tonfigürchen.

Dennoch: Die Erinnerung an die alte Welt wird immer unschärfer, und ihre Bilder verblassen. Ist es so, dann geht es den Europäern am Ende wie der keltischen Herrin von Vix, die um 500 v. Chr. unweit des heutigen Châtillon-sur-Seine über ein kleines Volk von Hirten und Köhlern gebot. Als ihr das Glück einen gewaltigen griechischen Bronzekrug in die Hände spielte, wußte sie nichts mit ihm anzufangen. Aber sie ahnte seinen unermeßlichen Wert und nahm ihn schließlich mit in die andere Welt: Sie wollte für immer teilhaben an einer unbekannten Zivilisation, deren Herrlichkeit sie in der Schönheit des zufällig gewonnenen Gefäßes gespiegelt sah. Behalten durfte sie es nicht: Es steht heute im Museum von Châtillon und wird von vielen Schulklassen bestaunt.

Anhang

Anmerkungen

Die antiken Autoren wurden meist aus dem Original übersetzt – sofern Übersetzungen zitiert wurden, ist dies vermerkt. Die Werke werden hier nur mit Kurztiteln angegeben; die bibliographischen Angaben finden sich im Literaturverzeichnis.

1 Varro, Res rusticae 3,1,4.
2 Ovid, Liebeskunst 3, 121 ff.
3 Offenbarung 21.
4 Dante, Die Göttliche Komödie III 16,78. Siehe z. B. die zweisprachige Ausgabe (ital. u. dt.), hg. v. H. Gmelin, Stuttgart 1949–1957, Nachdr. mit Kommentar München 1988.
5 Diderot, Vorwort zu »Essai sur les règnes de Claude et de Néron«, London 1782.
6 Vgl. M. Fuhrmann, Alexander von Roes: ein Wegbereiter des Europagedankens?, Heidelberg 1994.
7 Machiavelli, Brief an Francesco Vettori vom 10. 12. 1513, in: N. Machiavelli, Gesammelte Schriften, hg. v. H. Floerke, 5 Bde., München 1925.
8 Burckhardt, Jacob, Historische Fragmente, hg. von E. Dürr, Stuttgart 1957, S. 13 f.
9 Aelius Aristides, Romrede 101; 109.
10 Tacitus, Agricola 31,1.
11 Lukas 2,1; 14.
12 Tertullian, de anima 20.
13 Vergil, Aeneis 1, 278 f.
14 Tertullian, Apologeticum 32,1.
15 Plinius d. Ä., Naturgeschichte 27,3.
16 Augustus, res gestae 12.
17 Vergil, Aeneis 6, 790 ff.
18 Horaz, Carmina 4,5 Vers 17–42. Übers. nach Kayser, Nordenflycht und Burger, hg. v. H. Färber.
19 Tacitus, Historien 4,73,2. Übers. nach G. Mann, in: K Büchner (Hg.), Latein und Europa. Traditionen und Renaissancen, Stuttgart 1978, S. 193. Derselbe Gedanke findet sich bereits bei Cicero, An Bruder Quintus 1, 34.
20 Plutarch, Moralia 323F.
21 Livius, Römische Geschichte 7,6,1–6 (Übers. J. Feix/H. J. Hillen).
22 Livius, Vorrede 8 f.

23 Dionysios von Halikarnaß 1,3,4.
24 Horaz, Briefe 2,1,156.
25 Polybios 1,63,9.
26 Platon, Phaidon 109b.
27 Sueton, Augustus 25,4.
28 Cassius Dio 56,16,13.
29 Strabon 3,3,5.
30 Plinius d. Ä., Naturgeschichte 16,2–4.
31 Tacitus, Historien 4,74.
32 Augustinus, Predigten 105,8,11; P. Brown, Augustinus von Hippo, Frankfurt a. M. 1967, S. 258.
33 Digesten 1,18,13. Die Digesten sind eine Auswahl von Rechtsentscheidungen und Rechtsgutachten wichtiger römischer Juristen, die von Kaiser Justinian (527–567) in Auftrag gegeben wurden und 533 als Gesetzeswerk in Kraft traten.
34 Erschöpfend zu den Quellen über diesen Mann J.-P. Lémonon, Pilate et le gouvernement de la Judée. Textes et Monuments, Paris 1981.
35 Markus 15,2 f.; Plinius d. J., Briefe 10,96.
36 Tacitus, Historien 5,9,2.
37 Plutarch, Praecepta gerendae rei publicae 17–19 (Moralia 813C-F; 824E).
38 Apostelgeschichte 19,23–40.
39 Sueton, Tiberius 37,3.
40 H. Dessau, Inscriptiones Latinae selectae, 3 Bde., Berlin 1892–1916 (Neudruck 1974) [abgekürzt: Dessau, ILS] 5946.
41 Plutarch [wie Anm. 37] (Moralia 814C).
42 Plinius d. J., Briefe 3,4.
43 Tacitus, Agricola 21.
44 Corpus Inscriptionum Latinarum, Berlin seit 1869 (abgekürzt: CIL) VI 15258.
45 *propugnacula imperii*: Cicero, Über das Ackergesetz 2,73.
46 Cassius Dio 68,14,3.
47 Cassius Dio 69,12,1.
48 Cassius Dio 69,12–14.
49 Tacitus, Agricola 16,1.
50 Tacitus, Annalen 14,31.
51 Ovid, Fasti 4,507.
52 Homer, Odyssee 6,9–10.
53 Varro, de lingua latina 5,143.
54 Dessau, ILS 6090.
55 Brief Konstantins des Großen über die Verleihung des Stadtrechts an Orcistus, in: H. Freis, Historische Inschriften zur römischen Kaiserzeit von Augustus bis Konstantin, 2. Aufl. Darmstadt 1994, Nr. 153.
56 Augustus, res gestae 28.

57 So z. B. die *lex municipi Malacatani*, die unter Domitian in Kraft trat und den Rechtsstatus der spanischen Stadt Malaga als Munizipium *iuris Latini* regelte: Freis [wie Anm. 55], Nr. 59/60.
58 Tacitus, Annalen 3,40–42.
59 Plinius d. J., Panegyricus 32.
60 Dessau, ILS 7478.
61 Matthäus 5,41.
62 Epiktet, Encheiridion 4,1,79.
63 Pausanias, Reisen in Griechenland 10,4,1.
64 Plinius d. J., Panegyricus 80 (Übers. Kühn).
65 Tacitus, Annalen 4,15,2.
66 Schreiben an den Prokurator Claudius Athenodorus, in: Freis [wie Anm. 55], Nr. 66.
67 Tacitus, Annalen 15,20f.
68 Sueton, Augustus 98,2.
69 Tacitus, Annalen 1,2.
70 Tacitus, Annalen 1,9,5.
71 Papyrus Londinensis 1912 (Übers. Bringmann).
72 Paulus, 1 Korinther 1,23.
73 Seneca, Ad Polybium de consolatione 6,5.
74 Plinius d. J., Briefe 10,23–24.
75 Plutarch [wie Anm. 37] 18 (Moralia 815C).
76 Steuererlaß für die Stadt Banasa 215/6: Freis [wie Anm. 55], Nr. 134.
77 Sueton, Titus 8,3f.
78 Statius, Silvae 4,4,79ff.
79 M. Rostovtzeff, Gesellschaft und Wirtschaft im römischen Kaiserreich II, Leipzig 1931, S. 83f.
80 P. Herrmann, Hilferufe aus römischen Provinzen. Ein Aspekt der Krise des römischen Reiches im 3. Jahrhundert n. Chr., Hamburg 1990, S. 60f.
81 Paulus, Römer 13.
82 L. Schuhmacher, Römische Inschriften, Stuttgart 1988, Nr. 23.
83 Platon, Phaidros 230C.
84 Homer, Odyssee 9, 105ff.
85 Seneca, Briefe 90,43 (Übers. Berthold).
86 Aelius Aristides, Romrede 93.
87 Seneca, Briefe 14,90,25.
88 Zitiert nach M. Warnke, Politische Ikonographie, in: Die Lesbarkeit der Kunst, Berlin 1992, S. 23.
89 Augustus, res gestae 19–21.
90 Augustus, res gestae 34 (Übers. J. Bleicken).
91 Grundlegend zur Verwandlung Roms P. Zanker, Augustus und die Macht der Bilder, München 1987; erschöpfend: F. Kolb, Rom. Die Geschichte der Stadt in der Antike, München 1995.

92 Sueton, Nero 31; 39,2.
93 Sueton, Nero 57.
94 Martial, Epigramme, Proömium 2.
95 Cassius Dio 53,27,1–4.
96 Cassius Dio 52,30,1 (Übers. O. Veh).
97 Ovid, Liebeskunst 3,113 f.
98 Vitruv, de architectura, Vorrede 2; Sueton, Augustus 28,3.
99 Martial 7,34 (Übers. W. Hofmann).
100 Ammianus Marcellinus 16,10,13–17.
101 Plinius d. J., Briefe 10,41.
102 Sueton, Caesar 28.
103 Zu den gerühmten Tugenden des Kaisers siehe M. P. Charlesworth, in: H. Kloft (Hg.), Ideologie und Herrschaft in der Antike, Darmstadt 1979, S. 361–387.
104 Panegyrici Latini 6,22.
105 Ovid, Liebeskunst 1,637.
106 Herodot, Historien 3,40–45; 120–125 (Übers. J. Feix).
107 Plutarch, Perikles 12.
108 Augustus, res gestae 20.
109 Horaz, Oden 3,6,1–4.
110 2. Clemensbrief 6,3 ff.
111 Matthäus 18,20.
112 Paulus, 1. Korinther 3,16; 2. Korinther 6,14 ff.
113 Paulus, Römer 16,5; Apostelgeschichte 3,46.
114 Laktanz, Über die Todesarten der Verfolger 12.
115 H. Brandenburg, Die Kirche S. Stefano Rotondo in Rom, Berlin 1998, S. 41 ff.
116 Sokrates, Kirchengeschichte 7,15.
117 E. Diehl, Inscriptiones Latinae Christianae Veteres I, Berlin 1970[3], Nr. 1800.
118 Eusebios, Vita Constantini 3, 25–40.
119 Egeria, Itinerarium 35 ff. (hg. G. Röwekamp, 1995).
120 G. Duby, Der heilige Bernhard und die Kunst der Zisterzienser, Frankfurt a. M. 1991, S. 137 f.
121 Suger, De consecratione; Duby [wie Anm. 120], S. 6.
122 Markus 14, 3–9 parr.
123 Johannes Chrysostomos, Matthäus-Kommentar 80,2.
124 Zitiert nach P. Brown, Die letzten Heiden, Berlin 1986, S. 44.
125 Dessau ILS 8403 (Übers. Th. Mommsen).
126 Sueton, Vita des Vergil 36.
127 Carmina Latina Epigraphica 856, hg. v. F. Buecheler, Fasc. 1 u. 2, Amsterdam 1964.
128 Dessau ILS 8157.

129 Homer, Odyssee 11, 489 ff. (Übers. Schadewaldt).
130 Euripides, Die Troerinnen 632 f.
131 Das letzte Gedicht Hadrians, noch heute vor seiner Urne zu lesen: S. Perowne, Hadrian, München 1977, S. 219.
132 Paulus, An die Philipper 3,21.
133 H. Metz, Katalog der frühchristlichen Inschriften des Bischöflichen Dom- und Diözesanenmuseums Trier, Trier 1990, Nr. 3.
134 D. Forstner, Die Welt der Symbole, Innsbruck 1961, S. 350.
135 Acta Iustini 5,3.
136 Hieronymus, Brief an Paula 39,3 (Übers. L. Schade).
137 Cyprian, Über die Sterblichkeit 20 f.
138 Augustinus, Sermones 273; 280.
139 Paulinus, Briefe 13,11; 15.
140 Cyprian, Briefe 66,8.
141 Visio Thurkilli, zitiert nach A. Angenendt, Heilige und Reliquien, München 1994, S. 192.
142 H. Heinen, Frühchristliches Trier, Trier 1996, S. 163 f.
143 Ebd., S. 167 f.
144 Zur Kritik dieser Überlieferung H. Brandenburg, Roms frühchristliche Basiliken, Berlin 1979, S. 84 ff.
145 Cassius Dio 52,27.
146 Aelius Aristides 70.
147 Tacitus, Historien 2,80,3; P. Oxy. 8,1154.
148 Ovid, Fasti 4,378–386 (Übers. N. Holzberg).
149 Tacitus, Annalen 14,27.
150 Apuleius, Metamorphosen oder der Goldene Esel 9,39 ff. (Übers. R. Helm).
151 Tertullian, An die Märtyrer 3,1.
152 Apostelgeschichte 21,27–28,31.
153 Apostelgeschichte 16,37 ff.
154 Tacitus, Annalen 11,24; der erhaltene Senatsbeschluß bei Dessau ILS 212; Freis [wie Anm. 55], Nr. 34.
155 Plinius d. Ä., Naturgeschichte 33,143.
156 Zur *Constitutio Antoniniana* Caracallas die wenigen Quellen bei I. König, Der römische Staat II, Stuttgart 1997, S. 444 ff.
157 Herodot 7,104,4.
158 Plinius d. Ä., Naturgeschichte 33,135.
159 Apuleius, Der Goldene Esel 4,13,2.
160 Plutarch, Moralia 822A.
161 Sueton, Tiberius 37,3.
162 Dessau ILS 2927.
163 L'Année épigraphique 1967, 549.
164 Johannes Chrysostomos, Über Hoffart und Kindererziehung 4 f.

165 W. Eck, Die Verwaltung des Römischen Reiches, Bd. 2, Basel 1998, S. 371.
166 Philogelos (»Der Freund des Lachens«) 49.
167 Aelius Aristides, Reden 26, 95.
168 Plutarch, Moralia 824E.
169 Galen, Über die gesunden und ungesunden Eigenschaften von Nahrungsmitteln 6,749 ff.
170 Cicero, Über die Pflichten 1,150.
171 Apuleius, Metamorphosen 4,14,2.
172 Libanios, Reden 1,205 ff.
173 Ammianus Marcellinus 19,10,2 f.
174 Ammianus Marcellinus 27,3,4.
175 Plutarch, Moralia 826F. (Übers. R. Helm).
176 Gregor von Nyssa, Über die Gottheit des Sohnes und des heiligen Geistes: A. M. Ritter, Alte Kirche, in: H. A. Oberman u. a. (Hg.), Kirche und Theologiegeschichte in Quellen, Bd. I, 6. überarb. Aufl., Neukirchen 1994, Nr. 83.
177 Plutarch, Moralia 800E.
178 Sueton, Augustus 65,2.
179 Statius, Silvae 1,2,26 ff.
180 Petrusakten 4,8, in: E. Hennecke / W. Schneemelcher (Hg.), Neutestamentliche Apokryphen in deutscher Übersetzung, Bd. 2, o. O. 1989[5], S. 243 ff.
181 Plutarch, Moralia 824E.
182 Dion Chrysostomos, Reden 31, 161 f.; 34,51 (Übers. W. Elliger).
183 Plinius d. J., Briefe 9,5,3.
184 Digesten 47,22,1–4; Dessau ILS 7212.
185 Ch. Roueché, Aphrodisias in Late Antiquity, London 1989, S. 218 ff.
186 Juvenal, Satiren 10,88.
187 Homer, Odyssee 9, 251–254.
188 Herodot 8,144,2.
189 Herodot, Einleitung; vgl. Aischylos, Die Perser 181 ff., übers. v. E. Staiger, Nachdr. Stuttgart 1993.
190 Euripides, Iphigenie in Aulis 1401.
191 Platon, Menexenos 245c; 242g. Siehe S. Tsitsiridis, Platons Menexenos. Einleitung, Text und Kommentar, Stuttgart 1998.
192 Isokrates, 3. Brief 5.
193 Aristoteles, Politik 1252b; 1327b.
194 Aristoteles, Politik 1254a ff.
195 Antiphon 12, in: W. Capelle, Die Vorsokratiker, Stuttgart 1968, S. 377.
196 Thukydides 1,6.
197 Vitruv, Über Architektur 6,1.
198 Bardesanes von Edessa, Das Buch der Gesetze der Länder 17 (dt. Übers. A. Merx, Halle 1863).
199 Seneca, Über die Vorsehung 4,14.

200 Cassius Dio 49,36,4.
201 Seneca, Über den Zorn 2,15,5 u. 1,11,4.
202 Tacitus, Germania 2,1; Caesar, Der Gallische Krieg 6,25. Grundlegend zur Germania des Tacitus sind die Arbeiten von D. Timpe, z. B.: Romano-Germanica. Gesammelte Studien zur Germania des Tacitus, Stuttgart 1995.
203 Tacitus, Germania 16,1 f. (Übers. Mauersberger).
204 Strabon 7,1,3.
205 Plinius d. Ä., Naturgeschichte 16,2–4.
206 Tacitus, Germania 46 (Übers. E. Fehrle).
207 Tacitus, Germania 4.
208 Tacitus, Germania 37.
209 Tacitus, Annalen 2,88 (Übers. G. Mann).
210 Tacitus, Annalen 11,16 f.; auch zur römischen Politik in Germanien sind die Arbeiten Timpes grundlegend. Jetzt zusammenfassend: D. Timpe, Germanen, in: Reallexikon der Germanischen Altertumskunde 11, 1998, Sp. 181–245.
211 Caesar, Der Gallische Krieg 4,1 ff.
212 Velleius, Römische Geschichte 2,117.
213 Tacitus, Annalen 1,65,2 f.
214 Tacitus, Annalen 2,26,3.
215 Tacitus, Annalen 2,41; J. Deininger, Flumen Albis, Hamburg 1997.
216 Tacitus, Annalen 1,51.
217 Tacitus, Annalen 2,21.
218 Tacitus, Agricola 12.
219 Ammianus Marcellinus 16,2,12.
220 Anonymes Exzerpt des Petrus Patricius.
221 Prudentius, Gegen Symmachus 2,808 ff.
222 Tertullian, Scorpiace 10.
223 Eusebios, Kirchengeschichte 4,26 f.
224 Optatus von Milive, Über das donatistische Schisma 2,3.
225 Tertullian, Apologeticum 5,6.
226 Eugippius, Vita Severini 4,4.
227 Salvian, Vom Regiment Gottes 7,49.
228 Orosius, Gegen die Heiden 7,41,8 f.
229 Salvian, Vom Regiment Gottes 6,16,89.
230 Salvian 5,5,21 (Übers. M. Fuhrmann).
231 Salvian 6,16,90.
232 Sidonius, Briefe 7,14,10.
233 Sidonius Briefe 2,9,6.
234 Enea Silvio Piccolomini, Deutschland, hg. v. A. Schmidt, Köln 1962.
235 Moeurs des sauvages amériquains comparées aus moeurs des premiers temps, zitiert nach K.-H. Kohl, Entzauberter Blick, Berlin 1981, S. 90.
236 Aristoteles, Politik 1254a.

237 A Discourse of a Discovery for a new Passage to Cataia, zitiert nach E. Schmitt, Die großen Entdeckungen, Bd. 2, München 1984, S. 280 ff.
238 Bougainville, Voyage autour du monde, 1771 (dt. Ausgabe Berlin 1972); G. Forster, Reise um die Welt, in: Werke in vier Bänden, hg. v. G. Steiner, Frankfurt a. M. 1970.
239 Fontenelle, De l'origine des fables, 1724, in: Œuvres II, S. 388 ff.
240 Plutarch, Moralia 470C.
241 Cicero, Über die Pflichten 1,150 f.
242 Digesten 50,2,12.
243 Digesten 50,2,1.
244 Cyprian, Über die Abgefallenen 6.
245 L. Mitteis, in: Mélanges P. F. Girard II, Paris 1912, S. 226.
246 H. C. Schnurr, Fabeln der Antike, München ^{2}1985, S. 179.
247 Herrmann, Hilferufe [wie Anm. 80], S. 18 ff.
248 Ebd., S. 34 ff.
249 Homilien über die Statuen 17,5; 21,13 (zitiert nach P. Brown, Macht und Rhetorik, Frankfurt a. M. 1995, S. 140).
250 Sidonius Apollinaris, Briefe 2,1,4.
251 Johannes Chrysostomos, Kommentar zum Kolosserbrief 3,5.
252 Cyprian, Über die Einheit der katholischen Kirche 6, in: Ritter, Kirche [wie Anm. 176], S. 93.
253 Cyprian, Über die Abgefallenen 1.
254 Sidonius Apollinaris, Brief über Simplicius; Constantius von Lyon, Lebensbeschreibung des heiligen Germanus von Auxerre (hg. v. W. Levison, Monumenta Germaniae Historica script. rer. merov. 7, S. 225 ff.).
255 Gregor von Tours, Historia Francorum 4,6.
256 Eusebios, Vita Constantini 3,15.
257 Ammianus Marcellinus 27,3,14.
258 Ambrosius, Briefe 18,17.
259 Ambrosius, Über die Pflichten 2,76 ff., in: A. Heilmann/H. Kraft (Hg.), Texte der Kirchenväter. Eine Auswahl, nach Themen geordnet, Bd. 3, München 1964, S. 469 ff.
260 Aelius Aristides, Romrede 98 f.
261 Libanios, 2. Rede 33 ff.; 30. Rede 8 ff.
262 Augustinus, de haeresibus.
263 Zitiert nach Ritter, Kirche [wie Anm. 176], S. 179 ff.
264 Ambrosius, Rede gegen Auxentius, in: H. Rahner, Kirche und Staat im frühen Christentum, München 1961, S. 158 ff.
265 Brief 1,10 vom Jahre 448, in: Rahner, Kirche [wie Anm. 264], S. 252 f.
266 Corpus scriptorum ecclesiasticorum Latinorum (CSEL) 26, Wien 1893, S. 74, Z. 3 ff.
267 Vergil, Aeneis 1,278 f.
268 Horaz, 16. Epode, 11–12.

269 Hieronymus, Kommentar zu Ezechiel 1,3.
270 Ibn Chaldun, Geschichte der Berber 1,34, zitiert nach X. de Planhol, Kulturgeographische Grundlagen der islamischen Geschichte, Zürich 1975, S. 160.
271 Cicero, Für Cluentius 146.
272 Vergil, Aeneis 6,790 ff.
273 Sallust, Der Jugurthinische Krieg 4,5.
274 Aristoteles, Politik 1275b.
275 Zitiert nach P. Brown, Die Entstehung des christlichen Europa, München 1996, S. 99.
276 Augustinus, Bekenntnisse 6,8.
277 Otobonus Scriba über die Verfassung der Stadt Genua in den Annales Januenses a. 1174–1196, in: Fonti Caffaro Bd. II.
278 E. Pitz, Europäisches Städtewesen und Bürgertum, Darmstadt 1991, S. 7.
279 Hieronymus, Briefe 22,30.
280 Monumenta Germaniae Historica SS 15,193.
281 Augustinus, Gottesstaat 4,4–5; 5,12,15–19 (geschrieben 412 bis 426).
282 Ebd., 18,2; 22.
283 Ebd., 19,4. 5. und 7.
284 Ebd., 5,15; Zitat aus Matthäus 6,2.
285 Matthäus 16,18 f.; Johannes 21,15–19.
286 Gregor, Achtzehnte Homilie, in: F. Gregorovius, Geschichte der Stadt Rom im Mittelalter (1859–1872), Drittes Buch, München 1988.
287 Orosius, Gegen die Heiden 7,41,8–9.
288 Cassiodor, Variae 3,43.
289 Zitiert nach M. Reinhold, Classica Americana, Detroit 1984, S. 174.
290 Grundlegend H. T. Parker, The Cult of Antiquity and the French Revolutionaries, Chicago 1937.
291 H. Arendt, Über die Revolution, München 1974, S. 253 f.
292 Thomas Hobbes, Three Discourses, hg. v. N. B. Reynolds u. A. W. Saxonhouse, Chicago 1995.
293 H. Sichtermann, Kulturgeschichte der klassischen Archäologie, München 1996, S. 59 f.
294 Zitiert nach O. Taplin, Feuer vom Olymp, Hamburg 1991, S. 259.
295 P. F. Norton, in: M. Warnke (Hg.), Politische Architektur in Europa, Köln 1984, S. 336–352.
296 Vitruv, Zehn Bücher über Architektur, Vorrede 2.
297 Goethe, J. W. v., Italienische Reise, hg. u. kommentiert von H. v. Einem, München 1998[6]: Neapel 13. 3. 1787.
298 E. G. Bulwer-Lytton, The Last Days of Pompeji, 1834.
299 N. Miller, Archäologie des Traums. Versuch über Giovanni Battista Piranesi, München 1978.
300 Mark Aurel, Selbstbetrachtungen 4,32.

301 Brief vom 4. 7. 1811 an den preußischen König, in: D. Gerhard/W. Norwin, Die Briefe B. G. Niebuhrs, 2 Bde., Berlin 1926 u. 1929.

302 Zitiert nach H. Maier, Klassische Philologie und Politik, in: Anstöße, München 1978, S. 763.

303 Goethe, J. W. v., Maximen und Reflexionen. Text der Ausgabe von 1907, mit einer Erl. u. Einl. v. M. Hecker u. einem Nachw. v. I. Kuhn, Frankfurt a. M. 1989[5].

Literatur- und Abkürzungsverzeichnis

1. Inschriften/Quellensammlungen

Corpus Inscriptionum Latinarum, Berlin seit 1869 (*Sammlung aller lateinischen Inschriften*) [abgekürzt: CIL]

Dessau, Hermann: Inscriptiones Latinae selectae, 3 Bde., Berlin 1892–1916 (ND 1974) (*Auswahlsammlung von ca. 10 000 Inschriften, vornehmlich aus der Kaiserzeit*) [abgekürzt: Dessau, ILS]

Freis, Helmut: Historische Inschriften zur römischen Kaiserzeit von Augustus bis Konstantin, 2. Aufl. Darmstadt 1994 (*nur Übersetzungen*) [abgekürzt: Freis]

Herrmann, Peter: Hilferufe aus römischen Provinzen. Ein Aspekt der Krise des römischen Reiches im 3. Jahrhundert n. Chr., Hamburg 1990 [abgekürzt: Hermann, Hilferufe]

Ritter, Adolf Martin: Alte Kirche, in: Kirche und Theologiegeschichte in Quellen, hg. v. H. A. Oberman u. a., Bd. I, 6. überarb. Aufl. Neukirchen/Vluyn 1994 (*Quellen vornehmlich zur innerkirchlichen Entwicklung*) [abgekürzt: Ritter]

2. Die antike Stadt: Übergreifende Darstellungen

Alföldy, Geza: Die römische Gesellschaft. Ausgewählte Beiträge, Stuttgart 1986 (*Aufsätze des Autors*)

Bleicken, Jochen: Verfassungs- und Sozialgeschichte des Römischen Kaiserreiches, Bd. 1 in 4. Aufl. 1995, Bd. 2 in 3. Aufl. Paderborn 1994

Bringmann, Klaus: Römische Geschichte, München 1995 (*Die beste zusammenfassende Römische Geschichte*)

Christ, Karl: Geschichte der römischen Kaiserzeit. 2. Aufl. München 1992

Dahlheim, Werner: Die Antike, 4. Aufl. Paderborn 1995

Heuss, Alfred: Römische Geschichte, 4. Aufl. Braunschweig 1976 (ND mit ergänzendem Forschungsbericht von J. Bleicken, W. Dahlheim, J. Gehrke, Paderborn 1998)

Kolb, Frank: Die Stadt im Altertum, München 1984

Kolb, Frank: Rom. Die Geschichte der Stadt in der Antike, München 1995

Vittinghoff, Friedrich (Hrsg.): Handbuch der europäischen Wirtschafts- und Sozialgeschichte, Bd. 1, Stuttgart 1990

Vittinghoff, Friedrich: Civitas Romana. Stadt und politische Integration im Imperium Romanum der Kaiserzeit, hg. v. W. Eck, Stuttgart 1994 (*enthält alle wichtigen Aufsätze des Autors*)

3. Rom: Stadt und Weltreich

Bleicken, Jochen: Der Preis des Aelius Aristides auf das römische Weltreich, Nachr. Gött. Ak. Wiss., phil.-hist. Kl., 1966,7

Dahlheim, Werner: Geschichte der römischen Kaiserzeit, 3. Aufl. München 1999

Eck, Werner: Die Verwaltung des Römischen Reiches in der Hohen Kaiserzeit. Ausgewählte Beiträge, 2 Bde., Basel 1995/98 (*Überarbeitete Aufsätze des Autors*)

Nörr, Dieter: Imperium und Polis in der hohen Prinzipatszeit, 2. Aufl., München 1969

Stahl, Michael: Imperiale Herrschaft und provinziale Stadt. Strukturprobleme der römischen Reichsorganisation im 1.–3. Jh. der Kaiserzeit, Göttingen 1978 (Hypomnemata 52)

Timpe, Dieter: Die politische Wirklichkeit und ihre Folgen, in: Latein und Europa (hg. v. K. Büchner), 1978, S. 47 ff.

4. Spätantike und christliche Stadt

Brown, Peter: Die Entstehung des christlichen Europa, München 1996

Brown, Peter: Macht und Rhetorik in der Spätantike. Der Weg zu einem christlichen Imperium, München 1995

Demandt, Alexander: Die Spätantike. Römische Geschichte von Dioketian bis Justinian; 284–565, München 1989

Gregorovius, Ferdinand: Geschichte der Stadt Rom im Mittelalter, 1859–72

Jones, A. H. M.: The Later Roman Empire 284-602. A Social, Economic and Administrative Survey, 3. Bde., Oxford 1964

Schneider, Carl: Geistesgeschichte der christlichen Antike, München 1970

5. Die Antike in Mittelalter und Neuzeit

Bookmann, Hans: Die Stadt im späten Mittelalter, 3. Aufl. München 1994

Braudel, Fernand: Das Mittelmeer und die mediterrane Welt in der Epoche Philipps II., Bd. 1, Frankfurt a. M. 1990

Meyer, Reinhold: Classica Americana. The Greek and Roman Heritage in the United States, Detroit 1984

Pitz, Ernst: Europäisches Städtewesen und Bürgertum. Von der Spätantike bis zum hohen Mittelalter, Darmstadt 1991

Sennett, Richard: Fleisch und Stein. Der Körper und die Stadt in der westlichen Zivilisation, Berlin 1995

Zeittafel

340–270 v. Chr.	Rom erobert Mittel- und Süditalien; Einrichtung von Kolonien und Munizipien.
264–197 v. Chr.	Rom wird durch den Sieg über Hannibal Herrin des westlichen Mittelmeeres; Einrichtung von Provinzen.
200–129 v. Chr.	Die Unterwerfung Griechenlands und Kleinasiens; Rom stützt die politische und soziale Führungsrolle der alten Eliten, die ihre Städte verwalten.
27 v.–14 n. Chr.	Das Ende der römischen Bürgerkriege und die Einrichtung der Monarchie durch Augustus. Die Verwaltung der Provinzen wird neu geregelt.
16 v.–16 n. Chr.	Die Eroberung Mitteleuropas und des Balkans; der Versuch, Germanien bis zur Elbe zu unterwerfen, scheitert. Der Rhein und die Donau bilden künftig im Norden die Grenzen des Imperiums.
48–58	20 Jahre nach Jesu Tod setzt Paulus die Heidenmission durch. Die christlichen Missionare konzentrieren sich fortan auf die Städte (zunächst der Ostprovinzen, dann Nordafrikas).
70–120	Die Zerstörung Jerusalems im Jahre 70. Die christlichen Gemeinden richten sich auf Erden ein und bejahen die Existenz des Imperiums. Ignatius von Antiochien begründet um 110/120 den monarchischen Herrschaftsanspruch des Bischofs; dieser entscheidet in den kommenden Jahrhunderten in allen Fragen des Glaubens und des Gemeindelebens.
79	Am 24. August zerstört ein Ausbruch des Vesuv die kampanischen Städte Pompeji und Herculaneum.
98–180	Das Jahrhundert der »Adoptivkaiser« von Trajan bis Mark Aurel. Die römische Herrschaft über das Imperium verliert ihren Charakter als Fremdherrschaft.
161–180	Völkerwanderungen von Norddeutschland bis zum Schwarzen Meer bewirken den ersten großen germanischen Ansturm auf die Donaufront. Markomannen, Quaden und Jazygen werden in einem 15jährigen Krieg besiegt.
212	Alle Reichsbewohner (außer der Randgruppe der *dediticii*) erhalten das römische Bürgerrecht.

180–260	Die christliche Mission erreicht die lateinisch sprechende Bevölkerung der Westprovinzen; jetzt wenden sich auch zahlreiche Angehörige der städtischen Eliten dem Glauben an den Gekreuzigten zu.
235–284	Das Zeitalter der (über 40) Soldatenkaiser. Die Einheit des Reiches kann erhalten werden. Die Invasionen germanischer Völker fördern die Ausbildung dauerhafter Großstämme (Alamannen, Goten, Franken).
311–325	Das Toleranzedikt des Kaisers Galerius beendet 311 die Christenverfolgungen. Unter Konstantin (306–337) beginnt die Gesetzgebung die Christen in allen Bereichen des öffentlichen und gesellschaftlichen Lebens zu fördern. Der Kaiser stiftet Kirchen vor allem in Rom und im Heiligen Land.
325	Das erste ökumenische Konzil in Nikaia: Unter dem Vorsitz des Kaisers erheben die versammelten Bischöfe den Glauben an die Gottgleichheit *(Homousie)* Christi zum Dogma.
330	Einweihung der Hauptstadt Konstantinopel als *Neues Rom.*
um 350	Beginn des Streites um die Frage, ob der Kaiser in *(intra)* oder über *(supra)* der Kirche stehe. 380 Orthodoxiedekret Theodosius' I. (379–395): Der Kaiser legt per Edikt fest, was der rechte Glaube ist.
364–455	Ausbildung eines Zweikaisertums; Spaltung des Reiches entlang des 20. Längengrades in eine westliche (lateinische) und eine östliche (griechische) Hälfte. Die Grenze verläuft quer durch den Balkan und die Adria.
410	»Der Erdkreis stürzt ein«: Der Westgotenkönig Alarich nimmt im August 410 Rom ein. 413 beginnt Augustinus, Bischof im nordafrikanischen Hippo, mit seinem »Gottesstaat« *(De civitate Dei).*
455–489	Die Zentralgewalt im Westen löst sich auf; seit 489 erobert der Ostgote Theoderich Italien; sein Reich besteht bis 556.
632–718	632 Tod des Propheten Muhammad. Unter seinen Nachfolgern, den Kalifen, brechen die arabischen Stämme aus der Wüste auf und erobern Palästina, Syrien, Mesopotamien, die ostiranischen Gebiete bis an den Oxus, Ägypten und die nordafrikanische Küste; 711 fällt der Berberfürst Tariq in Spanien ein. 718 scheitert der letzte Versuch, Konstantinopel zu nehmen.
800–1300	Anhaltende Versuche im christlichen Abendland, das Imperium zu erneuern *(renovatio imperii Romanorum).*
1400–1600	Zeitalter der Renaissance und des Humanismus. Die an-

	tiken Texte werden wiederentdeckt, rekonstruiert und dienen als Wegweiser in eine neue europäische Zukunft.
1775–1794	Die Amerikanische und die Französische Revolution greifen auf das antike Gedankengut zurück und nutzen es zur Erziehung eines neuen Bürgers.
1800–1815	Napoleon legitimiert seine kaiserliche Herrschaft und das *Grand Empire* durch den Rückgriff auf die römische Kaiserzeit.
1811	Mit Niebuhrs Berliner Vorlesungen zur römischen Frühgeschichte beginnt die moderne wissenschaftliche Beschäftigung mit der Antike.

Abbildungsnachweis

1. Das Römische Reich im 2. Jahrhundert: aus: J. Bleicken, Verfassungs- und Sozialgeschichte des Römischen Kaiserreiches, Bd. 1, Paderborn: Schöningh Verlag 1998[4], S. 7.
2. Die Ausdehnung des Christentums am Ende des 3. Jahrhunderts: aus: W. Dahlheim, Die Antike. Griechenland und Rom von den Anfängen bis zur Expansion des Islam, Paderborn: Schöningh Verlag 1995[4], S. 585.
3. Die Ausbreitung des Islam im 7. und 8. Jahrhundert: aus: ebd., S. 661.

Namenregister

Sach- und Ortsregister

Timothy Garton Ash

Im Namen Europas

Deutschland und der geteilte Kontinent

Aus dem Englischen von Yvonne Badal

Band 12567

Garton Ash hat ein halbes Jahrhundert deutscher Außenpolitik dargestellt. Er benutzte für sein monumentales Werk alle erreichbaren Materialien bis hin zu den Geheimakten, die er in den SED- und Stasi-Archiven gefunden hatte; er konnte Einblick nehmen in die persönlichen Aufzeichnungen und Korrespondenzen von Brandt, Schmidt, Bahr, Kohl, Genscher sowie von Breschnew und Gorbatschow. Außerdem führte er ausführliche Gespräche mit fast allen damals beteiligten Persönlichkeiten – auch mit Honecker im Moabiter Gefängnis. Immer ging es um die entscheidende Frage: Hat die deutsche Ostpolitik die Vereinigung und die Wende im Osten mit herbeigeführt? Ja, weil sie geholfen hat, die monolithische Teilung der Welt zu lockern. Nein, weil sie stabilitätsorientiert bis zum Schluß vieles getan hat, um den sicheren Status quo zu erhalten; die »Bewegung von unten«, der Aufstand der Osteuropäer und der Ostdeutschen, hat diese Politik überrannt.

Fischer Taschenbuch Verlag

fi 1508 / 4